Lothar Schmidt
KURZZITATE
für
FÜHRUNGS
KRÄFTE

Unter Mitarbeit von
Peter Feistel

REDLINE WIRTSCHAFT
bei ueberreuter

Die Deutsche Bibliothek – CIP-Einheitsaufnahme
Kurzzitate für Führungskräfte / Lothar Schmidt (Hrsg.). –
[Unter Mitarbeit von Peter Feistel]
Frankfurt/Wien : Redline Wirtschaft bei Ueberreuter
ISBN 3-7064-0806-7
NE: Schmidt, Lothar (Hrsg.)

Unsere Web-Adressen:

http://www.redline-wirtschaft.at
http://www.redline-wirtschaft.de

Beachten Sie bitte auch den Hinweis zum Urheberrecht auf Seite 319

2 3 4 / 2004 2003 2002

Umschlag: INIT, Büro für Gestaltung, Bielefeld
Copyright © 2001 by Wirtschaftsverlag Carl Ueberreuter, Frankfurt/Wien
Druck: Druckerei Theiss, Wolfsberg
Printed in Austria

Inhaltsverzeichnis

In der Kürze liegt die Würze

Kurzzitate erfreuen
das Langzeitgedächtnis

Dieses Buch enthält nahezu 4000 Kurzzitate. Kein Zitat ist länger als eine Zeile. Die Kürze verstärkt die Wirkung der Zitate und lässt sie im Gedächtnis haften.

Die Zitate des Buches reichen von der Antike bis zur Gegenwart. Ihre alphabetische Anordnung nach Schlagwörtern erlaubt eine rasche Orientierung. Das Autorenverzeichnis umfasst mehr als 600 biographische Kurzangaben. Da zu allen Schlagwortbegriffen Zitate von mehreren Autoren zu finden sind, gewinnt der Leser den Eindruck, als präsentiere sich ihm das Ergebnis einer Meinungsumfrage. Argument und Gegenargument, These und Antithese lösen einander in treffsicheren Formulierungen ab. Kürze der Darstellung, Schärfe des Ausdrucks und Anspruch auf Gültigkeit verbinden sich mit aphoristischer Spracheleganz. Kurze Zitate, die mit Witz zum Kern der Sache kommen, ersparen langatmige Erklärungen in unserer informationsüberfluteten Zeit:

Kurzzitate sind Schnellinformationen, die Denkanstöße geben und ein Stück Geistesgegenwart konservieren.

Lothar Schmidt

Abwechslung

Abwechslung ist eine gute Medizin für die meisten Leiden.

CHRISTINA VON SCHWEDEN

Abwechslung ist ein wesentlicher Bestandteil unserer Genüsse.

WERNER MITSCH

Abwechslung ergötzt.

PHAEDRUS

Durch Abwechslung kann nur gewinnen, was keinen bleibenden Wert hat.

LOTHAR SCHMIDT

Achtung

Die Menschen achten den, der sie verachtet.

HONORÉ DE BALZAC

Werde nie der Freund irgendjemandes, den du nicht achten kannst.

CHARLES DARWIN

Ohne Achtung gibt es keine wahre Liebe.

IMMANUEL KANT

Es scheint, dass „jemand achten" heißt „sich ihm gleichstellen".

JEAN DE LA BRUYÈRE

Aktie

Aktien sind ein Kapital für sich.

WERNER MITSCH

SOS = Save our Shareholders. HANS-JÜRGEN QUADBECK-SEEGER

Aktienmehrheit: Dividende et impera. GERHARD UHLENBRUCK

Alkohol

Es ist ein Brauch von alters her: Wer Sorgen hat, hat auch Likör.
WILHELM BUSCH

Alkohol löst Zungen, aber keine Probleme. WERNER MITSCH

Trinker nehmen den Mund zu voll. GERHARD UHLENBRUCK

Allein

Allein: in schlechter Gesellschaft. AMBROSE BIERCE

Allein ist der Zustand, in dem sich jeder Nachdenkliche befindet.
HELMAR NAHR

All unser Übel kommt daher, dass wir nicht allein sein können.
ARTHUR SCHOPENHAUER

Alltag

Das Alltägliche ist der Humus für unseren Lebensgarten.
ERNST R. HAUSCHKA

Alltag. Taten schrumpfen zu Tätigkeiten. WERNER MITSCH

Alltag wird nur erträglich durch das Nicht-Alltägliche.
GERHARD UHLENBRUCK

Das beste Mittel gegen Alltagstrott: Traben GERHARD UHLENBRUCK

Alter

Das Alter ist nur eine zweite Kindheit. ARISTOPHANES

Altwerden heißt sehend werden. MARIE VON EBNER-ESCHENBACH

Das Alter verklärt oder versteinert. MARIE VON EBNER-ESCHENBACH

Keine Kunst ist's, alt zu werden; es ist Kunst, es zu ertragen.
JOHANN WOLFGANG VON GOETHE

Mit dem Alter nimmt Urteilskraft zu und Genie ab. IMMANUEL KANT

Je älter man wird, desto törichter und weiser wird man.
LA ROCHEFOUCAULD

Alter nützt bei Torheit nichts. WERNER MITSCH

Alt wird man von heute auf morgen. LOTHAR SCHMIDT

Alter schützt vor Torheit nicht. Gemeint ist jedes Alter. LOTHAR SCHMIDT

Amt

Amtsmiene: Gesichtsrobe. RON KRITZFELD

Es ist immer besser, dass ein Amt geringer ist als die Fähigkeiten.
GEORG CHRISTOPH LICHTENBERG

Auf einem Amt wird man abgefertigt, in einem Laden wird man bedient.
WILHELM RÖPKE

Wem Gott ein Amt gibt, den verändert er auch. LOTHAR SCHMIDT

Die häufigste Form des Amtsschimmels ist der Bürohengst.
GERHARD UHLENBRUCK

Andersdenkender

Freiheit ist immer Freiheit der Andersdenkenden.   ROSA LUXEMBURG

Für den Toleranten ist auch der Andersdenkende denkbar.
WERNER MITSCH

In schlimmen Zeiten sind Denkende Andersdenkende.   WERNER MITSCH

Anfang

Es ist immer Zeit für einen neuen Anfang.   KONRAD ADENAUER

Der Anfang ist die Hälfte des Ganzen.   ARISTOTELES

Am Anfang steht der Glaube, am Ziel die Schau.   AUGUSTINUS

Aller Anfang ist heiter, die Schwelle ist der Platz der Erwartung.
JOHANN WOLFGANG VON GOETHE

Am Anfang war die Tat.   JOHANN WOLFGANG VON GOETHE

Ein Anfang ist kein Meisterstück, doch guter Anfang halbes Glück.
ANASTASIUS GRÜN

Der Anfang fürchtet oft, womit das Ende scherzt.   ANDREAS GRYPHIUS

Der Anfang braucht Begeisterung, ein gutes Ende Disziplin.
HANS-JÜRGEN QUADBECK-SEEGER

Aller Anfang ist leicht – wenn man ihn mit dem Ende vergleicht.
GERHARD UHLENBRUCK

Angst

Die Angst wird sich immer Götzen schaffen.   HONORÉ DE BALZAC

Angst ist der Schwindel der Freiheit.   SÖREN AABYE KIERKEGAARD

Man verzählt sich stets, wenn man mit Angst und Hoffnung rechnet.
FRANÇOISE D'AUBIGNÉ MAINTENON

Anpassung

Jedermann hat sich zu bemühen, sich den übrigen Menschen anzupassen.
THOMAS HOBBES

Jeder Mann nimmt die Farbe seiner Umwelt an.
SPRICHWORT AUS CHINA

Kopfnicken ist die Gymnastik der Angepassten.   NORBERT STOFFEL

Ansprüche

Anspruchslosigkeit ist Seligkeit.   MARIE VON EBNER-ESCHENBACH

Nur wer Ansprüche macht, fühlt sich zurückgesetzt.
FRIEDRICH RÜCKERT

Anspruchsdenken zeugt nicht von anspruchsvollem Denken.
NORBERT STOFFEL

Die Menschen haben große Ansprüche und kleine Pläne.   VAUVENARGUES

Antworten

Eine richtige Antwort ist wie ein lieblicher Kuss.

JOHANN WOLFGANG VON GOETHE

Wenn Du eine weise Antwort verlangst, musst Du vernünftig fragen.

JOHANN WOLFGANG VON GOETHE

Man hört in der Welt leichter ein Echo als eine Antwort.   JEAN PAUL

Fragen sind nie indiskret, Antworten bisweilen.   OSCAR WILDE

Aphorismen

Aphorismus: vorverdaute Weisheit.   AMBROSE BIERCE

Ein Aphorismus ist der letzte Ring einer langen Gedankenkette.

MARIE VON EBNER-ESCHENBACH

Der längste Atem gehört zum Aphorismus.   KARL KRAUS

Aphorismus: In der Ehe zweier Halbwahrheiten die bessere Hälfte.

RON KRITZFELD

Der Aphorismus ist der Handschlag der Sprache.   HANS LOHBERGER

Der Aphorismus ist ein geistiges Florett.   OTTO MICHEL

Aphorismus: das kleinste mögliche Ganze.   ROBERT MUSIL

Der Aphorismus, die Sentenz, sind die Formen der Ewigkeit.

FRIEDRICH NIETZSCHE

Etwas Kurzgesagtes kann die Frucht von vielem Langgedachten sein.

FRIEDRICH NIETZSCHE

Aphorismen sind Balsam für die Seele.   LOTHAR SCHMIDT

Aphorismen sind die Poesie der Prosa.   LOTHAR SCHMIDT

Aphorismen sind Gedankenwegweiser.   LOTHAR SCHMIDT

Aphorismen sind Halbwahrheiten, die aufs Ganze zielen.
    LOTHAR SCHMIDT

Aphorismen sind nichthinkende Vergleiche.   LOTHAR SCHMIDT

Aphorismen sind Vorgedachtes für Nachdenkliche.   LOTHAR SCHMIDT

Aphorismus: ein Körnchen Wahrheit, augenzwinkernd angeboten.
    LOTHAR SCHMIDT

Aphorismen sind geistige Vitaminpillen, Medizin für die Seele.
    LOTHAR SCHMIDT

Im Aphorismus muss alles unterstrichen sein.   LOTHAR SCHMIDT

Ein Aphorismus ist eine merkfähig gemachte Ansicht oder Einsicht.
    WILHELM SCHWÖBEL

Aphorismen sind die Einfälle der Philosophen.   VAUVENARGUES

Arbeit

Arbeit ist eine Sucht, die wie eine Notwendigkeit aussieht.
    PETER ALTENBERG

Arbeit: eines der Verfahren, durch das A dem B Eigentum erwirbt.
    AMBROSE BIERCE

Arbeit ist das sicherste Kapital.   JEAN DE LA FONTAINE

Es gibt nichts Besseres, als von seiner Arbeit zu leben. ANATOLE FRANCE

Arbeite nur, die Freude kommt von selbst!
JOHANN WOLFGANG VON GOETHE

Die Arbeit ist der Preis, für den man den Ruhm erkauft.
BALTHASAR GRACIÁN Y MORALES

Arbeit verlängert das Leben, weil die Zeit langsamer vergeht.
ERNST R. HAUSCHKA

Arbeit: Ist die beste Medizin, sie hat nur positive Nebenwirkungen.
RON KRITZFELD

Die Arbeit. Jeder Lohn hat seinen Preis. WERNER MITSCH

Arbeit ist die einzige Entschuldigung für Erfolg. HELMAR NAHR

Arbeit ist häufig der Vater des Vergnügens. VOLTAIRE

Die Arbeit ist die zuverlässigste Seligkeit dieser Erde. ERNST WICHERT

Architektur

Die Architektur ist die Physiognomie der Nationen.
ADAM PHILIPPE CUSTINE

Architektur: das Blühen der Geometrie. RALPH WALDO EMERSON

Architektur ist eine Art Machtberedsamkeit in Formen.
FRIEDRICH NIETZSCHE

Architektur ist erstarrte Musik.
FRIEDRICH WILHELM JOSEPH VON SCHELLING

Ärger

Wer sich ärgert, büsst für die Sünden anderer Menschen.

KONRAD ADENAUER

Du ärgerst dich: also habe ich über dich Recht!   FRIEDRICH NIETZSCHE

Wie der Mensch sich ärgert, so ist er.   ARTHUR SCHNITZLER

Argument

Sei nicht ungeduldig, wenn man deine Argumente nicht gelten lässt.

JOHANN WOLFGANG VON GOETHE

Du erhebst die Stimme, wenn du dein Argument verstärken solltest.

SAMUEL JOHNSON

Lautstärke: Indiz für Mangel an Argumenten.   RON KRITZFELD

Nur der Starrsinn braucht keine Argumente.   ROBERT MUTHMANN

Was auf der Hand liegt, fällt leicht unter den Tisch.   HELMAR NAHR

Glasklare Argumente? – Leicht durchschaubar und nichts dahinter!

LOTHAR SCHMIDT

Je schwächer das Argument, desto stärker die Worte.   LOTHAR SCHMIDT

Den besseren Gründen müssen gute weichen.   WILLIAM SHAKESPEARE

Argumente stören, insbesondere wenn sie überzeugen.   NORBERT STOFFEL

Bei Vergleichen, die hinken, gehen die Argumente am Stock.

GERHARD UHLENBRUCK

Armut

Unter allen Lagen bleibt stolze Armut stets die schlimmste.

CALDERÓN DE LA BARCA

Der Traum macht die Welt der Armen reich.

ERNST R. HAUSCHKA

Man kann den Armen nicht helfen, indem man die Reichen vernichtet.

ABRAHAM LINCOLN

Armut ist keine Schande. Aber Ärmlichkeit.

WERNER MITSCH

Wir können die Armut nur beseitigen, wenn wir bereit sind zu teilen.

MUTTER TERESA

Arm ist nicht, wer wenig hat, sondern wer viel braucht.

PETER ROSEGGER

Der Armut fehlt vieles, dem Geiz alles.

SENECA

Der Arme ist nie frei. In jedem Lande dient er.

VOLTAIRE

Arroganz

Arroganz ist die Karikatur des Stolzes.

ERNST FREIHERR VON FEUCHTERSLEBEN

Arroganz: Hält viel von sich, aber nicht weit genug.

RON KRITZFELD

Arroganz ist kaschierte Dummheit.

WERNER MITSCH

Der rüde Ton ist die Musik der Arroganz.

NORBERT STOFFEL

Arzt

Der wahre Arzt beugt sich ehrfurchtsvoll vor der Gottheit.   HIPPOKRATES

Ehe es Ärzte gab, kannte man nur Gesundheit oder Tod.
WILHELM VON HUMBOLDT

Ein Arzt kann die Krankheit, nicht jedoch das Schicksal bessern.
SPRICHWORT AUS CHINA

Die besten Ärzte der Welt sind: Dr. Diät, Dr. Ruhe und Dr. Fröhlich.
JONATHAN SWIFT

Ein Chefarzt ist eine persona non gratis.   GERHARD UHLENBRUCK

Atom

Die Atombombe ist die Weiterentwicklung der Artillerie.
KONRAD ADENAUER

Atombombe: Waffe, die Heldentum überflüssig macht.   RON KRITZFELD

Atom für den Frieden. Ich kenne meine Oppenheimer.   WERNER MITSCH

Aufmerksamkeit

Der Grad der Aufmerksamkeit ist wichtiger als deren längere Dauer.
JOHANN FRIEDRICH HERBART

Aufmerksamkeit ist der Meißel des Gedächtnisses.   GASTON DE LÉVIS

Wenn du einkaufen gehst, benutze deine Augen, nicht deine Ohren.
SPRICHWORT AUS TSCHECHIEN

Aufrichtigkeit

Aufrichtigkeit ist die Quelle aller Genialität. LUDWIG BÖRNE

Es gibt wenig aufrichtige Freunde; die Nachfrage ist auch gering.
MARIE VON EBNER-ESCHENBACH

Aufrichtigkeit ist gelegentlich der Gipfel schlechter Manieren.
ROBERT MUTHMANN

Weibliche Aufrichtigkeit ist ein Beweis für äußerstes Desinteresse.
HELMAR NAHR

Die Freunde nennen sich aufrichtig, die Feinde sind es.
ARTHUR SCHOPENHAUER

Aufrichtig sein und ehrlich bringt Gefahr. WILLIAM SHAKESPEARE

Aufschieben

Auch der Aufschub hat seine Freuden.
JOHANN WOLFGANG VON GOETHE

Wer zaudert, verliert. LOTHAR SCHMIDT

Das Aufschieben hat der Teufel erfunden. SPRICHWORT

Der Aufschub ist der Dieb der Zeit. EDWARD YOUNG

Auge

Das Auge war vor allem anderen das Organ, womit ich die Welt fasste.
JOHANN WOLFGANG VON GOETHE

Das Auge ist der Punkt, in welchem Seele und Körper sich vermischen.

CHRISTIAN FRIEDRICH HEBBEL

Das Auge: ein Verkleinerungsglas nach innen.

CHRISTIAN FRIEDRICH HEBBEL

Die Augen sprechen überall die gleiche Sprache.   GEORGE HERBERT

Erst das Auge schafft die Welt.   CHRISTIAN MORGENSTERN

Wir haben zwei Augen: eines für das Ziel, eines für den Weg.

NORBERT STOFFEL

Niemand ist so blind wie die, die nicht sehen wollen.   JONATHAN SWIFT

Augenblick

Wer den Augenblick ergreift, das ist der echte Mann.

JOHANN WOLFGANG VON GOETHE

Der Schmerz liegt in der Dauer, die Freude im Augenblick.

CHRISTIAN FRIEDRICH HEBBEL

Nur wer für den Augenblick lebt, lebt für die Zukunft.

HEINRICH VON KLEIST

Der Augenblick ist zeitlos.   LEONARDO DA VINCI

Der mächtigste von allen Herrschern ist der Augenblick.

FRIEDRICH VON SCHILLER

Ein einz'ger Augenblick kann alles umgestalten.

CHRISTOPH MARTIN WIELAND

Ausdauer

Ausdauer ist konzentrierte Geduld.   THOMAS CARLYLE

Courage ist gut, aber Ausdauer ist besser.   THEODOR FONTANE

Wer Ausdauer besitzt, ist schon fast am Ziel.   ERNST R. HAUSCHKA

Ausdauer ist ein Talisman für das Leben.   SPRICHWORT AUS AFRIKA

Ausnahmen

Alles Sonderbare ist auch selten.   CHRISTINA VON SCHWEDEN

Ausnahmen bestätigen das Vorhandensein von Regelwidrigkeiten.
                                                      WERNER MITSCH

Ausnahmen sind Bausteine neuer Regeln.   WERNER MITSCH

Mit Ausnahme der Ausnahme gelten in der Regel die Regeln.
                                      HANS-JÜRGEN QUADBECK-SEEGER

Ausrede

Wer überlegt, der sucht Bewegungsgründe, nicht zu dürfen.
                                      GOTTHOLD EPHRAIM LESSING

Eine der beliebtesten Ausreden ist die Zeit.   WERNER MITSCH

Am besten können wir uns Ausreden von Schuld einreden.
                                          GERHARD UHLENBRUCK

Auto

Die schwächste Stelle am Auto ist oft der Fahrer. WERNER MITSCH

Automobilmesse: Jahrmarkt der Auto-Suggestionen. LOTHAR SCHMIDT

Die preiswerteste Automarke ist der Dienstwagen. LOTHAR SCHMIDT

Das Geheimnis des Autos: Man ist in seinen eigenen vier Wänden.
GERHARD UHLENBRUCK

Autorität

Autorität über sich erkennen ist ein Zeichen höherer Menschlichkeit.
HUGO VON HOFMANNSTHAL

Autorität bildet sich aus moralischer Kraft. LOTHAR SCHMIDT

Majorität schafft Autorität. LOTHAR SCHMIDT

Bank

Banken sind gefährlicher als stehende Armeen. THOMAS JEFFERSON

Hausbank: Sicherheitsbindung, löst sich beim Sturz. RON KRITZFELD

Die Stimmungen sind die Kontoauszüge des Gemüts. WERNER MITSCH

Bedenken

Die Aber kosten Überlegung. GOTTHOLD EPHRAIM LESSING

Gewissensbisse erziehen zum Beißen. FRIEDRICH NIETZSCHE

Wer gar zu viel bedenkt, wird wenig leisten.
FRIEDRICH VON SCHILLER

Bedürfnisse

Der Mensch hat viele Bedürfnisse. Das Geltungsbedürfnis steht obenan.
LOTHAR SCHMIDT

Bedürfnisse sind die Bedingung jedes Genusses.
ARTHUR SCHOPENHAUER

Die Befriedigung unserer Wünsche verwandelt diese in Bedürfnisse.
HANS-ARMIN WEIRICH

Begehren

Mit wenigem begnüge ich mich, wenn schon ich viel begehre.

MIGUEL DE CERVANTES

Ein gewisses Maß an Begehren gibt dem Leben erst seinen Schwung.

SAMUEL JOHNSON

Begehren heißt: sich verloren haben.

FRIEDRICH NIETZSCHE

Nicht wer zu wenig hat, sondern wer mehr begehrt, ist arm.

SENECA

Begeisterung

Begeisterung ist nichts als moralische Trunkenheit.

LORD GEORGE GORDON NOËL BYRON

Begeisterung aber ist die Mutter alles Großen.

FRANZ GRILLPARZER

Begeisterung ist ansteckend. Doch sie läßt sich nicht lehren.

LOTHAR SCHMIDT

Begeisterung sieht Chancen, Willenskraft nutzt sie.

LOTHAR SCHMIDT

Es ist leichter, die Masse zu begeistern als eine Minderheit.

RUPERT SCHÜTZBACH

Begriff

Wer klare Begriffe hat, kann befehlen.

JOHANN WOLFGANG VON GOETHE

Begreifen heißt, Vermittlungen zwischen Erscheinungen erkennen.

GEORG WILHELM FRIEDRICH HEGEL

Begriff

Begriff: das Ganze der Bestimmungen.

GEORG WILHELM FRIEDRICH HEGEL

Der Begriff ist die Wahrheit der Substanz.

GEORG WILHELM FRIEDRICH HEGEL

Unscharfe Begriffe: Verschärfen die Diskussion.

RON KRITZFELD

Begriffe sind Tastversuche des Geistes.

OTTO MICHEL

Begriffe sind Inseln im Meer des Ungesagten.

HELMAR NAHR

Begriffe sind Bildzeichen für oft wiederkehrende Empfindungen.

FRIEDRICH NIETZSCHE

Ein Begriff entsteht, indem eine produktive Kraft Reize gestaltet.

FRIEDRICH NIETZSCHE

Behauptung

Behaupte, wo du stehst!

JOHANN WOLFGANG VON GOETHE

Behaupten ist sicherer als beweisen.

FRIEDRICH NIETZSCHE

Behauptung ist nicht Beweis.

WILLIAM SHAKESPEARE

Beifall

Beifall ist die Amme jeder Kunst.

AUS DEN „FLIEGENDEN BLÄTTERN"

Beifall: das Echo auf eine Platitude.

AMBROSE BIERCE

Niemanden stört eine Unterbrechung, wenn es Beifall ist.

KIN HUBBARD

Der Beifall ist kein Fallbeil, und doch macht er manchen kopflos.

RON KRITZFELD

Beispiel

Schlechte Beispiele sind wirksamer als gute Lehren.
AUS DEN „FLIEGENDEN BLÄTTERN"

Beispiele unterstützen Grundsätze.
FRANÇOIS RENÉ VICOMTE DE CHATEAUBRIAND

Beispiel nützt zehnmal mehr als Vorschrift. CHARLES JAMES FOX

Beispiele sind die Schwimmbojen der Logik. HELMAR NAHR

Ein guter Lehrer macht mit Beispielen Schule. RUPERT SCHÜTZBACH

Gib ein Beispiel, und du kannst schweigen. NORBERT STOFFEL

Belehrung

Alle Belehrung geht vom Herzen aus, alle Bildung vom Leben.
CHRISTIAN FRIEDRICH HEBBEL

Belehrung findet man öfter in der Welt als Trost.
GEORG CHRISTOPH LICHTENBERG

Das Publikum sucht Wohlleben und Zeitvertreib, nicht Belehrung.
ARTHUR SCHOPENHAUER

Beleidigung

Eine Verletzung wird viel schneller vergessen als eine Beleidigung.
LORD PHILIP DORMER CHESTERFIELD

Schreibe Kränkungen in den Staub, Wohltaten in Marmor.
BENJAMIN FRANKLIN

Beleidigung: Verwundung durch Gedankensplitter. RON KRITZFELD

Beleidigungen sind die Argumente derer, die unrecht haben.

JEAN-JACQUES ROUSSEAU

Benehmen

Das steht jedem am besten, was ihm am natürlichsten ist.

MARCUS TULLIUS CICERO

Gute Manieren bestehen aus lauter kleinen Opfern.

RALPH WALDO EMERSON

Das Betragen ist ein Spiegel, in welchem jeder sein Bild zeigt.

JOHANN WOLFGANG VON GOETHE

Tiere erkennt man an ihren Arten, Menschen aber an ihren Unarten.

WERNER MITSCH

Ohne Lächeln trägst du nicht die richtige Kleidung.   LOTHAR SCHMIDT

Ein gutes Benehmen ist wie ein vollendeter Faltenwurf.

SPRICHWORT AUS JAPAN

Beobachten

Wer beobachten will, darf nicht mitspielen.   WILHELM BUSCH

Die Theorie bestimmt, was wir beobachten können.   ALBERT EINSTEIN

Leben heißt beobachten.   PLINIUS DER ÄLTERE

Beredsamkeit

Beredsamkeit ist Logik in Flammen.   LYMAN BEECHER

Beredsamkeit ist die Poesie der Prosa.   WILLIAM CULLEN BRYANT

Beredsamkeit: Gedanken, die atmen, und Worte, die brennen.

THOMAS GRAY

Beredsamkeit ist Macht, denn sie ist anscheinende Klugheit.

THOMAS HOBBES

Gutes Improvisieren kommt nicht ohne lange Vorbereitung aus.

LOTHAR SCHMIDT

Beredsamkeit: Plattheiten plus Persönlichkeit.

AMOS R. WELLS

Beruf

Ein Beruf ist das Rückgrat des Lebens.

FRIEDRICH NIETZSCHE

Berufsverständnis: Ich bin ein Zöllner. Ich kenne meine Grenzen.

RUPERT SCHÜTZBACH

Man kann auch mit seinem Beruf glücklich verheiratet sein.

GERHARD UHLENBRUCK

Bescheidenheit

Bescheidenheit ist der Anfang aller Vernunft.

LUDWIG ANZENGRUBER

Bescheidenheit ist das Gewissen des Körpers.

HONORÉ DE BALZAC

Bescheidenheit, die zum Bewusstsein kommt, kommt ums Leben.

MARIE VON EBNER-ESCHENBACH

Wie bescheiden vermag der Mensch zu leben, nur um zu leben!

ERNST R. HAUSCHKA

Übertriebene Bescheidenheit ist auch Eitelkeit.

AUGUST VON KOTZEBUE

Bescheidenheit ist zuweilen überspannter Stolz.

GEORGE SAND

Bescheidenheit ist letzlich nichts als Einsicht. LOTHAR SCHMIDT

Sei stets bescheiden – auch in der Bescheidenheit. LOTHAR SCHMIDT

Bescheidenheit verbietet, was das Gesetz erlaubt. SENECA

Bescheidenheit ist die Quartiermacherin des Glücks. NORBERT STOFFEL

Es gibt eine Bescheidenheit, die nur der Mantel des Hochmuts ist.
CARMEN SYLVA

Besitz

Besitz entscheidet alles in der Welt. ADALBERT VON CHAMISSO

Was du wirklich besitzt, das wurde dir geschenkt.
MARIE VON EBNER-ESCHENBACH

Was man nicht versteht, besitzt man nicht.
JOHANN WOLFGANG VON GOETHE

Besitz ist ein Diktator. NORBERT STOFFEL

Besonnenheit

Sage nicht alles, was du weißt, aber wisse immer, was du sagst!
MATTHIAS CLAUDIUS

Besonnenheit ist die Vernunft der Politik. LÉON MICHEL GAMBETTA

Besonnenheit: Eine besonders bei Mondschein einleuchtende Tugend.
RON KRITZFELD

Beständigkeit

Das Geheimnis des Erfolgs ist die Beständigkeit des Ziels.

BENJAMIN DISRAELI

Wenn auch die Hunde kläffen, die Karawane zieht ihres Weges.

SPRICHWORT AUS ARABIEN

Beständigkeit ist die letzte Zuflucht des Phantasielosen.   OSCAR WILDE

Betrug

Nur der Betrug entehrt, der Irrtum nie.

GEORG CHRISTOPH LICHTENBERG

Nichts gibt ein größeres Vergnügen, als den Betrüger zu betrügen.

KARL WILHELM RAMLER

Aus einem bestimmten Anlass betrügen heißt beinahe schon treu sein.

ARTHUR SCHNITZLER

Beweis

Beweise sind das Gegengift gegen das Gift der Zeugenaussagen.

FRANCIS BARON VERULAM BACON

Für das Wichtige gibt es keine Beweise, nur Zeugnisse.

NICOLÁS GÓMEZ DÁVILA

Beweis ist die Zurückführung des Zweifelhaften auf ein Anerkanntes.

ARTHUR SCHOPENHAUER

Bewunderung

Bewundern: erwartungsvoll umschmeicheln. AMBROSE BIERCE

Es ist schwer, den, der uns bewundert, für einen Dummkopf zu halten.
MARIE VON EBNER-ESCHENBACH

Bewunderung ist die Tochter der Unkenntnis. BENJAMIN FRANKLIN

Bewunderung selbst dem Feinde abzutrotzen, das ist süss.
HEINRICH HEINE

Bewusstsein

Das Bewusstsein ist ein Wissen um unsere Vorstellungen.
IMMANUEL KANT

Eine Änderung des Bewusstseins verändert unbewusst auch das Sein.
GERHARD UHLENBRUCK

Nicht der Inhalt, das Design bestimmt das Bewußtsein.
HANS-ARMIN WEIRICH

Beziehungen

Gute Beziehungen schaden nur dem, der sie nicht hat. LOTHAR SCHMIDT

Beziehungen beziehen sich nur selten auf Verdienste. RUPERT SCHÜTZBACH

Wer viel einstecken muß, kann viel auspacken. RUPERT SCHÜTZBACH

An den Nahtstellen abhängiger Beziehungen wird immer gestichelt.
GERHARD UHLENBRUCK

Zwischenmenschliche Beziehungen sind „mit Abstand" die besten.
GERHARD UHLENBRUCK

Bilanz

Bilanzieren: Legt Nachdruck auf zieren.   RON KRITZFELD

Die gefährlichsten Wahrheiten sind Wahrheiten, mäßig entstellt.
GEORG CHRISTOPH LICHTENBERG

Die Bilanz ist das Jahreszeugnis des Managers.   HELMAR NAHR

Bildung

Der Gebildete hat ein bewaffnetes Auge.   BERTHOLD AUERBACH

Die wahre Universität dieser Tage ist eine Sammlung von Büchern.
THOMAS CARLYLE

Tiefe Bildung glänzt nicht.   MARIE VON EBNER-ESCHENBACH

Die beste Bildung findet ein gescheiter Mensch auf Reisen.
JOHANN WOLFGANG VON GOETHE

Alle Bildung reduziert sich auf den Unterschied von Kategorien.
GEORG WILHELM FRIEDRICH HEGEL

Ein bisschen Bildung ziert den ganzen Menschen.   HEINRICH HEINE

Bildung ist nicht Wissen, sondern Interesse am Wissen.
HANS MARGOLIUS

Ein bisschen Bildung macht die ganze Welt verwandt.   MARK TWAIN

Bildung ist der Lichtschalter zur Erleuchtung.   WERNER MITSCH

Bildung ist das Leben großer Geister mit dem Zwecke großer Ziele.
FRIEDRICH NIETZSCHE

Bildung ist Unsterblichkeit der edelsten Geister.   FRIEDRICH NIETZSCHE

Bildung ist vollendete Natur. AUGUST GRAF VON PLATEN

Die Übersetzer sind die Relaispferde der Bildung.
ALEXANDER SERGEJEWITSCH PUSCHKIN

Gebildet ist, wer weiß, wo er findet, was er nicht weiß. GEORG SIMMEL

Börse

Börse: Thermometer der öffentlichen Meinung. GUSTAVE FLAUBERT

An der Börse ist eine halbe Wahrheit eine ganze Lüge.
ANDRÉ KOSTOLANY

Die Börsenspekulation ist eine permanente Improvisation.
ANDRÉ KOSTOLANY

Kurssturz: Wertpapier auf dem Wege zu seinem Papierwert.
RON KRITZFELD

Der Kleinaktionär ist das Kanonenfutter des Wertpapierhandels.
HELMAR NAHR

Ihr Geld ist nicht weg, mein Freund, es hat nur ein anderer.
JAMES MAYER ROTHSCHILD

Die Börse ist ein Monte Carlo ohne Musik. GEORG VON SIEMENS

Kurse sind Bewegungsmelder. NORBERT STOFFEL

Bosheit

Boshaft sein ist die Verzweiflung über sich selbst. PETER ALTENBERG

Die Bosheit sucht keine Gründe, nur Ursachen.
JOHANN WOLFGANG VON GOETHE

Bosheit ist nichts als eine Gemütskrankheit.

NOVALIS

Boshaft sein, das heißt im Voraus vergelten.

PAUL-JEAN TOULET

Brief

Der Brief ist eine geschriebene Unterhaltung.

BALTHASAR GRACIÁN Y MORALES

Briefe sind Stimmungskinder.

CHRISTIAN MORGENSTERN

Der Brief ist ein unangemeldeter Besuch.

FRIEDRICH NIETZSCHE

Ein Brief errötet nicht.

SENECA

Buch

Bücher sind Schiffe, welche die weiten Meere der Zeit durcheilen.

FRANCIS BARON VERULAM BACON

In Büchern liegt die Seele aller vergangenen Zeiten.

THOMAS CARLYLE

Die besten Bücher sind die beste Gesellschaft.

LORD PHILIP DORMER CHESTERFIELD

Das Buch ist die einzige Unsterblichkeit.

RUFUS CHOATE

Ein Raum ohne Bücher ist ein Körper ohne Seele.

MARCUS TULLIUS CICERO

Ich möchte noch drei oder vier Bücher lang leben ...

GUSTAVE FLAUBERT

Ein Buch kann die eigenen Illusionen durch fremde ersetzen.

ERNST R. HAUSCHKA

Bücher sind nur dickere Briefe an Freunde.   JEAN PAUL

Bücher sind Gedankengräber.   HENRY WADSWORTH LONGFELLOW

Ein Buch ist ein Freund, der nie enttäuscht.
RENÉ CHARLES GUILBERT DE PIXÉRÉCOURT

Der Geist ernährt sich von den Büchern, die er verschlingt.
LOTHAR SCHMIDT

Bücher sind das papierne Gedächtnis der Menschheit.
ARTHUR SCHOPENHAUER

Bücher machen Leser.   RUPERT SCHÜTZBACH

Nicht nur viele Menschen, auch viele Bücher leiden an Übergewicht.
RUPERT SCHÜTZBACH

Wer viele Bücher gelesen hat, weiß, was viele wissen.
WILHELM SCHWÖBEL

Ein Buch ist ein Garten, den man in der Tasche trägt.
SPRICHWORT AUS AFRIKA

Bürger

Ein guter Mensch ist nicht immer ein guter Bürger.   ARISTOTELES

Der Bürger ist seinem Wesen nach ein Geldverdiener.   GEORGE DAWSON

Ich bin weder Athener noch Grieche, sondern ein Bürger der Welt.
SOKRATES

Bürokratie

Die Aktennotiz ist die Waffe des kleinen Mannes.   KONRAD ADENAUER

Die Bürokratie ist es, an der wir alle kranken.   OTTO VON BISMARCK

Die Fesseln der gequälten Menschheit sind aus Kanzleipapier.
                                          FRANZ KAFKA

Die Bürokratie ist ein Drama mit unzähligen Akten.
                              HANS-JÜRGEN QUADBECK-SEEGER

Cartesianisch

Ich denke, also bin ich.

RENÉ DESCARTES

Der neue Descartes: Ich warte, also lebe ich.

VYTAUTAS KARALIUS

Ich zweifle, also denke ich.

WERNER MITSCH

Charakter

Unser Charakter ergibt sich aus unserem Benehmen.

ARISTOTELES

Wer keinen Charakter hat, ist kein Mensch, sondern eine Sache.

NICOLAS CHAMFORT

Der Charakter ist der größte Multiplikator menschlicher Fähigkeiten.

KUNO FISCHER

Der Charakter ruht auf der Persönlichkeit, nicht auf den Talenten.

JOHANN WOLFGANG VON GOETHE

Die Geschichte des Menschen ist sein Charakter.

JOHANN WOLFGANG VON GOETHE

Der Charakter ist das Schicksal des Menschen.

HERAKLIT

Der Charakter sitzt nicht im Verstande, sondern im Herzen.

FRIEDRICH HEINRICH JACOBI

Charakter: Die Unfähigkeit, anders zu sein.

RON KRITZFELD

Willst du den Charakter eines Menschen erkennen, so gib ihm Macht.

ABRAHAM LINCOLN

Ein kleiner Charakter kann die größten Vorzüge töten.

HONORÉ GABRIEL DE RIQUETI, GRAF VON MIRABEAU

Ein Charakter ist ein vollkommen gebildeter Wille.

NOVALIS

Feste Charaktere haben feste Meinungen. Meistens falsche.

WILHELM SCHWÖBEL

Der Charakter sitzt anatomisch im Rückgrat.

NORBERT STOFFEL

Charme

Charme fesselt das Auge, aber Verdienst erobert die Seele.

ALEXANDER POPE

Charme ist Charakter, der sich von seiner schönsten Seite zeigt.

LOTHAR SCHMIDT

Wer kein freundliches Gesicht hat, soll keinen Laden aufmachen.

SPRICHWORT AUS CHINA

Chef

Stehe an der Spitze, um zu dienen, nicht, um zu herrschen!

BERNHARD VON CLAIRVAUX

Wer keinen Chef braucht, wird oft als Chef erwählt.

LOTHAR SCHMIDT

Das Leitkamel muss auf den Pfad achten, die anderen auf die Glocke.

SPRICHWORT AUS DEM ORIENT

Computer

Der Computer ist ein mechanischer Hohlkopf.   PETER F. DRUCKER

Der Computer ist ein Rechner, kein Denker.   WERNER MITSCH

Computer und Buch leben in friedlicher Koexistenz.   LOTHAR SCHMIDT

Dank

Wir sind für nichts so dankbar wie für Dankbarkeit.
MARIE VON EBNER-ESCHENBACH

Wer sich ganz dem Dank entzieht, der erniedrigt den Beschenkten.
FRANZ GRILLPARZER

Dankbarkeit ist eine Art Gerechtigkeit. SAMUEL JOHNSON

Dankbarkeit ist das Gedächtnis des Herzens. JEAN BAPTISTE MASSIEU

Denken lehrt danken. NORBERT STOFFEL

Die Dankbarkeit ist die Tugend der Nachwelt.
FRIEDRICH THEODOR VISCHER

Dankbarkeit ist ein wacher Sinn für künftige Gunstbezeugungen.
HORACE WALPOLE

Definitionen

Definition: Gattungsbegriff und artbildende Unterschiede. ARISTOTELES

Definition: ein logisch vollkommener Begriff. IMMANUEL KANT

Definitionen sind Antworten auf nicht gestellte Fragen. LOTHAR SCHMIDT

Definitionen sind Wortgleichungen durch nicht-synonyme Ausdrücke.
LOTHAR SCHMIDT

Die Definition ist die Seele der Diskussion oder des Missverständnisses.
LOTHAR SCHMIDT

Demagogie

Demagogie: die häufige Allianz der Völker.   HEINRICH HEINE

Demagogie: längere Wurzeln für die Bäume versprechen.
VYTAUTAS KARALIUS

Der Teufel hilft seinem Volk.   SPRICHWORT AUS DEUTSCHLAND

Demokratie

Das Charakteristische an der Demokratie ist die Herrschaft auf Zeit.
THEODOR HEUSS

Demokratie: Regieren durch allgemeines Unwissen.   ELBERT G. HUBBARD

Was man dem Volk dreimal sagt, hält das Volk für wahr.
HEINRICH VON KLEIST

Demokratie ist Diskussion.   TOMÁŠ GARRIQUE MASARYK

Republiken enden durch Luxus; Monarchien durch Armut.
MONTESQUIEU

Demokratie heißt, die Leute in Ruhe lassen.   HELMAR NAHR

Demokratie. Der Staat sagt: das Volk bin ich.   LOTHAR SCHMIDT

Demokratie verlangt, keine Geheimnisse zu haben, ohne indiskret zu sein.
LOTHAR SCHMIDT

Manche verstehen Demokratie als die Diktatur der Mehrheit.
NORBERT STOFFEL

Demokratie: Man regiert mit dem Willen der überwältigenden Mehrheit.
GERHARD UHLENBRUCK

Demokratie ist der göttliche Durchschnitt.   WALTER WHITMAN

Demoskopie

Meinungsforschung: Fernaufklärung für graue Eminenzen.

WILHELM SCHWÖBEL

Über dem Bett der Politiker schwebt das Demoskopie-Schwert.

GERHARD UHLENBRUCK

Wir leben in einer Demoskopiedemokratie.　　RICHARD VON WEIZSÄCKER

Demut

Demut ist Unverwundbarkeit.　　MARIE VON EBNER-ESCHENBACH

Demut ist Selbsterkenntnis mit Rückversicherung.　　HELMAR NAHR

Demut zeigt, wer Demütigungen vermeiden will.　　LOTHAR SCHMIDT

Demut ist der Stolz der Bescheidenen.　　SPRICHWORT

Die Demut ist das Gegengift des Stolzes.　　VOLTAIRE

Denken

Denken ist Liebkosen der göttlichen Weisheit.　　BETTINA VON ARNIM

Gehirn: ein Organ, mit dem wir denken, dass wir denken.

AMBROSE BIERCE

Mancher kann nicht aus dem Fenster hinausdenken.　　WILHELM BUSCH

Denken ist die Zauberei des Geistes.

LORD GEORGE GORDON NOËL BYRON

Denken ist interessanter als Wissen, aber nicht als Anschauen.

JOHANN WOLFGANG VON GOETHE

Denken

Der Mensch ist, was er denkt.   CHRISTIAN FRIEDRICH HEBBEL

Nachdenken doch immer Mühe macht, wie gut man euch auch vorgedacht.
PAUL VON HEYSE

Denken ist die Arbeit des Intellekts, Träumen sein Vergnügen.
VICTOR HUGO

Denken ist des Menschen bestes Teil.   HENRIK JOHAN IBSEN

Alles Denken ist nichts anderes als ein Vorstellen durch Merkmale.
IMMANUEL KANT

Denken ist Reden mit sich selbst.   IMMANUEL KANT

Denken: die Erkenntnis durch Begriffe.   IMMANUEL KANT

Wenn alle das gleiche denken, denkt keiner richtig.
GEORG CHRISTOPH LICHTENBERG

Denken heißt Erinnerungen abwägen.   HANS LOHBERGER

Ruhiges, konzentriertes Nachdenken entwirrt jeden Knoten.
HAROLD MACMILLAN

Beim Denken muss der Mensch seinen Kopf hinhalten.   WERNER MITSCH

Denken heißt, Gedachtes anzuweifeln.   WERNER MITSCH

Der Mensch denkt. Und Gott schlägt die Hände über dem Kopf zusammen.
WERNER MITSCH

Die Alternative zur Sackgasse heißt Holzweg.   WERNER MITSCH

Sage und schreibe. Doch zuvor denke!   WERNER MITSCH

Alles Denken ist Zurechtmachen.   CHRISTIAN MORGENSTERN

Das Denken verändert Weg und Ziel. ROBERT MUTHMANN

Denken heißt, das Naheliegende suchen. HELMAR NAHR

Denken ist ein Herausheben. FRIEDRICH NIETZSCHE

Für den Denker ist Langeweile Windstille der Seele.
FRIEDRICH NIETZSCHE

Das Denken macht die Größe des Menschen aus. BLAISE PASCAL

Das Denken erschafft die Welt in jedem Augenblick neu. MARCEL PROUST

Man kann den Menschen nicht verwehren zu denken, was sie wollen.
FRIEDRICH VON SCHILLER

Denken heißt Abwägen von Gründen und Gegengründen.
LOTHAR SCHMIDT

Denken ist Vergleichen und Schlussfolgern. LOTHAR SCHMIDT

Denken ist Widersprechen. LOTHAR SCHMIDT

Man muss denken wie die wenigsten und reden wie die meisten.
ARTHUR SCHOPENHAUER

Denken heißt, im Unbewussten Entstandenes zur Bewusstheit bringen.
WILHELM SCHWÖBEL

Ich sage wenig, denke desto mehr. WILLIAM SHAKESPEARE

Wer eine rasche Zunge hat, soll wenigstens langsam denken. SPRICHWORT

Denken ist Rudern in unbekannten Gewässern. NORBERT STOFFEL

Denkprozesse brauchen keine Verteidiger. NORBERT STOFFEL

Dialektik

Dialektik: Umwertung aller Worte.

RON KRITZFELD

Moderne Sozialdialektik: Schwächere Zunahme gleich Abnahme.

HELMAR NAHR

Dialektik ist nur eine Form der Rache.

FRIEDRICH NIETZSCHE

Diät

Diät: Halbmast.

RON KRITZFELD

Übrigens: Bienenstich schadet Ihrer Wespentaille.

WERNER MITSCH

Bildungshunger und Wissensdurst sind keine Dickmacher.

LOTHAR SCHMIDT

Was man bei einer Diät am schnellsten verliert, ist die Geduld.

LOTHAR SCHMIDT

Arbeitsessen zählen nicht zur leichten Küche.

NORBERT STOFFEL

Dichten

Dichter sollten als die ersten Lehrer der Nation angesehen werden.

LUDWIG VAN BEETHOVEN

Dichten ist eine Arbeit, die nur gut Geratenen gerät.

MARIE VON EBNER-ESCHENBACH

Der Dichter ist das Herz der Welt.

JOSEF FREIHERR VON EICHENDORFF

Dichten ist ein Übermut.

JOHANN WOLFGANG VON GOETHE

Der Dichter steht viel zu hoch, als daß er Partei machen sollte.

JOHANN WOLFGANG VON GOETHE

Dichten heißt: Abspiegeln der Welt auf individuellem Grunde.

CHRISTIAN FRIEDRICH HEBBEL

Was bleibet aber, stiften die Dichter.

JOHANN CHRISTIAN FRIEDRICH HÖLDERLIN

Dichten – Gerichtstag halten über sein eigenes Ich.   HENRIK JOHAN IBSEN

Dichter sind Träume Gottes.   OTTO MICHEL

Dichter: Seher, die uns etwas von dem Möglichen erzählen.

FRIEDRICH NIETZSCHE

Soviel ist gewiß, der Dichter ist der einzige wahre Mensch.

FRIEDRICH VON SCHILLER

Diktatur

Diktatur: Wenn sich alle an Spielregeln halten, die keiner billigt.

RON KRITZFELD

Die Diktatur duldet Reden, aber keine Widerreden.   WERNER MITSCH

Die Diktatur ist die Regierungsform der kleinsten Minderheit.

WERNER MITSCH

Diktatur: Man regiert mit dem Unwillen der überwältigten Mehrheit.

GERHARD UHLENBRUCK

Dilettantismus

Dilettantismus ist Liebe zur Kunst ohne Gegenliebe.

AUS DEN „FLIEGENDEN BLÄTTERN"

Autodidakten übertreiben immer.   THEODOR FONTANE

Der Dilettant verhält sich zur Kunst wie der Pfuscher zum Handwerk.
                               JOHANN WOLFGANG VON GOETHE

Nur Dilettanten schreiben mit Herzblut.   GERHARD UHLENBRUCK

Diplomatie

Diplomatie: die patriotische Kunst, für sein Vaterland zu lügen.
                                           AMBROSE BIERCE

Diplomatie ist Krieg mit friedlichen Mitteln.   WERNER MITSCH

Die Diplomatie ist die Polizei in Galauniform.   NAPOLEON I.

Diskussion

Diskussion ist eine Methode, andere in ihren Irrtümern zu bestärken.
                                           AMBROSE BIERCE

Die Diskussion ist das Sieb der Wahrheit.   STEFANO GUAZZO

Nicht Sieg sollte der Zweck der Diskussion sein, sondern Gewinn.
                                           JOSEPH JOUBERT

Die Diskussion ist der Übungsplatz des Geistes.   LOTHAR SCHMIDT

Wer zu viel redet, sagt nicht viel.   LOTHAR SCHMIDT

Höflichkeit in der Diskussion vertraut auf die Kraft der Argumente.
                                        HANS-ARMIN WEIRICH

Dummheit

Dummheit ist angeborene Denkfaulheit.
AUS DEN „FLIEGENDEN BLÄTTERN"

Dummheit ist unbewusste Unwissenheit. JOSH BILLINGS

Dummheit, die man bei andern sieht, wirkt meist erhebend aufs Gemüt.
WILHELM BUSCH

Alberne Leute sagen Dummheiten, gescheite machen sie.
MARIE VON EBNER-ESCHENBACH

Dummköpfe: Alle, die nicht so denken wie wir. GUSTAVE FLAUBERT

Lache nicht über die Dummheit der anderen. Sie ist deine Chance.
HENRY FORD I.

Es ist besser, dumm wie alle zu sein, als klug wie keiner. ANATOLE FRANCE

Die dümmsten Schafe sind besonders kurz angebunden. RON KRITZFELD

Der Wunsch, klug zu erscheinen, verhindert oft, es zu werden.
LA ROCHEFOUCAULD

Alle Menschen sind dumm. Die klugen wissen sogar warum.
WERNER MITSCH

Wer Dummheit beseitigt, schafft Ordnung. WILHELM SCHWÖBEL

Die Dummheit weiß nichts von sich. NORBERT STOFFEL

Die Dummen haben das Pulver nicht erfunden, aber sie schießen damit.
GERHARD UHLENBRUCK

Ehe

Die Ehe ist die Prosaübersetzung eines Liebesgedichts. ALFRED BOUGEARD

Die Ehe folgt der Liebe, wie der Rauch der lodernden Flamme folgt.
NICOLAS CHAMFORT

Die Ehe ist das Thermometer der Moralität.
THEODOR GOTTLIEB VON HIPPEL

Die Ehe fordert Heiterkeit. JEAN PAUL

Die zweite Ehe ist der Triumph der Hoffnung über die Erfahrung.
SAMUEL JOHNSON

Die Ehe ist ein höherer Ausdruck für Liebe. SÖREN AABYE KIERKEGAARD

Viele Ehen dauern ein Leben lang. Manche sogar eine Ewigkeit.
WERNER MITSCH

Eine gute Ehe beruht auf dem Talent zur Freundschaft.
FRIEDRICH NIETZSCHE

Die Ehe ist ein Bündnis widerstreitender Kooperation. LOTHAR SCHMIDT

Hinter einer erfolgreichen Ehe steht immer eine kluge Frau.
HANS-ARMIN WEIRICH

Ehre

Nach Gott ist mir meine Ehre das Höchste. LUDWIG VAN BEETHOVEN

Die Ehre ist der Tugend Lohn. MARCUS TULLIUS CICERO

Ehre erweisen bringt oft mehr Ehre als Ehre empfangen. PLUTARCH

Ohne Geld ist die Ehre nur eine Krankheit. JEAN-BAPTISTE RACINE

Oft erlaubt das Gesetz, was die Ehre verbietet. BERNARD JOSEPH SAURIN

Ehre ist die Mystik der Rechtlichkeit. FRIEDRICH VON SCHLEGEL

Ruhm muss erworben werden, Ehre darf nur nicht verloren gehen.
ARTHUR SCHOPENHAUER

Die Ehre ist die Poesie der Pflicht. ALFRED DE VIGNY

Ehrgeiz

Ehrgeiz ist die Unbescheidenheit des Geistes. SIR WILLIAM DAVENANT

Der Weise wird vom Ehrgeiz durch den Ehrgeiz geheilt.
JEAN DE LA BRUYÈRE

Der Ehrgeiz ist der größte aller Schmeichler. LA ROCHEFOUCAULD

Ehrgeiz ist Habsucht auf Stelzen und maskiert. WALTER SAVAGE LANDOR

Ehrgeiz geizt mit der Ehre anderer. LOTHAR SCHMIDT

Ehrgeiz taugt nur etwas in einer Partnerschaft mit Arbeit.
LOTHAR SCHMIDT

Ehrgeiz ist ein Wort, das seine Bedeutung entlarvt. RUPERT SCHÜTZBACH

Die Rivalität ist die Mutter der Ungerechtigkeit. WILHELM SCHWÖBEL

Nur der Ehrgeiz, durch den keine Eitelkeit blinkt, hat Zukunft.
SULLY PRUDHOMME

Der erste Ehrgeiz hat die Welt vergiftet. VOLTAIRE

Ehrlichkeit

Ehrlichkeit: Beliebter Ersatz für gute Manieren.   HELMAR NAHR

Ehrlich ist, wer seine Faulheit nicht für Müdigkeit ausgibt.
LOTHAR SCHMIDT

Übertriebene Ehrlichkeit wirkt beleidigend. Politiker wissen das.
LOTHAR SCHMIDT

Kein Vermächtnis ist so wertvoll wie Ehrlichkeit.   WILLIAM SHAKESPEARE

Eifer

Eifer ist Tatenlust aller Fähigkeiten.   CHRISTIAN NESTELL BOVEE

Eifer ist das Salz der Beredsamkeit.   VICTOR HUGO

Eifer ist Begeisterung, gemildert durch Vernunft.   BLAISE PASCAL

Wer an seine Grenzen stößt, holt sich blaue Flecken.   NORBERT STOFFEL

Eifersucht

Eifersucht ist Liebesneid.   WILHELM BUSCH

Eifersucht ist der Tod der Liebe.   CALDERÓN DE LA BARCA

Eifersucht ist die Gelbsucht der Seele.   JOHN DRYDEN

Leid und Eifersucht sind die Dornen im Rosengarten der Liebe.
HANS JAKOB WILHELM HEINSE

In der Eifersucht liegt mehr Eigenliebe als Liebe.   LA ROCHEFOUCAULD

Eifersucht ist versteckter Neid.   HANS LOHBERGER

Eifersucht ist Erpressung zur Treue. Treue ist Konkurrenzausschuss.
                                                            HELMAR NAHR

Eigenliebe

Eigenliebe ist ein Surrogat des Charakters.
                                          CHRISTIAN FRIEDRICH HEBBEL

Der Stolz will nichts schulden, die Eigenliebe nichts zahlen.
                                                        LA ROCHEFOUCAULD

Eigenliebe ist die größte aller Schmeichlerinnen.   LA ROCHEFOUCAULD

Ein Egoist ist ein Mensch, der nicht an mich denkt.   EUGÈNE LABICHE

Der Egoismus besteht darin, sein Glück auf Kosten anderer zu machen.
                                          JEAN-BAPTISTE HENRI LACORDAIRE

Eigenliebe ist das Instrument unserer Selbsterhaltung.   VOLTAIRE

Eigenliebe ist der Beginn einer lebenslangen Romanze.   OSCAR WILDE

Eigensinn

Eigensinn ist die Energie der Dummheit.
                                  AUS DEN „FLIEGENDEN BLÄTTERN"

Die Willenskraft der Schwachen heißt Eigensinn.
                                      MARIE VON EBNER-ESCHENBACH

Eigensinn ist die Parodie des Charakters.
                                  GEORG WILHELM FRIEDRICH HEGEL

Eigentum

Privateigentum ist nicht jedermanns Sache.

WERNER MITSCH

Eigentum ist zuerst Nahrung und Aufspeichern von Nahrung.

FRIEDRICH NIETZSCHE

Eigentum ist Diebstahl.

PIERRE JOSEPH PROUDHON

Eigentumsbildung sollte mit der eigenen Meinung beginnen.

RUPERT SCHÜTZBACH

Eile

Die Menschen, die niemals Zeit haben, tun am wenigsten.

GEORG CHRISTOPH LICHTENBERG

Hektik: Zeit im Halteverbot.

WERNER MITSCH

Geduld ist Eile mit Köpfchen.

NORBERT STOFFEL

Einbildung

Jeder hat das Recht, eingebildet zu sein, bis er Erfolg hat.

BENJAMIN DISRAELI

Mancher Hahn meint, dass die Sonne seinetwegen aufgeht.

THEODOR FONTANE

Einbildungskraft ist das Auge der Seele.

JOSEPH JOUBERT

Der Mensch lebt von seinen Einbildungen.

WILHELM RAABE

Einfachheit

Affektierte Einfachheit ist raffinierter Betrug.   LA ROCHEFOUCAULD

Einfachheit ist der Mut zum Wesentlichen.   HELMAR NAHR

Einfachheit ist das Resultat der Reife.   FRIEDRICH VON SCHILLER

Einfall

Ein Dummer hat mehr Einfälle als ein Weiser vorhersehen kann.
JOSEPH CONRAD

Witzige Einfälle sind die Sprichwörter der gebildeten Menschen.
FRIEDRICH VON SCHLEGEL

Einfallsreichtum muss auch Zinsen tragen.   GERHARD UHLENBRUCK

Einsamkeit

Wer einsam ist, der hat es gut, weil keiner da, der ihm was tut.
WILHELM BUSCH

Die Einsamkeit ist die Nahrung großer Geister.
CHRISTINA VON SCHWEDEN

Einsam: Wer für keinen die Nummer 1 ist.   MONIKA FEISTEL

Einsamkeit ist das Audienzzimmer Gottes.   WALTER SAVAGE LANDOR

Ich fühle mich nie weniger einsam, als wenn ich allein bin.
JOHANN NEPOMUK NESTROY

Einsamkeit ist das Los aller hervorragenden Geister.
ARTHUR SCHOPENHAUER

Die Einsamkeit ist der vertraute Umgang mit sich selbst.

ROBERT SCHUMANN

Was fürchte ich? Die Einsamkeit! Was ist Einsamkeit? Ich selbst.

JOHAN AUGUST STRINDBERG

Man kann sich auch in Gesellschaft anderer einsam fühlen.

RICHARD VON WEIZSÄCKER

Einsicht

Einsicht ist überall willkommen. JOHANN WOLFGANG VON GOETHE

Viele würden sehen können, trügen sie nur keine Brillen.

CHRISTIAN FRIEDRICH HEBBEL

Die wertvollsten Einsichten sind die Methoden. FRIEDRICH NIETZSCHE

Eitelkeit

Wo die Eitelkeit anfängt, hört der Verstand auf.

MARIE VON EBNER-ESCHENBACH

Wer Eitelkeit zum Mittagsbrot hat, bekommt Verachtung zum Abendbrot.

BENJAMIN FRANKLIN

Die Eitelkeit ist ein Affe des Stolzes. JOHANN GEORG HAMANN

Die Eitelkeit ist die größte aller Schmeichlerinnen. LA ROCHEFOUCAULD

Die Eitelkeit lockt die Schmeichler an, wie der Honig die Bienen.

OTTO VON LEIXNER

Eitelkeit ist die Haut der Seele. FRIEDRICH NIETZSCHE

Eitelkeit ist die Seele der Diskussion. LOTHAR SCHMIDT

Wo Eitelkeit und Prunksucht anfangen, da hört der innere Wert auf.

JOHANN GOTTFRIED SEUME

Die Eitelkeit ist der Wegbereiter der Enttäuschung.　　NORBERT STOFFEL

Eleganz

Wirkliche Eleganz heißt, in Rufweite hinter der Mode zu bleiben.

MARIE VON EBNER-ESCHENBACH

Eleganz ist gemeisterte Verschwendung.　　WALTHER RATHENAU

Die Eleganz ist der Geschmack der andern.　　ARTHUR SCHNITZLER

Entrüstung

Entrüstung ist ein Bekenntnis der Hilflosigkeit.　　WALTHER RATHENAU

Entrüstung ist oft nur eine Maske des Neiders.　　LOTHAR SCHMIDT

Entscheidungen

Der Würfel ist gefallen.　　GAIUS JULIUS CAESAR

Unser Entscheiden reicht weiter als unser Erkennen.　　IMMANUEL KANT

Wer jede Entscheidung zu schwer nimmt, kommt zu keiner.

HAROLD MACMILLAN

Eine Fehlentscheidung auf Anhieb spart immerhin Zeit.　　HELMAR NAHR

Jede Entscheidung ist Verneinung.　　BARUCH BENEDIKT DE SPINOZA

Entschlossenheit

Entschlossenheit ist Starrsinn, den wir billigen. AMBROSE BIERCE

Die Entschlossenheit im Unglück ist immer der halbe Weg zur Rettung.
JOHANN HEINRICH PESTALOZZI

Der Tag, an dem du einen Entschluss fasst, ist ein Glückstag.
SPRICHWORT AUS JAPAN

Entschuldigungen

Entschuldigungen sind immer mit Unwahrheiten gemischt.
SPRICHWORT AUS ARABIEN

Wer sich entschuldigt, klagt sich an. SPRICHWORT AUS DEUTSCHLAND

Zuweilen offenbart erst die Entschuldigung die Schuld. NORBERT STOFFEL

Enttäuschung

Enttäuschung: Befreiung von Täuschung. RON KRITZFELD

Der Enttäuschte spricht: ich horche auf Widerhall und höre nur Lob.
FRIEDRICH NIETZSCHE

Enttäuschung und Hoffnung sterben nicht aus. LOTHAR SCHMIDT

Mancher ist enttäuscht, wenn er bekommt, was er verdient.
LOTHAR SCHMIDT

Erbschaft

Die Geizigen sammeln für lachende Erben. CHRISTINA VON SCHWEDEN

Das Weinen der Erben ist maskiertes Lachen. PUBLIUS SYRUS

Vererbung: Eltern haften für ihre Kinder. GERHARD UHLENBRUCK

Erde

Die Erde ist der Wartesaal für die Reise ins Jenseits.
AUS DEN „FLIEGENDEN BLÄTTERN"

Die Erde gehört sowohl denen, die nach uns kommen, wie uns.
JOHN RUSKIN

Was die Erde befällt, befällt auch die Kinder der Erde.
SPRICHWORT DER INDIANER

Ereignisse

Künftige Ereignisse werfen ihre Schatten voraus. THOMAS CAMPBELL

Ereignisse sind nur die Schalen der Ideen. EDWIN HUBBEL CHAPIN

Die größten Ereignisse sind unsere stillsten Stunden.
FRIEDRICH NIETZSCHE

Große Ereignisse werfen ihre Dementis voraus. LOTHAR SCHMIDT

Erfahrung

Erfahrung ist der Anfang aller Kunst und jedes Wissens. ARISTOTELES

Die Erfahrung ist die Lehrmeisterin in allem. GAIUS JULIUS CAESAR

Erfahrung ist der beste Lehrmeister. Nur das Schulgeld ist teuer.
THOMAS CARLYLE

Erfahrung ist das Kind des Denkens und Denken das Kind des Handelns.

BENJAMIN DISRAELI

Vieles erfahren haben heißt noch nicht, Erfahrung besitzen.

MARIE VON EBNER-ESCHENBACH

Bei anderen nennen wir es Sünde – bei uns selbst Erfahrung.

RALPH WALDO EMERSON

Die Erfahrung ist das beste Orakel.

SILVIO GESELL

Erfahrung ist fast immer eine Parodie auf die Idee.

JOHANN WOLFGANG VON GOETHE

Erfahrung ist der Extrakt des Duldens.

SIR ARTHUR HELPS

Erfahrung ist nichts als Gedächtnis.

THOMAS HOBBES

Erfahrung ist verstandene Wahrnehmung.

IMMANUEL KANT

Erfahrung ist die gemeinsame Mutter aller Wissenschaften und Künste.

LEONARDO DA VINCI

Erfahrung ist künstlicher Instinkt.

HANS LOHBERGER

Erfahrungen sind Narben im Gemüt.

WERNER MITSCH

Das Fazit aller Erfahrung heißt Flexibilität.

NORBERT STOFFEL

Die Erfahrung eines langen Lebens: Zeit ist das knappste Gut.

HANS-ARMIN WEIRICH

Erfahrung ist der Name, den die Menschen ihren Irrtümern geben.

OSCAR WILDE

Erfahrung heißt reich werden durch Verlieren.

ERNST VON WILDENBRUCH

Erfinder

Was ist denn das Erfinden? Es ist der Abschluss des Gesuchten.

JOHANN WOLFGANG VON GOETHE

Das Geheimnis aller Erfinder ist, nichts für unmöglich anzusehen.

JUSTUS VON LIEBIG

Erfindungsgabe ist der einzige Beweis von Genie.

VAUVENARGUES

Erfolg

Erfolg – die einzige unverzeihliche Sünde gegen unsere Mitmenschen.

AMBROSE BIERCE

Dem großen Erfolg verzeiht man alles.

CHRISTINA VON SCHWEDEN

Das Geheimnis des Erfolges ist die Beständigkeit des Ziels.

BENJAMIN DISRAELI

Erfolg ist das Kind der Keckheit.

BENJAMIN DISRAELI

Erfolg hat nur, wer etwas tut, während er auf den Erfolg wartet.

THOMAS ALVA EDISON

Erfolge finden auf der Straße statt – der Ruhm kommt aus den Sälen.

RÉMY DE GOURMONT

Der Erfolg gibt dem recht, der ihn hat, solange er ihn hat.

ERNST R. HAUSCHKA

Habe Mut, dich deines eigenen Verstandes zu bedienen.

IMMANUEL KANT

Der Erfolg ist der Lehrmeister der Toren.

TITUS LIVIUS

Zu wissen, wie man abwartet, ist das große Geheimnis des Erfolges.

COMTE JOSEPH MARIE DE MAISTRE

Erfolg

Erfolg ist die Kunst, dem Sinnvollen das Rentable vorzuziehen.

HELMAR NAHR

Erfolgserlebnisse sind die Glückspillen der Leistungsgesellschaft.

HELMAR NAHR

Alle gut verfolgten Dinge hatten bisher Erfolg. FRIEDRICH NIETZSCHE

Definiere deinen Standort, das Weitere folgt. LOTHAR SCHMIDT

Der Erfolgreiche verliert Freunde und gewinnt Neider. LOTHAR SCHMIDT

Der Weg zum Erfolg ist mit Hindernissen gepflastert. LOTHAR SCHMIDT

Erfolg heißt Wachstum, und Wachstum heißt Änderung.

LOTHAR SCHMIDT

Erfolg ist Glück – sagen die Erfolglosen. LOTHAR SCHMIDT

Erfolg stellt sich ein, wenn man mehr tut als nötig. Und das immer.

LOTHAR SCHMIDT

Erfolg: Triumph des Einfalls über den Zufall. LOTHAR SCHMIDT

Erinnerung

Eine glückliche Erinnerung ist vielleicht wahrer als das Glück.

ALFRED DE MUSSET

Alle Erinnerung ist Gegenwart. NOVALIS

Gemeinsame Erinnerungen sind manchmal die besten Friedensstifter.

MARCEL PROUST

Erinnerungen sind die Lieferanten der verlässlichsten Vorurteile.

WILHELM SCHWÖBEL

Im Menschen ist nicht allein Gedächtnis, sondern Erinnerung.

THOMAS VON AQUIN

Sich wahrheitsgemäß zu erinnern tut oft weh.

RICHARD VON WEIZSÄCKER

Erkenntnis

Man muss die Dinge so tief sehen, dass sie einfach werden.

KONRAD ADENAUER

Auf der Erkenntnis beruht die Freiheit.

ERNST FREIHERR VON FEUCHTERSLEBEN

Zuwachs an Kenntnis ist Zuwachs an Unruhe.

JOHANN WOLFGANG VON GOETHE

Ohne Genuss, ohne innere Vereinigung keine Erkenntnis.

HANS JAKOB WILHELM HEINSE

Unser Entscheiden reicht weiter als unser Erkennen.   IMMANUEL KANT

Jede unserer Erkenntnisse hat ihren Ursprung in der Empfindung.

LEONARDO DA VINCI

Erkennen ist die Bekämpfung eines Gefühls von etwas Neuem.

FRIEDRICH NIETZSCHE

Erkennen, das heißt: Alle Dinge zu unserem Besten verstehen.

FRIEDRICH NIETZSCHE

Jede Erkenntnis ist eine Identifizierung des Nichtgleichen.

FRIEDRICH NIETZSCHE

Die Anschauung ist das Fundament aller Erkenntnis.

JOHANN HEINRICH PESTALOZZI

Wünsche und Interessen verfälschen die Erkenntnis.   LOTHAR SCHMIDT

Jede Erkenntnis hat ihr Verfallsdatum.　　　　LOTHAR SCHMIDT

Die letzte Erkenntnis ist der Zweifel.　　　　NORBERT STOFFEL

Ernährung

Der Mensch ist, was er isst.　　　　LUDWIG ANDREAS FEUERBACH

Wer zu viel isst, weiß nicht, wie man essen muss.
　　　　JEAN ANTHELME BRILLAT-SAVARIN

Fasten hält Leib und Seele zusammen.　　　　GERHARD UHLENBRUCK

Die Kultur hängt von der Kochkunst ab.　　　　OSCAR WILDE

Erwartung

Das Erwartete bleibt gewöhnlich unter der Erwartung.
　　　　AUGUST VON KOTZEBUE

Alles wird dem zuteil, der zu warten versteht.
　　　　HENRY WADSWORTH LONGFELLOW

Die Erwartung ist ein Vergrößerungsglas.　　　　NORBERT STOFFEL

Die Erwartung ist eine Kette, die alle unsere Freuden verbindet.
　　　　VAUVENARGUES

Erziehung

Erziehung ist die billigste Verteidigung der Nationen.　　　　EDMUND BURKE

Das Leben erzieht die großen Menschen und lässt die kleinen laufen.
　　　　MARIE VON EBNER-ESCHENBACH

Das Geheimnis der Erziehung liegt in der Achtung des Schülers.
RALPH WALDO EMERSON

Erziehung ist Beispiel und Liebe – sonst nichts.
FRIEDRICH WILHELM AUGUST FRÖBEL

Erziehen heißt, natürliche Anlagen entwickeln.   FERDINANDO GALIANO

Erziehung ist die Hilfe zum Selbstwerden in Freiheit.   KARL JASPERS

Der Mensch ist das einzige Wesen, das erzogen werden muss.
IMMANUEL KANT

Erziehen heißt auch, manches unterdrücken lehren.   RON KRITZFELD

Erziehung ist Zeugung einer anderen Art.
GEORG CHRISTOPH LICHTENBERG

Erziehung: Man feilt die Ecken und schafft Kanten.   WERNER MITSCH

Erziehung soll Tugenden, so gut es geht, erzwingen.
FRIEDRICH NIETZSCHE

Essen und Trinken

Essen ist menschlich, verdauen göttlich.   MARK TWAIN

Küsse vergehen, Kochkunst bleibt bestehen.   GEORGE MEREDITH

Ich lebe von guter Suppe und nicht von schöner Rede.   MOLIÈRE

Der Appetit kommt beim Essen.   FRANÇOIS RABELAIS

Ins Gras zu beißen macht selbst dem Vegetarier kein Vergnügen.
SPRICHWORT

Euro

———— • ————

Maastricht ist der Versailler Vertrag ohne Krieg.

LE FIGARO VOM 18.9.1992

Der Euromarkt ist eine monetäre Nebenregierung geworden.

OTMAR EMMINGER

Der Euro ist ein Hilfsaggregat für überfällige Reformen.   HELMUT KOHL

Europa entsteht durch die Währung oder gar nicht.   JACQUES RUEFF

Jeder gute Europäer hofft auf gute Euro-payer.   LOTHAR SCHMIDT

Europa

———— • ————

Wir müssen eine Art Vereinigte Staaten von Europa schaffen.

SIR WINSTON CHURCHILL
Rede in Zürich 1946

Europa – unser gemeinsames Haus.   MICHAIL S. GORBATSCHOW

Deutschland braucht Europa – aber Europa braucht auch Deutschland.

THEODOR HEUSS

Deutschland ist unser Vaterland, Europa unsere Zukunft.   HELMUT KOHL

EG-Fettnäpfchen: Butterberg.   RON KRITZFELD

Europa bauen. Aus lauter Vorwänden und Hintertüren?   JEANNINE LUCZAK

Möge Europa bald einen großen Staatsmann hervorbringen.

FRIEDRICH NIETZSCHE

In Europa sind wir weder Spielführer noch Spielball.

RICHARD VON WEIZSÄCKER

Experte

Experten werden von Experten beurteilt, Künstler von Laien.

LOTHAR SCHMIDT

Die Steigerung von Idiot heißt Fachidiot.   GERHARD UHLENBRUCK

Spezialistentum ist eine Möglichkeit, die Konkurrenz auszuschalten.

GERHARD UHLENBRUCK

Familie

In der Familie beginnt die wahre Politik. 　　　GOTTFRIED KELLER

Die Familie ist das Vaterland des Herzens. 　　　GUISEPPE MAZZINI

Die Familie ist es, die unseren Zeiten Not tut. 　　　ADALBERT STIFTER

Fanatismus

Vom Fanatismus zur Barbarei ist es nur ein Schritt. 　　　DENIS DIDEROT

Geistlose kann man nicht begeistern, aber fanatisieren kann man sie.
MARIE VON EBNER-ESCHENBACH

Fanatismus ist das Paradies für eine Sekte. 　　　JOHN KEATS

Fanatiker lassen sich schon aus Überzeugung nicht überzeugen.
GERHARD UHLENBRUCK

Faulheit

Faulheit: der Hang zur Ruhe ohne vorhergehende Arbeit.
IMMANUEL KANT

Faulheit ist die Angewohnheit, sich auszuruhen, bevor man müde wird.
JULES RENARD

Faulheit ist Dummheit des Körpers und Dummheit Faulheit des Geistes.
JOHANN GOTTFRIED SEUME

Die Faulen sind stets aufgelegt, irgend etwas zu tun. 　　　VAUVENARGUES

Fehler

Fehler wachsen mit der Annäherung, Vorzüge mit der Entfernung.
AUS DEN „FLIEGENDEN BLÄTTERN"

Vergebene Fehler muss man auch vergessen. CHRISTINA VON SCHWEDEN

Über die Fehler meines Freundes rede ich nur mit ihm selbst.
DENIS DIDEROT

Der Anfang des Heils ist die Erkenntnis des Fehlers. EPIKUR VON SAMOS

Manche Hähne glauben, dass die Sonne ihretwegen aufgeht.
THEODOR FONTANE

Die Vorzüge von gestern sind oft die Fehler von morgen.
ANATOLE FRANCE

Fehler des Gemüts sind häufiger als Fehler des Verstandes.
LA ROCHEFOUCAULD

Gelegentlich führt uns erst ein Fehler auf den richtigen Weg.
ROBERT MUTHMANN

Wir lernen aus Fehlern, die wir zugeben. LOTHAR SCHMIDT

Manchmal ist es ein Fehler, keinen Fehler zu machen.
RUPERT SCHÜTZBACH

Die Fehler der anderen haben einen hohen Unterhaltungswert.
NORBERT STOFFEL

Fehler werden erst im Rückspiegel sichtbar. NORBERT STOFFEL

Nicht unsere Tugenden, sondern unsere Fehler machen uns zu Menschen.
JOHAN AUGUST STRINDBERG

Aus meinen Fehlern werden andere klug. GERHARD UHLENBRUCK

Feigheit

Feigling – einer, der in gefährlichen Notlagen mit den Beinen denkt.
AMBROSE BIERCE

Die Feigheit macht die Augen des Geistes zu und erkältet das Herz.
RALPH WALDO EMERSON

Viele wären Feiglinge, wenn sie ausreichend Mut hätten.   THOMAS FULLER

Der Feige droht nur, wo er sicher ist.   JOHANN WOLFGANG VON GOETHE

Das größte Unglück der anständigen Leute ist die Feigheit.   VOLTAIRE

Vorsicht: ist das, was wir bei anderen Feigheit nennen.   OSCAR WILDE

Feind

Selbst von einem Feind kann der Mensch Weisheit lernen.   ARISTOPHANES

Steigerung: Feind – Todfeind – Parteifreund.
BEKANNTE FUNKTIONÄRSWEISHEIT

Liebe deine Feinde, denn sie verraten dir deine Fehler.
BENJAMIN FRANKLIN

Freunde muss man sich suchen, Feinde kommen von selbst.
ERNST R. HAUSCHKA

Der Feind ist der Freund, der dich zum Handeln anstachelt.   KIN HUBBARD

Vom wahren Gegner fährt grenzenloser Mut in dich.   FRANZ KAFKA

Liebe deine Feinde, aber achte auf Distanz.   WERNER MITSCH

Sobald man Gutes tun will, kann man sicher sein, Feinde zu finden.
VOLTAIRE

Vergib stets deinen Feinden – denn nichts ärgert sie so sehr.

OSCAR WILDE

Fernsehen

Fernsehen ist Kaugummi für die Augen. SPRUCH

Fernsehen verhindert Weitblick. RON KRITZFELD

Wir leben in einer Fernseh-Demokratie. HELMUT SCHMIDT

Das Fernsehen macht aus dem Kreis der Familie einen Halbkreis.

LOTHAR SCHMIDT

Das Schönste am Fernsehen ist das Abschaltenkönnen. LOTHAR SCHMIDT

Man sollte Fernsehsendungen besser nach der Einschlafquote messen.

NORBERT STOFFEL

Fest

Ein Leben ohne Feste ist eine weite Reise ohne Gasthaus. DEMOKRIT

Auf viele Feiertage folgt selten ein guter Werktag.

JOHANN GEILER VON KAYSERSBERG

An Nationalfeiertagen hält sich unsere Begeisterung in Grenzen.

WERNER MITSCH

Fleiß

Arbeitsmoral ist die Ethik des Fleißes, ohne Überstunden.

GERHARD UHLENBRUCK

Der Fleiß führt die Gedanken aus, die der Faulheit einfallen.

HELLMUT WALTERS

Fortschritt

Übeltäter – Haupttäter beim Fortschritt der Menschheit.

AMBROSE BIERCE

Alles läßt sich besser machen als es bisher gemacht worden ist.

HENRY FORD I.

Man muss etwas Neues machen, um etwas Neues zu sehen.

GEORG CHRISTOPH LICHTENBERG

Wenn der Fortschritt lästig wird, beginnt die Technik zu lügen.

WERNER MITSCH

Fortschritt: Totschweigen statt totschlagen.   ROBERT MUTHMANN

Den größten Anteil am Fortschritt hat der Wunsch nach Fortschritt.

SENECA

Fortschritt ist die Verwirklichung von Utopien.   OSCAR WILDE

Fragen

Klug fragen können, ist die halbe Weisheit.

FRANCIS BARON VERULAM BACON

Die Frage ist oft eine Mutter der Lüge.   WILHELM BUSCH

Alle Fragen nach letzten Dingen enden zuletzt im Unerforschlichen.

HANS MARGOLIUS

Die Frage ist der Königsweg des Denkens.   HERMANN MÜLLER

Dumme Fragen sind leichter zu verkraften als dumme Fehler.

LOTHAR SCHMIDT

Unliebsame Fragen provozieren langatmige Antworten. LOTHAR SCHMIDT

Wer alles in Frage stellt, erwartet auf nichts eine Antwort.

RUPERT SCHÜTZBACH

Keine Frage ist auch eine Antwort.

NORBERT STOFFEL

Nicht jede Frage verdient eine Antwort.

PUBLIUS SYRUS

Fragen sind nie indiskret. Antworten bisweilen.

OSCAR WILDE

Freiheit

Freiheit: einer der kostbarsten Schätze der Vorstellungskraft.

AMBROSE BIERCE

Die Freiheit ist ein Luxus, den sich nicht jedermann gestatten kann.

OTTO VON BISMARCK

Die Freiheit ist die Blüte des Gesetzes.

CLEMENS BRENTANO

Freiheit ist Verantwortlichkeit.

MARIE VON EBNER-ESCHENBACH

Freiheit ist Einsicht in die Notwendigkeit.

FRIEDRICH ENGELS

Ein freier Mensch ist ein Mensch, der nach der Vernunft lebt.

ERNST FREIHERR VON FEUCHTERSLEBEN

Freiheit ist die Macht, die wir über uns selber haben.

HUGO GROTIUS

Freiheit besitzt man nur dann, wenn man sie anderen gibt.

DAG HAMMARSKJÖLD

Freiheit bedarf der ständigen Verteidigung gegen Missbrauch.

GUSTAV HEINEMANN

Die Freiheit ist die Summe aller mikroskopischen Unfreiheiten.

PETER HILLE

Freiheit ist politische Macht, geteilt in kleine Stücke. THOMAS HOBBES

Freiheit ist immer die Freiheit des Andersdenkenden. ROSA LUXEMBURG

Wo Freiheit wohnt, da ist mein Vaterland. JOHN MILTON

Individualismus ist gelebte Freiheit. WERNER MITSCH

Je weniger ich benötige, um frei zu sein, um so freier bin ich.
WERNER MITSCH

Die Freiheit ist das Recht, alles zu tun, was die Gesetze gestatten.
MONTESQUIEU

Die Freiheit ist ein System der Tapferkeit. CHARLES PIERRE PÉGUY

Der Mensch ist frei geboren und liegt doch überall in Ketten.
JEAN-JACQUES ROUSSEAU

Freiheit ist Hingabe – Hingabe an eine selbstgewählte Idee.
CARL LUDWIG SCHLEICH

Die Freiheit ist der Spielraum, den uns die Macht lässt. LOTHAR SCHMIDT

Frei ist, wer keine Verletzungen fürchten muss. LOTHAR SCHMIDT

Je mehr Menschen, desto weniger Freiheit. WILHELM SCHWÖBEL

Die wahre Freiheit ist nichts anderes als Gerechtigkeit.
JOHANN GOTTFRIED SEUME

Wer die Grenzen der Freiheit achtet, gibt ihr die Weite. NORBERT STOFFEL

Durch Freiheit, durch Selbständigkeit wird man ein wahrer Mensch.
ALEXANDRE VINET

Freiheit ist die Souveränität des Individuums. JOSIAH WARREN

Freude

Freude – Gesundheit der Seele.

ARISTOTELES

Für die Freude gibt es keine Vorahnungen.

HONORÉ DE BALZAC

Gering ist die Freude, die keine Sorgen kennt.

WILLIAM BLAKE

Was anders wäre Freude als Freude machen?

LORD GEORGE GORDON NOËL BYRON

Die beste Freude ist Wohnen in sich selbst.

JOHANN WOLFGANG VON GOETHE

Freude berauscht.

KNUT HAMSUN

Nur die Freude schafft, was das Leben lebenswert macht.

HANS MARGOLIUS

Freude ist das Leben durch einen Sonnenstrahl hindurch gesehen.

CARMEN SYLVA

Freund

Der Freund ist ein Mensch, zu dem du aufrichtig sein darfst.

RALPH WALDO EMERSON

Ein Freund ist einer, vor dem ich laut denken darf.

RALPH WALDO EMERSON

Ein Freund ist ein Bewaffneter, gegen den man ohne Waffen kämpft.

ALPHONSE KARR

Es ist am besten, du schaffst dir Freunde, bevor du sie brauchst.

LOTHAR SCHMIDT

Freund ist jemand, der dich zu dem zwingt, was du kannst.

LOTHAR SCHMIDT

Wer sich über seine Freunde beschwert, schafft sich leicht Feinde.

LOTHAR SCHMIDT

Willst du einen Freund haben, so sei ein Freund. LOTHAR SCHMIDT

Der Freund ist ein Geschenk, das du dir selbst gibst.

ROBERT LOUIS BALFOUR STEVENSON

Prominente Freunde erhöhen das Selbstwertgefühl.

HANS-ARMIN WEIRICH

Freundlichkeit

Freundlichkeit kann man kaufen. MARIE VON EBNER-ESCHENBACH

Ein freundlich Wort findet immer guten Boden. JEREMIAS GOTTHELF

Nimm dir Zeit, freundlich zu sein; es ist das Tor zum Glücklichsein.

SPRICHWORT AUS ISLAND

Freundschaft

Freundschaft ist eine Seele in zwei Körpern. ARISTOTELES

Auf dem Wege zu deinem Freunde soll kein Gras wachsen.

BJÖRNSTJERNE BJÖRNSON

Freundschaft ist wie Geld: leichter zu erwerben als zu behalten.

SAMUEL BUTLER DER JÜNGERE

Freundschaft ist Liebe ohne ihre Flügel.

LORD GEORGE GORDON NOËL BYRON

Freundschaft ist leidenschaftsloser Handel zwischen Gleichen.

OLIVER GOLDSMITH

Frieden

Friede ist Freiheit in Ruhe.   MARCUS TULLIUS CICERO

Frieden kannst du nur haben, wenn du ihn gibst.

MARIE VON EBNER-ESCHENBACH

Es gibt keinen Weg zum Frieden. Der Frieden ist der Weg.

MAHATMA GANDHI

Die Rücksicht auf das Recht des anderen – das ist der Friede.

BENITO JUÁREZ GARCÍA

Der Friede muss gestiftet werden, er kommt nicht von selber.

IMMANUEL KANT

Der Friede vermag alles, der Krieg nichts.   BRUNO KREISKY

„Frieden" wird bei Demonstrationen leicht zum Schlagwort.

WERNER MITSCH

Der Friede ist ein Meisterstück der Vernunft.   JOHANNES VON MÜLLER

Führen

Führer: Einzelgänger, der Mitläufer trainiert.   RON KRITZFELD

Ein Hauptzug aller Pädagogik: unbemerkt führen.

CHRISTIAN MORGENSTERN

Starke Geister reißen dumme Köpfe mit sich.   FRIEDRICH NIETZSCHE

Führung

Wirke auf andere durch das, was du bist! WILHELM VON HUMBOLDT

Wink mit dem Zaunpfahl: Schlechter Führungsstiel. RON KRITZFELD

Andere in Güte für uns gewinnen – das muss unser Leitgedanke sein.
ABRAHAM LINCOLN

Eine führerlose Menge ist zu nichts nütze. NICCOLÒ MACHIAVELLI

Das Schicksal aller hängt allein an den Führern. POLYBIOS

Die Führer machen erst den Staat zum Staat, das Heer zum Heer.
SOPHOKLES

Wer zart besaitet ist, kann nie die erste Geige spielen.
GERHARD UHLENBRUCK

Führungskräfte

Ein edler Mensch zieht edle Menschen an und weiß, sie festzuhalten.
JOHANN WOLFGANG VON GOETHE

Wer die Laterne trägt, stolpert leichter, als wer ihr folgt. JEAN PAUL

Führungskräften, die sich behaupten müssen, fehlt es an Kopf.
RON KRITZFELD

Führungskraft besitzt, wer Verantwortung übernimmt. LOTHAR SCHMIDT

Wer die anderen neben sich klein macht, ist nie groß.
JOHANN GOTTFRIED SEUME

Furcht

Es ist nichts zu fürchten als die Furcht. LUDWIG BÖRNE

In der höchsten Gefahr kennt die Furcht in der Regel kein Mitleid.
GAIUS JULIUS CAESAR

Furcht stammt immer vom Unwissen. RALPH WALDO EMERSON

Furcht und Habgier sind die Ursachen der Grausamkeit.
FERDINANDO GALIANO

Furcht ist Abscheu vor Gefahr. IMMANUEL KANT

Der Grad der Furchtsamkeit ist ein Gradmesser der Intelligenz.
FRIEDRICH NIETZSCHE

Die Furcht: die Mutter der Moral. FRIEDRICH NIETZSCHE

Furcht ist der schärfste Verbesserer. PLINIUS DER JÜNGERE

Furcht: die Natur will, dass wir etwas tun. LOTHAR SCHMIDT

Was du fürchtest, gewinnt Macht über dich. LOTHAR SCHMIDT

Wer sich fürchtet, denkt langsamer, läuft aber schneller. LOTHAR SCHMIDT

Geben

Die Art, wie man gibt, ist mehr wert, als was man gibt. PIERRE CORNEILLE

Nur der ist froh, der geben mag. JOHANN WOLFGANG VON GOETHE

Wem viel gegeben wird, von dem wird viel verlangt.
JOHANN GOTTFRIED VON HERDER

Zu wenig geben heißt: verschwenden. KARL V.

Der Wille und nicht die Gabe macht den Geber.
GOTTHOLD EPHRAIM LESSING

Gedächtnis

Das Gedächtnis ist die Sparbüchse des Geistes.
AUS DEN „FLIEGENDEN BLÄTTERN"

Das Gedächtnis ist so kurz und das Leben so lang. HONORÉ DE BALZAC

Es gibt ein Gedächtnis des Kopfes und ein Gedächtnis des Herzens.
ROBERT HAMERLING

Gedächtnis ist Phantasie mit Bewusstsein. IMMANUEL KANT

Die Aufmerksamkeit ist der Meißel des Gedächtnisses.
GASTON DUC DE LEVIS

Gedächtnis ist Gedenken, ist Anteilnahme. HANS MARGOLIUS

Das Gedächtnis ist die Schatzkammer der Erfahrung.　　PLUTARCH

Mein Gedächtnisverlust gibt mir zu denken.　　RUPERT SCHÜTZBACH

Das Gedächtnis ist das Tagebuch, das wir immer mit uns herumtragen.
OSCAR WILDE

Gedanken

Gedanken sind Träume nur, bis ihr Erfolg erprobt ist.
FRANCIS BARON VERULAM BACON

Große Gedanken bedürfen wie große Taten keiner Trompete.
PHILIP JAMES BAILEY

Dumme Gedanken hat jeder, aber der Weise verschweigt sie.
WILHELM BUSCH

Lästige Gedanken sind wie zudringliche Stechmücken.　　WILHELM BUSCH

Gedanken sind zollfrei.　　MARCUS TULLIUS CICERO

Ein Gedanke kann nicht erwachen, ohne andere zu wecken.
MARIE VON EBNER-ESCHENBACH

Die Unabhängigkeit des Gedankens ist der höchste Adel.
ANATOLE FRANCE

Der Gedanke ist das Produkt der Individualität.
CHRISTIAN FRIEDRICH HEBBEL

Der Gedanke ist es, der das Wort adelt.　　GOTTFRIED KELLER

Gedanke: Fortwährender Dank für angestrengte Überlegungen.
RON KRITZFELD

Der Gedanke ist der Umweg des Gefühls auf dem Wege zur Tat.
HANS LOHBERGER

Einen Gedanken aussprechen, heißt ihn zweimal wissen.

HANS LOHBERGER

Gedanken sind in Labyrinthen zu Hause.

WERNER MITSCH

Der Gedanke ist eine Bewegung des Stoffes.

JACOB MOLESCHOTT

Gedanken kommen durch die Sprache zur Welt.

ROBERT MUTHMANN

Die größten Gedanken sind die größten Ereignisse.

FRIEDRICH NIETZSCHE

Gedanken sind Zeichen von einem Spiel und Kampf der Affekte.

FRIEDRICH NIETZSCHE

Gute Gedanken muss man auch von hinten anschauen können.

NOVALIS

Ist der nicht gastfreundlich, der Gedanken bei sich empfängt?

HENRY DAVID THOREAU

Gedanken, welche in Luftschlössern wohnen, arbeiten nicht mehr.

GERHARD UHLENBRUCK

Gedankensplitter entstehen, wenn man sich den Kopf zerbricht.

GERHARD UHLENBRUCK

Große Gedanken entspringen dem Herzen.

VAUVENARGUES

Gedanken, denen das Wort nicht folgen kann, soll man laufen lassen.

HELLMUT WALTERS

Geduld

Geduld ist die gezähmte Leidenschaft.

LYMAN ABBOTT

Geduld – eine niedere Form von Verzweiflung, als Tugend verkleidet.

AMBROSE BIERCE

Geduld schafft mehr als Gewalt.

EDMUND BURKE

Geduld ist ein Pflaster für alle Wunden.

MIGUEL DE CERVANTES

Geduld ist die Stütze der Schwäche, Ungeduld der Ruin der Stärke.

CHARLES CALEB COLTON

Wer Geduld sagt, sagt Mut, Ausdauer, Kraft.

MARIE VON EBNER-ESCHENBACH

Nicht Kunst und Wissenschaft allein, Geduld will bei dem Werke sein.

JOHANN WOLFGANG VON GOETHE

Ein Schlüssel zum Verständnis der Menschen heißt: Geduld.

ERNST R. HAUSCHKA

Geduld ist das Alter der Hoffnung.

VYTAUTAS KARALIUS

Leichter trägt, was er trägt, wer Geduld zur Bürde legt.

FRIEDRICH FREIHERR VON LOGAU

Geduld ist die Tugend der Revolutionäre.

ROSA LUXEMBURG

Die Zeit arbeitet für die Geduldigen.

WERNER MITSCH

Weit kommt, wer sich Zeit lässt.

ROBERT MUTHMANN

Was Geduld hat, kann alles überstehen.

FRANÇOIS RABELAIS

Geduld ist bitter, aber sie trägt süße Früchte.

JEAN-JACQUES ROUSSEAU

Geduld ist die Kunst zu hoffen.

FRIEDRICH ERNST DANIEL SCHLEIERMACHER

Geduld ist die notwendige Bedingung großer Leistungen.

LOTHAR SCHMIDT

Geduld ist das Rückgrat der Hoffnung.   RUPERT SCHÜTZBACH

Geduld ist das Gewürz, das den Tatendrang erst schmackhaft macht.
NORBERT STOFFEL

An der Grenze der Geduld beginnen die Konflikte.   OSCAR WILDE

Gefahr

Gefahr erfindet List.   FRANCIS BARON VERULAM BACON

Gefahren fliehen – das bringt erst in Gefahren.   CALDERÓN DE LA BARCA

Gefahren warten nur auf jene, die nicht auf das Leben reagieren.
MICHAIL S. GORBATSCHOW

Große Dinge sind immer mit großen Gefahren verknüpft.   HERODOT

Wo aber Gefahr ist, da wächst das Rettende auch.
JOHANN CHRISTIAN FRIEDRICH HÖLDERLIN

Wer die Gefahren fürchtet, der kommt durch sie nicht um.
LEONARDO DA VINCI

Aus keiner Gefahr rettet man sich ohne Gefahr.   NICCOLÒ MACHIAVELLI

Die Gefahr ist nie so groß, als wenn wir daran glauben.   OTTO MICHEL

Eines Mannes Tugend erprobt allein die Stunde der Gefahr.
FRIEDRICH VON SCHILLER

Gefallen

Wer Tausenden gefallen will, gefällt nicht einem recht.
FRIEDRICH MARTIN VON BODENSTEDT

Erlaubt ist, was gefällt.   JOHANN WOLFGANG VON GOETHE

Es ist nicht die Sache des Politikers, allen zu gefallen.
MARGARET HILDA THATCHER

Leider gefallen wir uns darin, anderen zu gefallen.
GERHARD UHLENBRUCK

Die Kunst zu gefallen ist die Kunst zu betrügen.   VAUVENARGUES

Gefühl

Wo man am meisten fühlt, weiß man nicht viel zu sagen.
ANETTE VON DROSTE-HÜLSHOFF

Kein Mensch hat mehr Selbstgefühl als Lebensgefühl.
CHRISTIAN FRIEDRICH HEBBEL

Das Gefühl findet, der Scharfsinn weiß Gründe.   JEAN PAUL

Wer nicht zuweilen zuviel empfindet, der empfindet immer zuwenig.
JEAN PAUL

Träge Gefühle sind sesshaft, der neugierige Verstand vagabundiert.
VYTAUTAS KARALIUS

Gefühle sind Sprungbretter im Hindernislauf des Denkens.
HANS LOHBERGER

Das starke Gefühl beweist nichts für die Wahrheit des Geglaubten.
FRIEDRICH NIETZSCHE

Das Gefühl findet, der Verstand begründet.   LOTHAR SCHMIDT

Gefühle ändern eine Meinung rascher als Tatsachen.   LOTHAR SCHMIDT

Sentimentalität ist unterm Preis erhandeltes Gefühl. ARTHUR SCHNITZLER

Der Verstand irrt, das Gefühl nie. ROBERT SCHUMANN

Lust wird vergessen, Gefühl erinnert sich. WILHELM SCHWÖBEL

Gefühle sind unvernünftig. Das zeichnet sie aus. NORBERT STOFFEL

Gegensätze

Alle Dinge sind uns ja nur durch ihren Gegensatz erkennbar.
HEINRICH HEINE

Die äußersten Gegensätze berühren sich. JEAN DE LA BRUYÈRE

Es ist leichter, Gegensätze zu denken als gerade. FRIEDRICH NIETZSCHE

Gegensätze werden durch Schlagworte verschärft – oder vertuscht.
LOTHAR SCHMIDT

Gegensätze hassen sich. ARTHUR SCHOPENHAUER

Gegenwart

Eine Chronik schreibt nur derjenige, dem die Gegenwart wichtig ist.
JOHANN WOLFGANG VON GOETHE

Was ist Gegenwart? Eine Erscheinung aus Vergangenheit und Zukunft.
FRIEDRICH HEINRICH JACOBI

Gegenwart: das sinnlich gewordene Stück der Ewigkeit. HANS LOHBERGER

Die Gegenwart ist das Bargeld der Zukunft. WERNER MITSCH

Die Gegenwart genießen nur die Kinder. GERHARD UHLENBRUCK

Man hat zu allen Zeiten über die Gegenwart geschimpft. VOLTAIRE

Geheimnis

Nichts drückt schwerer als ein Geheimnis.

JEAN DE LA FONTAINE

Gottes Geheimnisse begreift man nicht, man betet sie an.

WILHELM VON HUMBOLDT

Alles, was sich nicht zur Publizität eignet, ist unrecht.

IMMANUEL KANT

Wenn du ein Geheimnis bewahren willst, hülle es in Offenheit.

ALEXANDER SMITH

Gehorsam

Es bedarf wahrer Größe zu wissen, wie man gehorcht und bewundert.

HONORÉ DE BALZAC

Wo Verstand befiehlt, ist der Gehorsam leicht.

THEODOR FONTANE

Alle Regierungen fordern blinden Gehorsam, sogar die göttliche.

CHRISTIAN FRIEDRICH HEBBEL

Ein freier Mensch gehorcht besser.

LEONARDO DA VINCI

Gehorsam: das ist der Wille, der gewollt wird.

HANS LOHBERGER

Unsicherheit im Befehlen erzeugt Unsicherheit im Gehorsam.

HELMUTH GRAF VON MOLTKE

Unbedingter Gehorsam setzt bei den Gehorchenden Unwissenheit voraus.

MONTESQUIEU

Die Autorität zwingt, aber die Vernunft überzeugt zum Gehorsam.

ARMAND-JEAN DU PLESSIS RICHELIEU

Die meisten Radfahrwege befinden sich auf den Chefetagen.

RUPERT SCHÜTZBACH

Gehorsam ist das Band der Herrschaft. ALFRED TENNYSON

Geist

Wahres Glück ist, seinen Geist frei zu entfalten. ARISTOTELES

Du kannst den Geist nicht erzeugen. Du kannst ihn nur empfangen.
BETTINA VON ARNIM

Für die gemeine Masse ist Geist dasselbe wie Narrheit.
HONORÉ DE BALZAC

Der Geist ist die Kraft, jedes Zeitliche ideal aufzufassen.
JACOB CHRISTOPH BURCKHARDT

Die Feder ist die Zunge des Geistes. MIGUEL DE CERVANTES

Der Mensch hat einen Geist in sich, den diese Welt nicht befriedigt.
MATTHIAS CLAUDIUS

Geistesgegenwart ist eine gesteigerte Besiegung des Unerwarteten.
KARL VON CLAUSEWITZ

Kein Geist ist in Ordnung, dem der Sinn für Humor fehlt.
SAMUEL TAYLOR COLERIDGE

Geist ist überwundene Wirklichkeit. HUGO VON HOFMANNSTHAL

Um originelle Leute zu finden, muss man selber Geist haben. JEAN PAUL

Der Geist ist die Atmosphäre der Seele. JOSEPH JOUBERT

Die Richtung unseres Geistes ist wichtiger als sein Fortschritt.
JOSEPH JOUBERT

Der Geist wird stets vom Herzen überspielt. LA ROCHEFOUCAULD

Das Doktorwerden ist eine Konfirmation des Geistes.
GEORG CHRISTOPH LICHTENBERG

Wenn sich mein Geist erhebt, fällt der Leib auf die Knie.
GEORG CHRISTOPH LICHTENBERG

Der Geist ist die Waffe der Seele. HANS LOHBERGER

Der beste Beweis für Geist und Wissen ist Klarheit. FRANCESCO PETRARCA

Es ist der Geist, der sich den Körper baut. FRIEDRICH VON SCHILLER

Geist ist die Jugend des Alters. EMANUEL WERTHEIMER

Geiz

Geiz und Neid sind lächerliche Leidenschaften.
CHRISTINA VON SCHWEDEN

Geiz ist subjektive Armut. PETER HILLE

Geiz ist der Stachel des Fleißes. DAVID HUME

Geiz ist die Armut der Reichen. WERNER MITSCH

Geiz verkleinert den Menschen. ROBERT MUTHMANN

Geiz ist die letzte und die tyrannischste unserer Leidenschaften.
VAUVENARGUES

Geld

Er fühlte sich wie neu gestärkt, als er soviel Geld bemerkt.
WILHELM BUSCH

Bargeld ist Aladins Wunderlampe. LORD GEORGE GORDON NOËL BYRON

Bis auf Verdienste und Ruhm ist alles für Geld zu haben.

CHRISTINA VON SCHWEDEN

Geld ist geprägte Freiheit. FJODOR MICHAIJLOWITSCH DOSTOJEWSKI

Geld kostet zuviel. RALPH WALDO EMERSON

Mach Geld zu deinem Gott und es wird dich plagen wie der Teufel.

HENRY FIELDING

Wo viel Geld ist, geht immer ein Gespenst um. THEODOR FONTANE

Geld hat die Eigenschaft, anderes Geld anzuziehen. BENJAMIN FRANKLIN

Beim Geld hört die Gemütlichkeit auf. DAVID HANSEMANN

Sowie einer kein Geld mehr hat, wird er Rothschilds Feind.

HEINRICH HEINE

Liebe zum Geld und Liebe zum Lernen begegnen sich selten.

GEORGE HERBERT

Dem wachsenden Geld folgt die Sorge. HORAZ

Um verlorenes Geld und Gut werden die aufrichtigsten Tränen geweint.

JUVENAL

Geld: Zerbrechlichste aller Illusionen von Sicherheit. RON KRITZFELD

Vergnügt sein ohne Geld, das ist der Stein der Weisen.

MAGNUS GOTTFRIED LICHTWER

Geld im rechten Augenblick zu haben, das allein ist Geld.

DETLEV FREIHERR VON LILIENCRON

Wer kein Geld hat, dem hilft nicht, dass er fromm ist. MARTIN LUTHER

Geldmangel ist die Wurzel allen Übels. MARK TWAIN

Alles Unheil dieser Welt kommt vom falsch verteilten Geld.

WERNER MITSCH

Geld hat bestechende Eigenschaften.

WERNER MITSCH

Geld stinkt nicht. Man muss es nur rechtzeitig ausgeben. WERNER MITSCH

Von einer gewissen Summe an sagt man zum Geld Kapital.

WERNER MITSCH

Ohne Geld fehlt Dir was.

ROBERT MUTHMANN

Die Phönizier haben das Geld erfunden. Aber warum nur so wenig?

JOHANN NEPOMUK NESTROY

Geld ist das Brecheisen der Macht.

FRIEDRICH NIETZSCHE

Es entstehen ja alle Kriege um den Besitz des Geldes willen.

PLATON

Viel Geld verdirbt den Charakter, wenig Geld gefährdet ihn.

HANS-JÜRGEN QUADBECK-SEEGER

Geld kann vieles in der Welt, Jugend kauft man nicht um Geld.

FERDINAND RAIMUND

Der Reiche hat das Gesetz in seiner Geldbörse.

JEAN-JACQUES ROUSSEAU

Gutes Geld ist besser als nur Geld.

FRITZ SCHÄFFER

Und es herrscht der Erde Gott, das Geld.

FRIEDRICH VON SCHILLER

Geld ist der beste Köder.

LOTHAR SCHMIDT

Geld ist rund und rollt weg.

LOTHAR SCHMIDT

Geld überzeugt leichter als Logik.

LOTHAR SCHMIDT

Es gibt Leute, die zahlen für Geld jeden Preis.   ARTHUR SCHOPENHAUER

Geld ist ein guter Soldat, mein Herr, und macht sich Bahn. (aus „Falstaff")
WILLIAM SHAKESPEARE

Wo Geld vorangeht, sind alle Wege offen.   WILLIAM SHAKESPEARE

Geld ist die reinste Form des Werkzeugs.   GEORG SIMMEL

Der ärgste Fluch des Menschen ist das Geld.   SOPHOKLES

Geld spricht alle Sprachen.   SPRICHWORT

Geld, der Meister aller Sachen, weiß aus Nein oft Ja zu machen.
SPRICHWORT

Wer Geld hat, ist ein Drache, wer keines hat, ein Wurm.
SPRICHWORT AUS CHINA

Geld ist redegewandter als ein Dutzend Abgeordneter.
SPRICHWORT AUS DÄNEMARK

Bargeld lacht.   SPRICHWORT AUS DEUTSCHLAND

Für Geld gibt es keine Bannmeile.   SPRICHWORT AUS FRANKREICH

Man soll auf Geld herabsehen, es aber nie aus den Augen verlieren.
SPRICHWORT AUS ITALIEN

Geld ist wie ein Segel in der Tasche.   SPRICHWORT AUS JAPAN

Für Geld lächelt alles Käufliche.   NORBERT STOFFEL

Geld, das man nicht hat, zählt doppelt.   NORBERT STOFFEL

Kleingeld ist Hartgeld.   NORBERT STOFFEL

Geld ist eine neue Form der Sklaverei. LEO N. TOLSTOI

Das Geld ist eine dritte Hand. PAUL-JEAN TOULET

Geld nennt man heute Knete, weil man jeden damit weich bekommt.
GERHARD UHLENBRUCK

Wenn man keine Kohle mehr hat, sieht man gewöhnlich schwarz.
GERHARD UHLENBRUCK

Geld stinkt nicht. VESPASIAN

Das beste an einer Währung ist, wenn sie währt. HANS-ARMIN WEIRICH

Gemeinplatz

Gemeinplatz: eine Moral ohne Fabel. AMBROSE BIERCE

Gemeinplatz: ein Platz für große Tiere. LOTHAR SCHMIDT

Große Tiere brauchen Gemeinplätze. HANS-ARMIN WEIRICH

Gemeinsamkeit

Ich bin nur mit dem anderen, allein bin ich nichts. KARL JASPERS

Was nicht zusammen kann bestehen, tut am besten, sich zu lösen.
FRIEDRICH VON SCHILLER

Die gemeinsam erlebte Stimmung macht aus „Ichs" ein „Wir".
WILHELM SCHWÖBEL

Gemeinschaft

Jede Gemeinschaft macht irgendwie, irgendwo, irgendwann „gemein".

FRIEDRICH NIETZSCHE

Wer zur Gemeinschaft unfähig ist, der ist es auch zur Freundschaft.

PLATON

Was dem einzelnen nicht möglich ist, das vermögen viele.

FRIEDRICH WILHELM RAIFFEISEN

Genie

Eine Schablone schaffen, das ist Genie.   CHARLES PIERRE BAUDELAIRE

Das Genie hat etwas vom Instinkt der Zugvögel.   JAKOB BOßHART

Genie ist nichts als eine bedeutende Anlage zur Geduld.

GEORGES-LOUIS LECLERC DE BUFFON

Es gibt kein Genie ohne produktiv wirkende Kraft.

JOHANN WOLFGANG VON GOETHE

Genie ist Fleiß.   JOHANN WOLFGANG VON GOETHE

Das Genie ist ein geborner Mittelpunkt.   CHRISTIAN FRIEDRICH HEBBEL

Genie ist Intelligenz der Begeisterung.   CHRISTIAN FRIEDRICH HEBBEL

Keinem wahren Genius lassen sich bestimmte Bahnen vorzeichnen.

HEINRICH HEINE

Wo ein Genie ist, da finden sich Werkzeuge.   HUGO VON HOFMANNSTHAL

Das Genie ist ein Vorgebirge, das in die Unendlichkeit hineinragt.

VICTOR HUGO

Das Genie ist die Macht, Gott der menschlichen Seele zu offenbaren.

FRANZ LISZT

Genies sind Typen, das heißt individuelle Musterbeispiele.

HANS LOHBERGER

Übung ist alles, und insofern ist Genie Charakter.

CHRISTIAN MORGENSTERN

Das Genie sitzt im Instinkt.

FRIEDRICH NIETZSCHE

Genie ist, ein hohes Ziel und die Mittel dazu wollen.

FRIEDRICH NIETZSCHE

Es liegt im Wesen des Genies, die einfachsten Ideen auszunutzen.

CHARLES PIERRE PÉGUY

Genie ist der Verdichtungspunkt latenter Massenkräfte.

WALTHER RATHENAU

Das Genialische ist doch das Einzige, was uns wirklich ergreift.

RAINER MARIA RILKE

Das Genie erwürgt alle, die es plündert.

ANTOINE DE RIVAROL

Das Genie ist es, das das Wissen nützlich macht.

JEAN-JACQUES ROUSSEAU

Das Talent arbeitet, das Genie schafft.

ROBERT SCHUMANN

Zu den Blitzen des Genies machen die Talente den Donner.

PETER SIRIUS

Dem Genie, dem das Lächeln fehlt, fehlt ein Flügel.

SPRICHWORT AUS ITALIEN

Genie ist Geist als Naturkraft.

FRIEDRICH THEODOR VISCHER

Genius

Genius ist sublimierte Vernunft. ANDRÉ-MARIE DE CHENIÉR

Genius ist das Talent eines Menschen, der tot ist. EDMOND DE GONCOURT

Genius ist die unendliche Fähigkeit, Schmerzen ertragen zu können.
JANE ELICE HOPKINS

Genius ist die Fähigkeit, Richtiges zum ersten Male zu tun.
ELBERT G. HUBBARD

Genius die Kraft, welche sammelt, kombiniert, erweitert und belebt.
SAMUEL JOHNSON

Genius ist ewige Geduld. MICHELANGELO BUONARROTI

Genug

Genug: alles, was es auf der Welt gibt, wenn man es liebt. AMBROSE BIERCE

Wem genug zu wenig ist, dem ist nichts genug. EPIKUR VON SAMOS

Genug ist Überfluss für den Weisen. EURIPIDES

Genug ist nicht genug. Nur mehr und immer mehr ist genug.
LOTHAR SCHMIDT

Genug ist besser als zuviel. SPRICHWORT

Genuss

Ohne Arbeit kein Genuss, keine Arbeit ohne Genuss. AUGUST BEBEL

Es gibt keinen Genuss ohne Ruhm und keinen Ruhm ohne Genuss.
CHRISTINA VON SCHWEDEN

Wer dem Genuss nachjagt, findet den Überdruss.
CHRISTINA VON SCHWEDEN

Die Probe eines Genusses ist seine Erinnerung.
JEAN PAUL

Der Feinschmecker unterscheidet zwischen essbar und genießbar.
WERNER MITSCH

Genuss ist Tugend.
MULTATULI

Abstinenz ist der traurige Sieg der Vernunft über den Genuss.
NORBERT STOFFEL

Gerechtigkeit

Gerechtigkeit ist das Brot der Nation; sie hungert immer danach.
FRANÇOIS RENÉ VICOMTE DE CHATEAUBRIAND

Verzögerte Gerechtigkeit ist verweigerte Gerechtigkeit.
WILLIAM EWART GLADSTONE

Gerechtigkeit ist die Summe aller sittlichen Pflichten.
WILLIAM GODWIN

Der Mensch hat mehr Trieb als Fähigkeit, gerecht zu sein.
CHRISTIAN FRIEDRICH HEBBEL

Die Gerechtigkeit hört auf, wenn ihr die Macht fehlt.
CLAUDE-ADRIEN HELVÉTIUS

Die Gerechtigkeit ist das Recht des Schwächeren.
JOSEPH JOUBERT

Gerechtigkeit ist Wahrheit in Aktion.
JOSEPH JOUBERT

Gerechtigkeit ist nichts anderes als die Nächstenliebe der Weisen.
GOTTFRIED WILHELM FREIHERR VON LEIBNIZ

Zur Gerechtigkeit gehören: Macht, Weisheit und Wille.
LEONARDO DA VINCI

Das Schwert der Gerechtigkeit ist nichts als eine Scheide.

COMTE JOSEPH MARIE DE MAISTRE

Gerechtigkeit ist die Arithmetik der Liebe. TOMÁŠ GARRIQUE MASARYK

Wo die Mehrheit das Recht hat, hat Gerechtigkeit das Nachsehen.

WERNER MITSCH

Eine Fortbildung der Gerechtigkeit ist die Billigkeit.

FRIEDRICH NIETZSCHE

Gerechtigkeit ist Liebe mit sehenden Augen. FRIEDRICH NIETZSCHE

Die Tugend großer Seelen ist Gerechtigkeit. AUGUST GRAF VON PLATEN

Das Gesetz muss den Gerechtigkeitssinn des Bürgers überzeugen.

LOTHAR SCHMIDT

Gerechtigkeit heißt Abwägen von Gründen und Gegengründen.

LOTHAR SCHMIDT

Gerechtigkeit ist eine Form der Lösung sozialer Konflikte.

LOTHAR SCHMIDT

Politische Gerechtigkeit ist das Gleichgewicht der Lobbies.

LOTHAR SCHMIDT

Gerechtigkeit bedeutet, den Egoismus mit anderen teilen zu müssen.

NORBERT STOFFEL

Gerechtigkeit ist das größte Interesse der Menschen auf Erden.

DANIEL WEBSTER

Gerücht

Kommuniqué: ein Gerücht mit Epauletten. ARTHUR BAER

Gerücht: Lieblingswaffe des Rufmörders. AMBROSE BIERCE

Das Gerücht ist eine halbe Lüge.   THOMAS FULLER

Gerichte können kein Gerücht zum Schweigen bringen.
                                    JOHANN NEPOMUK NESTROY

Gerüchte sind der Wellenschlag unterdrückter Information.
                                          ROGER PEYREFITTE

Gerücht ist eine Pfeife, die Argwohn, Eifersucht, Vermutung bläst.
                                       WILLIAM SHAKESPEARE

Das Tabu ist das Gewächshaus der Gerüchte.   NORBERT STOFFEL

Geschäfte

Geschäfte? Das ist sehr einfach, das bedeutet anderer Leute Geld.
                              ALEXANDRE DUMAS DER JÜNGERE

Führe dein Geschäft, oder es wird dich führen.   BENJAMIN FRANKLIN

Euer Geschäft ist euer größtes Vorurteil.   FRIEDRICH NIETZSCHE

Alle Politik endet im Geschäft.   LOTHAR SCHMIDT

Geschenke

Lang erwartete Geschenke sind Zahlungen, keine Gaben.
                                         BENJAMIN FRANKLIN

Geldgeschenke sind phantasielos, vor allem kleine.   WERNER MITSCH

Geschenke sind bargeldlose Zahlungsmittel.   WERNER MITSCH

Nur taktlose Menschen rächen sich mit Gegengeschenken.
                                            WERNER MITSCH

Nicht nur kleine Geschenke erhalten die Freundschaft.

ROBERT MUTHMANN

Geschenke besänftigen Götter und Menschen.   OVID

Das unerwartete Geschenk wird am meisten geschätzt.   LOTHAR SCHMIDT

Geschenke machen dem Wort Gelenke.   SPRICHWORT

Geschichte

Geschichte ist versteinerte Vorstellungskraft.   ARTHUR BAER

Geschichte ist eine Philosophie, die uns durch Beispiele lehrt.

HENRY SAINT-JOHN BOLINGBROKE

Geschichte ist, was ein Zeitalter an einem anderen interessiert.

JACOB CHRISTOPH BURCKHARDT

Geschichte ist der Extrakt unzähliger Biographien.   THOMAS CARLYLE

Geschichte ist ein Destillat von Gerüchten.   THOMAS CARLYLE

Das Beste an der Geschichte ist der Enthusiasmus, den sie erweckt.

SIR WINSTON CHURCHILL

Die Geschichte ist nichts als der Nagel, an dem das Bild hängt.

ALEXANDRE DUMAS DER ÄLTERE

Geschichte ist vorwiegend Geschwätz.   HENRY FORD I.

Jenes Volk ist am glücklichsten, das keine Geschichte hat.

MAHATMA GANDHI

Die Geschichte hat die Menschheit nie gebessert.

CHRISTIAN DIETRICH GRABBE

Die Geschichte ist eine Sammlung von Grabschriften.

ELBERT G. HUBBARD

Wer die Geschichte versteht, wird nie eine Rolle in ihr spielen.

THEODORE SIMON JOUFFROY

Die Geschichte hält sich nicht an Kursbücher.

HELMUT KOHL

Geschichte: Aufeinandergestapelte Vergangenheit.

RON KRITZFELD

Geschichtliche Größe erlangen solche, die alle anderen klein halten.

RON KRITZFELD

Geschichte ist eine Verbindung von Dichtung und Philosophie.

THOMAS BABINGTON LORD MACAULAY

Viele Denkmäler sind steingewordene Geschichtsfälschungen.

WERNER MITSCH

Geschichte ist eine Fabel, auf die man sich geeinigt hat.

NAPOLEON I.

Die Geschichte ist das Verzeichnis der Zufrühgekommenen.

RAINER MARIA RILKE

Geschichte ist der Bericht von der Unvernunft der Mehrheiten.

LINDSAY ROGERS

Geschichte: Frühwarnsystem, das niemand ernst nimmt.

LOTHAR SCHMIDT

Die Geschichte ist meistens die Schande des Menschengeschlechts.

JOHANN GOTTFRIED SEUME

Das Liebenswerteste an der Geschichte sind die Anekdoten.

HANS-ARMIN WEIRICH

Geschmack

Geschmack ist das Taktgefühl des Geistes.

STANISLAS JEAN DE BOUFFLERS

Geschmack ist nichts als verfeinerter gesunder Menschenverstand.

ANDRÉ-MARIE DE CHENIÉR

Menschen werden heftig, wenn sie ihren Geschmack verteidigen.

RALPH WALDO EMERSON

Geschmack ist die weibliche Form des Genius.

EDWARD FITZGERALD

Der Geschmack lässt sich ebenso kultivieren wie der Geist.

BALTHASAR GRACIÁN Y MORALES

Geschmack ist das gebildete Gewissen der Seele.

JOSEPH JOUBERT

Der gute Geschmack kommt eher von der Urteilskraft als vom Geist.

LA ROCHEFOUCAULD

Geschmack ist instinktgewordene Sicherheit im Fühlen.

HANS LOHBERGER

Auch der so genannte gute Geschmack ist Geschmacksache.

WERNER MITSCH

Geschmack ist die Kunst, sich auf Kleinigkeiten zu verstehen.

JEAN-JACQUES ROUSSEAU

Gesellschaft

Eine Menge ist noch keine Gesellschaft.

FRANCIS BARON VERULAM BACON

Was also einer ist, das hat die Gesellschaft aus ihm gemacht.

AUGUST BEBEL

Ich hasse jede Gesellschaft, die kleiner ist als die menschliche.

LUDWIG BÖRNE

Treue und Glauben sind der Eckstein der menschlichen Gesellschaft.

JOHANN GOTTFRIED VON HERDER

Klassenlose Gesellschaft: Verein, mit dem kein Staat zu machen ist.

RON KRITZFELD

Ein Symbol der Wegwerfgesellschaft ist die wegwerfende Handbewegung.

WERNER MITSCH

Eine Gesellschaft, in der nur der Gesunde etwas gilt, ist krank.

WERNER MITSCH

Gesetz

Wenn auf Erden die Liebe herrschte, wären alle Gesetze entbehrlich.

ARISTOTELES

Es gibt keine schlimmere Folter als die Folter der Gesetze.

FRANCIS BARON VERULAM BACON

Das Gesetz ist nur eine Denkschrift.   RALPH WALDO EMERSON

Gesetz ist die Regel, nach der das Dasein der Dinge bestimmbar ist.

IMMANUEL KANT

Ein Gesetz ist eine politische Maßnahme, ist Politik.   LENIN

Die Herrschaft der Gesetze ist mächtiger als die der Menschen.

TITUS LIVIUS

Gesetze sind die abgekürzten Vorgänge des Lebens.   HANS LOHBERGER

Gesetze sind die Holzhammer des Staates.   ROBERT MUTHMANN

Kein Gesetz kann das Gewissen ersetzen. ROBERT MUTHMANN

Alle geschriebenen Gesetze sind Erläuterungen des Sittengesetzes.
JOHN RUSKIN

Das Gesetz ist der Freund des Schwachen. FRIEDRICH VON SCHILLER

Die Gesetze der Welt sind Würfelspiel geworden.
FRIEDRICH VON SCHILLER

Das Gesetz ist das weltliche Gewissen des Staatsbürgers.
LOTHAR SCHMIDT

Das Gesetz ist die Beredsamkeit der Staatsgewalt. LOTHAR SCHMIDT

Gesetze sollen die Gesellschaft stützen, nicht stürzen. LOTHAR SCHMIDT

Gesetze? Auslegware! NORBERT STOFFEL

Das Gesetz ist lückenhaft, das Recht ist lückenlos. JOSEPH UNGER

Gespräch

Gespräch ist gegenseitige distanzierte Berührung.
MARIE VON EBNER-ESCHENBACH

Selbstgespräche haben den Vorteil, dass man immer zu Wort kommt.
OLIVER GOLDSMITH

In Selbstgesprächen kommt auch der Rechthaberische auf seine Kosten.
LOTHAR SCHMIDT

Gesunder Menschenverstand

Gesunder Menschenverstand ist der Maßstab des Möglichen.
HENRI-FRÉDÉRIC AMIEL

Gesunder Menschenverstand ist Instinkt; genug davon ist Genius.
JOSH BILLINGS

Gesunder Menschenverstand ist die Fähigkeit, Werte zu entdecken.
SPRUCH

Gesundheit

Es gibt tausend Krankheiten, aber nur eine Gesundheit.   LUDWIG BÖRNE

Ein Narr ist, wer den Arzt befragt und nicht beachtet, was der sagt.
SEBASTIAN BRANT

Die Gesundheit ist ein Stück Himmel auf Erden.   ERNST R. HAUSCHKA

Gesundheit ist ein Geschenk, das man sich selber machen muss.
SPRICHWORT AUS SCHWEDEN

Gewalt

Was man mit Gewalt gewinnt, kann man nur mit Gewalt behalten.
MAHATMA GANDHI

Es gibt zwei friedliche Gewalten: das Recht und die Schicklichkeit.
JOHANN WOLFGANG VON GOETHE

Gewalt ist Willensnegierung.   RUDOLF VON IHERING

Was Gewalt heißt, ist nichts – Verführung ist die wahre Gewalt.
GOTTHOLD EPHRAIM LESSING

Er sagte „um jeden Preis". Und er meinte „mit aller Gewalt".
WERNER MITSCH

Schrecklich, immer – auch in gerechter Sache – ist Gewalt.
FRIEDRICH VON SCHILLER

Die Gewalt besitzt nicht halb so viel Macht wie die Milde.

SAMUEL SMILES

Gewerkschaften

Wir fordern Berufsverbot für alle bei vollem Lohnausgleich! GRAFFITO

Tarifhoheit: Ihre Majestät thront über den Möglichkeiten. RON KRITZFELD

Die Gewerkschaftsbewegung ist der Kapitalismus der Arbeiterklasse.

GEORGE BERNARD SHAW

Der Lohn macht die Musik. NORBERT STOFFEL

Des einen Lohnerhöhung ist des anderen Preiserhöhung. HAROLD WILSON

Gewinn

Gewinn anderer wird fast wie Verlust empfunden. WILHELM BUSCH

Wo viel verloren wird, ist manches zu gewinnen.

JOHANN WOLFGANG VON GOETHE

Doch nimmersatte Gier und Sorge folgt dem wachsenden Gewinn. HORAZ

Die Verteufelung des Gewinns beginnt mit dem Wort „Profit".

LOTHAR SCHMIDT

Es ist nicht alles Gewinn, was man gewonnen zu haben glaubt.

LOTHAR SCHMIDT

Gewinn ist das Geld, das zählt. LOTHAR SCHMIDT

Gewinn ist Segen, wenn man ihn nicht stiehlt. WILLIAM SHAKESPEARE

Gewissen

Das menschliche Gewissen ist das Orakel Gottes.

LORD GEORGE GORDON NOËL BYRON

Das Gewissen ist der Puls der Vernunft.   SAMUEL TAYLOR COLERIDGE

Wir leben im Zeitalter des Massenverschleißes des Gewissens.

THEODOR HEUSS

Das Gewissen des Menschen ist das Denken Gottes.   VICTOR HUGO

Gewissen: das Bewusstsein eines inneren Gerichtshofes im Menschen.

IMMANUEL KANT

Kein Gold besticht ein empörtes Gewissen.   HEINRICH VON KLEIST

Das Gewissen ist das Gesetz der Gesetze.

ALPHONSE MARIE LOUIS DE LAMARTINE

Gewissen: Angst vor der Angst.   HANS LOHBERGER

Das Gewissen ist die individuelle, höchstrichterliche Instanz.

ROBERT MUTHMANN

Das Gewissen ist das Herz unseres Herzens.   JOHN HENRY NEWMAN

Was sagt dein Gewissen? Du sollst der werden, der du bist.

FRIEDRICH NIETZSCHE

Wissenschaft ohne Gewissen zerstört die Seele.   FRANÇOIS RABELAIS

Der größte Philosoph ist das Gewissen.   JEAN-JACQUES ROUSSEAU

Die Stimme des Gewissens muss ohne Lautsprecher auskommen.

LOTHAR SCHMIDT

Auch das Gewissen der Menschen unterliegt der Mode.　DANIEL SPITZER

Gewissen ist Gottes Gegenwart im Menschen.
EMANUEL VON SWEDENBORG

Nichts ist gewisser als das Gewissen.　JOSEPH UNGER

Gewohnheit

Gewohnheit: eine Fessel der Freien.　AMBROSE BIERCE

Gewohnheit ist Meister über alle Dinge.　GAIUS JULIUS CAESAR

Die Gewohnheit ist eine zweite Natur.　MARCUS TULLIUS CICERO

Gewohnheit macht den Fehler schön, den wir von Jugend auf gesehen.
CHRISTIAN FÜRCHTEGOTT GELLERT

In der Gewohnheit liegt das einzige Behagen des Menschen.
JOHANN WOLFGANG VON GOETHE

Gewohnheit ist eine schreckliche Tyrannin.
HANS JAKOB WILHELM HEINSE

Gewohnheiten sind der Sieg der Zeit über den Willen.
MICHEL DE MONTAIGNE

Die Gewohnheit ist ein sechster Sinn, der alle anderen beherrscht.
SPRICHWORT

Gewohnheit ist ein Hemd aus Eisen.　SPRICHWORT AUS TSCHECHIEN

Gewohnheit wird durch Gewohnheit überwunden.
THOMAS VON KEMPEN

Glaube

Glaube ist die Fortsetzung der Vernunft. WILLIAM ADAMS

Glaube ist Gewissheit ohne Beweis. HENRI-FRÉDÉRIC AMIEL

Glaube beruht auf Ursachen, nicht auf Gründen. WILHELM BUSCH

Nur was wir glauben, wissen wir ganz genau. WILHELM BUSCH

Die Menschen glauben fest an das, was sie sich wünschen.
GAIUS JULIUS CAESAR

Glaube ist Liebe, welche die Form des Sehnens angenommen hat.
WILLIAM ELLERY CHANNING

Wer nichts weiß, muss alles glauben. MARIE VON EBNER-ESCHENBACH

Was ist der Glaube wert, wenn er nicht in die Tat umgesetzt wird?
MAHATMA GANDHI

Glaube, Liebe, Hoffnung: glaube, liebe Hoffnung!
CHRISTIAN FRIEDRICH HEBBEL

Der Glaube ist nicht der Anfang, sondern das Ende alles Wissens.
JOHANN WOLFGANG VON GOETHE

Der Mensch glaubt, was er hofft, und glaubt, was er fürchtet!
CHRISTIAN DIETRICH GRABBE

Nur was wir selber glauben, glaubt man uns. KARL GUTZKOW

Selten reicht unser Glaube weiter als unser Auge. LA ROCHEFOUCAULD

Glaube ohne Liebe ist nichts wert. MARTIN LUTHER

Wer an Gott glaubt, muss auch mit dem Teufel rechnen. WERNER MITSCH

Glaube

Glaube nennt man die Angewöhnung geistiger Grundsätze ohne Gründe.
FRIEDRICH NIETZSCHE

Jeder Glaube ist ein Für-wahr-Halten.
FRIEDRICH NIETZSCHE

Nichts wird so fest geglaubt wie das, was wir am wenigsten wissen.
MICHEL DE MONTAIGNE

Der Glaube, der nicht zweifelt, ist kein Glaube.
BLAISE PASCAL

Der Glaube versetzt Berge, die der Zweifel erschaffen hat.
LOTHAR SCHMIDT

Gläubiger

Gläubiger haben ein besseres Gedächtnis als Schuldner.
BENJAMIN FRANKLIN

Gläubiger sind Leute, die kommen, wenn die Kunden ausbleiben.
LOTHAR SCHMIDT

Scharfe Mahner machen gute Zahler.
SPRICHWORT AUS DEUTSCHLAND

Gleichgültigkeit

Gleichgültigkeit ist die Hornhaut der Seele.
AUS DEN „FLIEGENDEN BLÄTTERN"

Jenseits von Gut und Böse steht die Gleichgültigkeit.
WERNER MITSCH

Gleichgültigkeit ist der unbesiegbare Riese der Welt.
LOUISE OUIDA

Die verbreiteste Form der Anteilnahme ist die Gleichgültigkeit.
NORBERT STOFFEL

Gleichgültigkeit ist der Schlaf des Gemüts.
VAUVENARGUES

Gleichgültigkeit ist die Vergeltung der Welt auf Mittelmäßigkeit.

OSCAR WILDE

Gleichheit

Die Gleichheit ist die Utopie der Empörten.   EMILE DE GIRARDIN

Alle Menschen sind verschieden gleich.   ERNST R. HAUSCHKA

Gleichheit ist immer das festeste Band der Liebe.

GOTTHOLD EPHRAIM LESSING

Eine völlige Gleichheit der Menschen lässt sich gar nicht denken.

GEORG CHRISTOPH LICHTENBERG

„Ähnliche Qualitäten" sollten wir sagen statt „gleich".

FRIEDRICH NIETZSCHE

Der Pöbel blinzelt: wir sind alle gleich.   FRIEDRICH NIETZSCHE

Die Lehre von der Gleichheit ist das Ende der Gerechtigkeit.

FRIEDRICH NIETZSCHE

Was das für ein Gedrängel gäbe, wenn alle auf einer Stufe stünden!

RUPERT SCHÜTZBACH

Die Güter der Welt sind ungleich verteilt. Die Lasten auch.

HANS-ARMIN WEIRICH

Gleichnis

Alles Vergängliche ist nur ein Gleichnis.

JOHANN WOLFGANG VON GOETHE

Auf jedem Gleichnis reitest du zu jeder Wahrheit.   FRIEDRICH NIETZSCHE

Gleichnis

Eine Rede wird durch Gleichnisse schön.   SPRICHWORT AUS RUSSLAND

Ein gutes Gleichnis erfrischt den Verstand.   LUDWIG WITTGENSTEIN

Glück

Das Glück, das heißt getröstet zu sein.   HENRI-FRÉDÉRIC AMIEL

Glück ist Selbstgenügsamkeit.   ARISTOTELES

Glück ist der Augenblick, wo das Schicksal uns vergisst.
AUS DEN „FLIEGENDEN BLÄTTERN"

Glück heißt Bewundern ohne Begehren. Und das ist nicht Glück.
FRANCIS HERBERT BRADLEY

Man muss sein Glück teilen, um es zu multiplizieren.
MARIE VON EBNER-ESCHENBACH

Sich glücklich fühlen zu können, auch ohne Glück – das ist Glück.
MARIE VON EBNER-ESCHENBACH

Die Stunde füllen – das ist Glück.   RALPH WALDO EMERSON

Glücklich machen ist das höchste Glück.   THEODOR FONTANE

Das wahre Glück ist die Genügsamkeit.   JOHANN WOLFGANG VON GOETHE

Glücklich allein ist die Seele, die liebt.   JOHANN WOLFGANG VON GOETHE

Das mühsam erlangte Glück wird doppelt genossen.
BALTHASAR GRACIÁN Y MORALES

Irdisches Glück heißt: Das Unglück besucht uns nicht zu regelmäßig.
KARL GUTZKOW

Glück ist, was jeder sich als Glück gedacht!   FRIEDRICH HALM

Unser Glück besteht aus viel Glauben und ein bisschen Phantasie.

ERNST R. HAUSCHKA

Das Glück, das gestern mich geküsst, ist heute schon zerronnen.

HEINRICH HEINE

Glück heißt; das Ich vergessen bei einer nützlichen Tätigkeit.

ELBERT G. HUBBARD

Glück besteht in der Vielfalt der Bewusstseinsinhalte.   SAMUEL JOHNSON

Es gibt kein Glück ohne den Glauben, dass wir es auch verdienen.

JOSEPH JOUBERT

Glücklich ist, wer nicht vergißt zu ändern, was zu ändern ist.

RON KRITZFELD

Das Glück lenkt alles zum Vorteil seiner Günstlinge.   LA ROCHEFOUCAULD

Ein langes Glück verliert schon bloß durch seine Dauer.

GEORG CHRISTOPH LICHTENBERG

Die meisten sind so glücklich, wie sie selber beschließen zu sein.

ABRAHAM LINCOLN

Das Glück ist die Gesundheit der Seele.   HANS LOHBERGER

Nur das Glück ist ein Glück, das man sich selber denkt.   OTTO LUDWIG

Das Glück im Leben hängt von den guten Gedanken ab, die man hat.

MARC AUREL

Vielen gibt das Glück allzu viel, keinem genug.   MARTIAL

Glück ist die angenehmste Form des Zufalls.   WERNER MITSCH

Glück kann man nur festhalten, indem man es weitergibt.

WERNER MITSCH

Glück

Man kann keine großen Dinge tun, nur kleine Dinge mit großer Liebe.

MUTTER TERESA

Glück ist die Verbesserung des gegebenen Zustandes.

HELMAR NAHR

Was ist Glück? Das Gefühl davon, dass die Macht wächst.

FRIEDRICH NIETZSCHE

Glück ist Talent für das Schicksal.

NOVALIS

Glück ist gut für den Körper, denn Kummer zerstört den Geist.

MARCEL PROUST

Das höchste Glück des Menschen ist die Befreiung von der Furcht.

WALTHER RATHENAU

Glück ist, wenn Gelegenheit auf Bereitschaft trifft.

LOTHAR SCHMIDT

Alles, was die Seele durcheinander rüttelt, ist Glück. ARTHUR SCHNITZLER

Geld macht weder glücklich noch unglücklich. Die Macher sind wir.

RUPERT SCHÜTZBACH

Glück ist das mächtigste Stärkungsmittel.

HERBERT SPENCER

Glück besteht darin, das eigene Wesen zu wahren.

BARUCH BENEDIKT DE SPINOZA

Glück ist die Abwesenheit von Schmerzen.

SPRICHWORT AUS CHINA

Das Glück trägt einen Tarnanzug.

NORBERT STOFFEL

Im Glück geht so manche Brille verloren.

NORBERT STOFFEL

Glück heißt, stets gut getäuscht zu sein.

JONATHAN SWIFT

Gold

Nach Golde drängt, am Golde hängt doch alles.

JOHANN WOLFGANG VON GOETHE

Gold: Nichtmagnetisches und dennoch anziehendstes aller Metalle.

RON KRITZFELD

Alles, was Gold ist, glänzt nicht.

FRIEDRICH NIETZSCHE

Gott

Gott ist das, wovon etwas Größeres nicht gedacht werden kann.

ANSELM VON CANTERBURY

Gott ist raffiniert, aber boshaft ist er nicht.

ALBERT EINSTEIN

Der Mensch schuf Gott nach seinem Bilde.

LUDWIG ANDREAS FEUERBACH

Gott beantwortet das Gebet auf seine Weise, nicht auf die unsrige.

MAHATMA GANDHI

Gott nimmt nicht die Lasten, sondern stärkt die Schultern.

FRANZ GRILLPARZER

Gott antwortet nur, wenn wir ihn fragen.

ERNST R. HAUSCHKA

Für unseren Übermut hat der liebe Gott tausend Krankheiten im Ärmel.

WERNER MITSCH

Wer Gott einmal suchen will, der findet ihn überall.

NOVALIS

Gott ist nahe, wo die Menschen einander Liebe zeigen.

JOHANN HEINRICH PESTALOZZI

Gott ist handelnde Liebe.

JEREMY TAYLOR

Die Schönheit Gottes ist die Ursache von allem, was ist.

THOMAS VON AQUIN

Das Unbewusste im Menschen ist das Bewusstsein Gottes.

HENRY DAVID THOREAU

Grobheit

Grobheit – geistige Unbeholfenheit.   MARIE VON EBNER-ESCHENBACH

Jeder sollte freilich grob sein, aber nur in dem, was er versteht.

JOHANN WOLFGANG VON GOETHE

Grobheit ist die humanste Form des Widerspruchs.

FRIEDRICH NIETZSCHE

Größe

Der Preis der Größe heißt Verantwortung.   SIR WINSTON CHURCHILL

Es ist nichts groß, was nicht gut ist.   MATTHIAS CLAUDIUS

Größe besitzt, wer uns nie an andere erinnert.   RALPH WALDO EMERSON

Nichts Großes ist je ohne Begeisterung geschaffen worden.

RALPH WALDO EMERSON

Kein großer Mensch hat sich je über mangelnde Gelegenheit beschwert.

JOHANN WOLFGANG VON GOETHE

Große Menschen sind Inhaltsverzeichnisse der Menschheit.

CHRISTIAN FRIEDRICH HEBBEL

Wer etwas Großes will, der muss sich zu beschränken wissen.

GEORG WILHELM FRIEDRICH HEGEL

Große Geister haben Ziele, andere haben Wünsche.

WASHINGTON IRVING

Die größten Menschen sind jene, die anderen Hoffnung geben können.

JEAN JAURÈS

Es ist das Vorrecht der Größe, mit geringen Gaben hoch zu beglücken.

FRIEDRICH NIETZSCHE

Größe hat der Mann, der etwas zum ersten Male bewirkt.

ALEXANDER SMITH

Große Dinge zerfallen in kleine. Kleine zerbröseln in Staub.

SPRICHWORT AUS JAPAN

Großmut

Wolle nicht immer großmütig sein, aber gerecht sei immer!

MATTHIAS CLAUDIUS

Großmut ist auch eine revolutionäre Maßnahme.   CAMILLE DESMOULINS

Der eine handelt großmütig, der andere treibt mit dem Großmut Handel.

LOTHAR SCHMIDT

Grundsätze

Gute Grundsätze, zum Extrem geführt, verderben alles.

JACQUES BÉNIGNE BOSSUET

Fern von Menschen wachsen Grundsätze, unter ihnen Handlungen.

JEAN PAUL

Umstände sollten niemals Grundsätze verändern.   OSCAR WILDE

Gunst

Gunst ist freies Wohlgefallen. Das Schöne erweckt Gunst.

IMMANUEL KANT

Protektion ist eine Leiter ohne Sprossen.

GEORG CHRISTOPH LICHTENBERG

Das Volk schenkt seine Gunst, doch es bleibt wandelbar.

ANTOINE DE RIVAROL

Die erste Gunst ist Gunst, die zweite schon Verpflichtung.

SPRICHWORT AUS CHINA

Eine Unze Gunst ist mehr wert als ein Pfund Gerechtigkeit.

SPRICHWORT AUS FRANKREICH

Gut und Böse

Das Böse schrumpfte in den Augen der Toleranten zum weniger Guten.

WERNER MITSCH

Gut und Böse sind die Vorurteile Gottes – sagte die Schlange.

FRIEDRICH NIETZSCHE

Was Gut und Böse ist, definiert jede Zeit neu.   WILHELM SCHWÖBEL

Sei nicht einfach gut – sei gut für etwas!   HENRY DAVID THOREAU

Güte

Wie dem Geiste nichts zu groß ist, so ist der Güte nichts zu klein.

JEAN PAUL

Die Menschen sind zu allem fähig. Auch zur Güte.   ROBERT MUTHMANN

Was ein Schwert ausrichten mag, tut auch ein Wort der Güte.

FRIEDRICH VON SCHILLER

Oft nennt man Güte, was nur ein Mangel an Geistesgegenwart ist.

CARMEN SYLVA

Güte ist die Sentimentalität des Guten.   GERHARD UHLENBRUCK

Gutes

Das Gute, dieser Satz steht fest, ist stets das Böse, das man läßt.

WILHELM BUSCH

Um Gutes zu tun, braucht's keiner Überlegung.

JOHANN WOLFGANG VON GOETHE

Das Gute wird immer den Sieg über das Schöne behaupten.

HEINRICH HEINE

Das Gute allein ist auf die Dauer beachtenswert.

KARL LEBERECHT IMMERMANN

Das Gute überdauert das Große.   KARL MARX

Das Gute ist selten. Das ist das Schlechte am Guten.   WERNER MITSCH

Halbwahrheit

Das Halbwahre ist verderblicher als das Falsche.
ERNST FREIHERR VON FEUCHTERSLEBEN

Halbwahrheiten sind beliebte Fertigbauteile politischer Institutionen.
LOTHAR SCHMIDT

Halbwahrheiten: Bausteine der Lüge. NORBERT STOFFEL

Handeln

Handeln, das ist es, wozu wir da sind. JOHANN GOTTLIEB FICHTE

Willst du wissen, was in dir ist, so handle!
JOHANN WOLFGANG VON GOETHE

Die Ruhe tötet; nur wer handelt, lebt. KARL THEODOR KÖRNER

Handeln. Dem Schicksal eine Richtung geben. WERNER MITSCH

Handeln ist der Sprung des Willens über den Schatten der Bedenken.
HANS-JÜRGEN QUADBECK-SEEGER

Leben heißt nicht atmen, sondern – handeln. JEAN-JACQUES ROUSSEAU

Handeln heißt Widerstand abbauen. LOTHAR SCHMIDT

Die Philosophie lehrt handeln, nicht schwatzen. SENECA

Handeln ist nichts als das gemeinsame Anbequemen an die Tatsachen.
OSCAR WILDE

Hass

Hass ohne das Verlangen nach Rache ist wie ein Saatkorn auf Granit.

HONORÉ DE BALZAC

Der Hass ist die Wut des Herzens.   LORD GEORGE GORDON NOËL BYRON

Der Hass ist die Liebe, die gescheitert ist.   SÖREN AABYE KIERKEGAARD

Der Hass frisst den, der hasst, nicht den, der gehasst wird.

NORBERT STOFFEL

Hass ist frustierter Neid.   GERHARD UHLENBRUCK

Heimat

Heimat ist da, wo man sich nicht erklären muss.

JOHANN GOTTFRIED VON HERDER

Die wahre Heimat ist eigentlich die Sprache.   WILHELM VON HUMBOLDT

Die Heimat wird mit jedem Kilometer Entfernung schöner.

WERNER MITSCH

Heiterkeit

Heiterkeit ist der Himmel, unter dem alles gedeiht.   JEAN PAUL

Heiterkeit: Ansteckende Gesundheit.   RON KRITZFELD

Heiterkeit ist die Mutter der glücklichen Einfälle.   VAUVENARGUES

Hektik

Aufregung ist kein Programm.

TOMÁS GARRIQUE MASARYK

Hektik ist die Zeit im Halteverbot.

WERNER MITSCH

Nicht die Zeit drängt, sondern der Mensch.

WERNER MITSCH

Heldentum

Ein Held ist, wer sein Leben Großem opfert.

FRANZ GRILLPARZER

Heldentum ist bewusste Überwindung der Furcht.

HANS LOHBERGER

Der Feigling braucht kein Publikum. Der Held schon.

WERNER MITSCH

Herrschen

Kein Mensch hat von Natur aus das Recht, über andere zu herrschen.

DENIS DIDEROT

Eine auf Waffen gegründete Herrschaft muss sich auf Waffen stützen.

MONTESQUIEU

Herrschen – dies Mittel blieb zurück, den Menschen zu veredeln.

FRIEDRICH NIETZSCHE

Die Hierarchie ist revolutionsresistent.

LOTHAR SCHMIDT

Herz

Die schwache Seite des Kopfes wird Herz genannt.

AUS DEN „FLIEGENDEN BLÄTTERN"

Nicht der Geist, das Herz macht frei.　LUDWIG BÖRNE

Das Ohr und der Geist kennen Wiederholungen, das Herz nicht.
NICOLAS CHAMFORT

Ein Herz hat nur, wer es hat für andere.
CHRISTIAN FRIEDRICH HEBBEL

Der Kopf wird immer vom Herzen zum Narren gehalten.
LA ROCHEFOUCAULD

Das Herz ist das Haus der Seele.　MICHELANGELO BUONARROTI

Das Herz adelt den Menschen.　WOLFGANG AMADEUS MOZART

Am schnellsten schaffen die Herzlosen klare Verhältnisse.
ROBERT MUTHMANN

Das Herz hat seine Gründe, die die Vernunft nicht kennt.　BLAISE PASCAL

Das Herz und nicht die Meinung ehrt den Mann.
FRIEDRICH VON SCHILLER

Im Herzen steckt der Mensch, nicht im Kopf.　ARTHUR SCHOPENHAUER

Das Ohr ist der Weg zum Herzen.　MADELAINE DE SCUDÉRY

Das Menschenherz ist ein Kirchhof begrabener Hoffnungen.
PETER SIRIUS

Das Herz pocht – auf seine Gesundheit.　GERHARD UHLENBRUCK

Worte, die von Herzen kommen, gehen auch in die Herzen hinein.
HANS-ARMIN WEIRICH

Heuchelei

Heuchelei: dem Charakter ein sauberes Hemd überziehen.

AMBROSE BIERCE

Heuchelei ist eine Huldigung, welche das Laster der Tugend darbringt.

LA ROCHEFOUCAULD

Heuchelei – Bestandteil des „Guten Tons"   ROBERT MUTHMANN

Gar nicht von sich reden, ist eine sehr vornehme Heuchelei.

FRIEDRICH NIETZSCHE

Hilfe

Wenn jeder dem anderen helfen wollte, wäre allen geholfen.

MARIE VON EBNER-ESCHENBACH

Was hilft mir ein Freund, wenn er mir nicht hilft?   JACOB GRIMM

Nicht genug dem Schwachen aufzuhelfen, auch stützen muss man ihn.

WILLIAM SHAKESPEARE

Himmel

Der Himmel ist das tägliche Brot der Augen.   RALPH WALDO EMERSON

Der Weg zum Himmel ist die Erfüllung der Pflichten der Erde.

JOHANN HEINRICH PESTALOZZI

Der Himmel ist überall dort, wo du einen Engel triffst.   NORBERT STOFFEL

Hindernisse

Es kann mich niemand daran hindern, klüger zu werden.

KONRAD ADENAUER

Hindernisse machen uns groß.   ANDRÉ-MARIE DE CHENIÉR

Nur ein feuriges Anspringen wirft große Hindernisse zu Boden.
                                                JOHANN JAKOB ENGEL

Du kannst nur an den Hindernissen der Bahn des Lebens lernen.
                                                WILHELM JORDAN

Hindernisse überwinden ist der Vollgenuss des Daseins.
                                                ARTHUR SCHOPENHAUER

Historiker

Historiker: ein Breitspur-Klatschmaul.   AMBROSE BIERCE

Der Historiker ist oft nur ein rückwärts gekehrter Journalist.   KARL KRAUS

Historiker: Verzeichnen alles.   RON KRITZFELD

Der Historiker ist ein rückwärts gekehrter Prophet.
                                                FRIEDRICH VON SCHLEGEL

Historiker sind Wegelagerer des Vergangenen.   NORBERT STOFFEL

Hoffnung

Hoffnung ist ein gutes Frühstück, aber ein schlechtes Abendbrot.
                                                FRANCIS BARON VERULAM BACON

Die Hoffnung ist zur Hälfte Mut.   HONORÉ DE BALZAC

Hoffnung: die Verquickung von Wunsch und Erwartung.
                                                AMBROSE BIERCE

Die Hoffnung trügt das Urteil, aber sie stärkt die Ausdauer.
                                                EARL EDWARD GEORGE BULWER-LYTTON

Hoffnung

Unsere letzte Hoffnung gilt der Ungerechtigkeit Gottes.

NICOLÁS GÓMEZ DÁVILA

Je törichter dein Hoffen, um so fester.   MARIE VON EBNER-ESCHENBACH

Hoffnung: Mut der Ohnmächtigen.   HATTO EGERER

Hoffnung ist die zweite Seele der Unglücklichen.

JOHANN WOLFGANG VON GOETHE

Eine frohe Hoffnung ist mehr Wert als zehn trockene Wirklichkeiten.

FRANZ GRILLPARZER

Die Kürze des Lebens verbietet uns, lange Hoffnungen zu hegen.   HORAZ

Wer hofft, hat schon gesiegt und siegt weiter.   JEAN PAUL

Die Hoffnung ist eine Anleihe auf das Glück.   JOSEPH JOUBERT

Wir versprechen aus Hoffnung, und wir halten aus Furcht.

LA ROCHEFOUCAULD

Hoffnung: so heißt der Wanderschritt des Lebens.   HANS LOHBERGER

Hoffnung ist ein Baumeister der Zukunft.   WERNER MITSCH

Hoffnung ist der Reiz der Liebe und des Lebens.   MICHEL DE MONTAIGNE

Hoffnung ist eine sehr magere Diät.   THOMAS SHADWELL

Hoffnung ist oft ein Jagdhund ohne Spur.   WILLIAM SHAKESPEARE

Mit der Hoffnung zu reisen ist besser, als das Ziel zu erreichen.

ROBERT LOUIS BALFOUR STEVENSON

Zähle auf die Hoffnung, aber rechne nicht mit ihr.   NORBERT STOFFEL

Hoffnung ist das Brot der Armen.   THALES VON MILET

Hoffnung ist ein Fesselballon, an dessen Seile wir uns klammern.

GERHARD UHLENBRUCK

Wer eine Hoffnung begräbt, hat auch eine Zukunft beerdigt.

GERHARD UHLENBRUCK

Hoffnung macht mehr Betrogene als Schlauheit.

VAUVENARGUES

Höflichkeit

Höflichkeit: die annehmbarste Heuchelei.

AMBROSE BIERCE

Höflichkeit: Der Affe der Herzensgüte.

WILHELM BUSCH

Das Leben ist kurz, aber man hat immer Zeit für Höflichkeit.

RALPH WALDO EMERSON

Höflichkeit ist der Widerschein der Sittlichkeit.

JEAN PAUL

Höflichkeit ist fiktives Wohlwollen.

SAMUEL JOHNSON

Höflichkeit glättet Runzeln.

JOSEPH JOUBERT

Höflichkeit ist Wohlwollen in Kleinigkeiten.

THOMAS BABINGTON LORD MACAULAY

Wer zu früh kommt, gilt nicht immer als höflich.

LOTHAR SCHMIDT

Humor

Humor ist, wenn man trotzdem lacht.

OTTO JULIUS BIERBAUM

Humor ist keine Gabe des Geistes, er ist eine Gabe des Herzens.

LUDWIG BÖRNE

Humor ist Sonnenschein des Geistes.

EARL EDWARD GEORGE BULWER-LYTTON

Dem Mutigen gehört die Welt; ich sage – dem Humor.

THEODOR FONTANE

Humor ist Erkenntnis der Anomalien.   CHRISTIAN FRIEDRICH HEBBEL

Der Humor ist der Modelleur der Welt.   PETER HILLE

Humor ist überwundenes Leiden an der Welt.   JEAN PAUL

Der Humor ist die Harmonie des Herzens.   DOUGLAS JERROLD

Humor ist etwas, das vielen nicht in den Gram passt.   WERNER MITSCH

Humor ist der Schwimmgürtel auf dem Strom des Lebens.

WILHELM RAABE

Humor ist die Würze des Lebens.   LOTHAR SCHMIDT

Ein ernster Mensch sein und keinen Humor haben, das ist zweierlei.

ARTHUR SCHNITZLER

Der Humor ist Kraftnahrung für die Seele.   NORBERT STOFFEL

Humor ist Begleitschutz.   NORBERT STOFFEL

Wenn dem Humor die Geduld ausgeht, wird er zur Satire.

HANS-ARMIN WEIRICH

Hypothesen

Alle Thesen sind Hypothesen.   WILHELM BUSCH

Hypothesen sind Netze; nur der wird fangen, der auswirft.   NOVALIS

Hypothesen verfangen sich im Spinnennetz der Tatsachen.

LOTHAR SCHMIDT

Ich

Das Ich ist die Spitze eines Kegels, dessen Boden das All ist.

CHRISTIAN MORGENSTERN

Das Ich ist nichts anderes als Wollen und Vorstellen.

NOVALIS

Das „Ich" ist ein Trichter, in dem meine Welt zusammenfließt.

LOTHAR SCHMIDT

Ideale

Ideale sind unsere besseren Ichs.

AMOS BRONSON ALCOTT

Ein Ideal ist oft nichts als eine flammende Vision der Wahrheit.

JOSEPH CONRAD

Ohne Ideal gibt es weder Maler, noch Zeichnung, noch Farbe.

FERDINAND VICTOR EUGÈNE DELACROIX

Wer für hohe Ideale lebt, muss vergessen, an sich selbst zu denken.

ANSELM FEUERBACH

Das Ideal ist das Wirkliche in seiner höchsten Wahrheit.

GEORG WILHELM FRIEDRICH HEGEL

Ideale: Himmlische Messlatten für irdische Zustände.

RON KRITZFELD

Das Ideal ist nicht anderes als die Wahrheit von weitem.

ALPHONSE MARIE LOUIS DE LAMARTINE

Das Idealisieren ist ein ungeheueres Heraustreiben der Hauptzüge.
FRIEDRICH NIETZSCHE

Ideale sind Träume, die wir gerne wahr haben möchten.   LOTHAR SCHMIDT

Idealismus

Auch Realisten wissen, dass Idealismus eine Realität sein kann.
MAHATMA GANDHI

Idealismus ist ein ins Geistige übersetzter Materialismus.
HANS LOHBERGER

Idealist sein heißt: Kraft haben für andere.   NOVALIS

Idealismus heißt, für eine Sache leben, ohne von ihr zu leben.
HANS-ARMIN WEIRICH

Ideen

Jede Vorstellung hat die Tendenz, sich zu verwirklichen.   ÉMILE COUÉ

Die Idee spiegelt den Geist, der sie ansieht.   NICOLÁS GÓMEZ DÁVILA

Die Ideen tyrannisieren den, der wenige hat.   NICOLÁS GÓMEZ DÁVILA

Von einer Idee besessene Menschen gehen nicht auf Vernunft ein.
JAMES ANTHONY FROUDE

Jede große Idee, sobald sie in Erscheinung tritt, wirkt tyrannisch.
JOHANN WOLFGANG VON GOETHE

Die Idee ist der adäquate Begriff.   GEORG WILHELM FRIEDRICH HEGEL

Keine Armee kann eine Idee aufhalten, deren Zeit gekommen ist.
VICTOR HUGO

Ideen sind das einzig wahrhaft Bleibende im Leben.

WILHELM VON HUMBOLDT

Neue Ideen sind die Kinder alter Gedanken.

ROBERT MUTHMANN

Die großen Ideen kommen auf Taubenfüßen daher.

FRIEDRICH NIETZSCHE

Fixe Ideen führen rasch zu fixen Kosten.

HANS-JÜRGEN QUADBECK-SEEGER

Von dem, der Ideen hat, wird fleißig geborgt.

HANS-JÜRGEN QUADBECK-SEEGER

Ideen sind wie Kinder: die eigenen liebt man am meisten.

LOTHAR SCHMIDT

Neue Ideen drücken oft ebenso wie neue Schuhe.

LOTHAR SCHMIDT

Wortbilder machen Ideen sichtbar, Wortspiele geben ihnen Spielraum.

LOTHAR SCHMIDT

Eine Idee ist immer so stark wie die, die sie weitertragen.

NORBERT STOFFEL

Was wir brauchen, sind bessere Ideen, gute haben wir selber.

NORBERT STOFFEL

In jeder Idee schlummert eine Vielzahl neuer Ideen.

EMANUEL VON SWEDENBORG

Im Kampf der Ideen verkaufen sich Vereinfachungen am besten.

HANS-ARMIN WEIRICH

Ideologie

Ideologie: Impfstoff, der gegen das Denken immunisiert.

RON KRITZFELD

Ideologen sind Menschen, die Worte zu Parolen verformen.

WERNER MITSCH

Ideologien sind Ideen in Waffen.

SPRUCH

Ideen kommen aus vollen Köpfen, Ideologien gehen in leere Köpfe.

GERHARD UHLENBRUCK

Illusionen

Was würde ohne Illusionen aus uns werden?

HONORÉ DE BALZAC

Es ist eine Illusion, zu meinen, man habe keine Illusionen.

ÉMILE COUÉ

Ohne eine Stück Illusion gedeiht das Gemeinwohl nicht recht.

THEODOR HEUSS

Die Illusion ist der Glaube an eine Phantasterei.

ROBERT MUTHMANN

Wir leben nur durch Illusionen.

FRIEDRICH NIETZSCHE

Von der Ideologie zur Illusion ist nur ein Schritt.

LOTHAR SCHMIDT

Illusionen sind die Placebos der Phantasie.

RUPERT SCHÜTZBACH

Wo nur Wünsche regieren, regieren Illusionen.

NORBERT STOFFEL

Illusionen sind die Schmetterlinge im Frühling des Lebens.

PUBLIUS SYRUS

Wer ärmer wird um eine Illusion, wird um eine Wahrheit reicher.

HANS-ARMIN WEIRICH

Image

Das Image ist eine maßgeschneiderte Zwangsjacke.

HELMAR NAHR

Das Image ist eine Kopie, die das Original übertreffen will.

LOTHAR SCHMIDT

Imagepflege gehört zur Hygiene der Karriere.   RUPERT SCHÜTZBACH

Das Image ist, woran man schließlich selber glaubt.   SPRUCH

Individualität

Die Individualität ist die eigentliche Quelle allen Fortschritts.

MAHATMA GANDHI

Kein Mensch kann etwas anderes bieten als sein eigenes Programm.

CHRISTIAN MORGENSTERN

Die höchste Form der Individualität ist die Kreativität.

GERHARD UHLENBRUCK

Inflation

Inflation ist Nichtanerkennung.   CALVIN COOLIDGE

Inflation: außer Preisen setzt sie alles herab.   RON KRITZFELD

Inflation: Etwas ist faul im Staate: Deine Mark!   RON KRITZFELD

Inflation: Ein ganzes Volk geht pleite.   WERNER MITSCH

Inflation: wenn die Preise schneller steigen als die Werte.

NORBERT STOFFEL

Information

Wir ertrinken in Informationen, aber wir hungern nach Wissen.

JOHN NAISBITT

In der Informationsflut gehen die Wegweiser unter.

HANS-JÜRGEN QUADBECK-SEEGER

Der Entzug von Informationen führt zum Optimismus. NORBERT STOFFEL

Wer informiert ist, bleibt nicht ruhig. NORBERT STOFFEL

Information ist der Kitt der Gesellschaft. NORBERT WIENER

Innovation

Weise erdenken die neuen Gedanken, und Narren verbreiten sie.

HEINRICH HEINE

Die wichtigsten Innovationen sind jene, die das Denken verändern.

HANS-JÜRGEN QUADBECK-SEEGER

Es gibt keinen Artenschutz gegen Innovationen.

HANS-JÜRGEN QUADBECK-SEEGER

Innovation is an idea in action. HANS-JÜRGEN QUADBECK-SEEGER

Innovation ist zielorientierte Phantasie.

HANS-JÜRGEN QUADBECK-SEEGER

Innovationen sind ein joint venture von Verstand und Phantasie.

HANS-JÜRGEN QUADBECK-SEEGER

Innovationen sind nachwachsende Ertragskraft.

HANS-JÜRGEN QUADBECK-SEEGER

Innovation ist, wenn der Markt „Hurra" schreit. SPRUCH

Innovationen sind Pfeiler, die die Zukunft tragen. NORBERT STOFFEL

Instinkt

Instinkt ist ungelernte Fähigkeit. ALEXANDER BAIN

Instinkt ist die Nase des Geistes. EMILE DE GIRARDIN

Instinkt ist vergangene Erfahrung, unbewusst gewordene Vernunft.
HANS LOHBERGER

Instinkt ist das dauernde Wesen der Art. EDGAR QUINET

Instinkt: Ererbte Vorurteile für Vorteile. WILHELM SCHWÖBEL

Guter Instinkt bedarf der Vernunft nicht; er verleiht sie. VAUVENARGUES

Intelligenz

Intelligenz macht schüchtern. ERASMUS VON ROTTERDAM

Unter Weisen sind die Intelligenten die Dummen. WERNER MITSCH

Der beste brain-trust ist ein intelligentes Gehirn. HELMAR NAHR

Die Arroganz der Intelligenten ist noch größer als die der Reichen.
CHARLES PIERRE PÉGUY

Die Intelligenz ist die Magd des Willens. ARTHUR SCHOPENHAUER

Intelligenz trennt, Dummheit eint. WILHELM SCHWÖBEL

Interesse

Es kommt nichts ohne Interesse zustande.
GEORG WILHELM FRIEDRICH HEGEL

Interessen: Zwischenmahlzeiten. RON KRITZFELD

Das Interesse ist der Feind der Wahrheit. OTTO MICHEL

Intuitionen

Das eigentlich Wertvolle ist im Grunde die Intuition. ALBERT EINSTEIN

Intuition ist eine Vermutung, die es geschafft hat. LOTHAR SCHMIDT

Intuitionen sind vom Glück begünstigte Vermutungen. LOTHAR SCHMIDT

Ironie

Ironie ist die letzte Phase der Enttäuschung. ANATOLE FRANCE

Ironisieren: Aus dem Englischen: iron, mit eisernen Nadeln peinigen.
RON KRITZFELD

Der klugen Leute Spott heißt Ironie. WERNER MITSCH

Der Ironiker ist meist nur ein beleidigter Pathetiker.
CHRISTIAN MORGENSTERN

Ironie ist die Fähigkeit, noch an Missständen seinen Spaß zu haben.
ROBERT MUTHMANN

Die Ironie ist oft nichts als verschämte Zärtlichkeit. ETIENNE REY

Ironie ist Verteidigung unserer Identität. LOTHAR SCHMIDT

Die Ironie ist das Selbstmitleid des Weitblicks. WILHELM SCHWÖBEL

Die Ironie ist eine Beleidigung in Form eines Kompliments.
EDWIN PERCY WHIPPLE

Irrtum

Ein Irrtum ist um so gefährlicher, je mehr Wahrheit er enthält.
HENRI-FRÉDÉRIC AMIEL

Ein ehrlicher Irrtum muss Mitleid hervorrufen, nicht Spott.
LORD PHILIP DORMER CHESTERFIELD

Jeder Mensch kann irren. Im Irrtum verharren wird nur der Tor.
MARCUS TULLIUS CICERO

Was nicht kompliziert ist, ist falsch.
NICOLÁS GÓMEZ DÁVILA

Die Vielen können sich genauso irren wie die Wenigen.
JOHN DRYDEN

Die Irrtümer des Menschen machen ihn liebenswürdig.
JOHANN WOLFGANG VON GOETHE

Die Wahrheit gehört dem Menschen, der Irrtum der Zeit an.
JOHANN WOLFGANG VON GOETHE

Sobald man spricht, beginnt man schon zu irren.
JOHANN WOLFGANG VON GOETHE

Wenn weise Männer nicht irrten, müssten die Narren verzweifeln.
JOHANN WOLFGANG VON GOETHE

Je gröber der Irrtum, desto kürzer und gerader der Weg zur Wahrheit.
GOTTHOLD EPHRAIM LESSING

Wir irren allesamt, nur jeder irrt anders.
GEORG CHRISTOPH LICHTENBERG

Durch die Antithese schleicht sich der Irrtum zur Wahrheit.
FRIEDRICH NIETZSCHE

Nicht die Erkenntnis gehört zum Wesen der Dinge, sondern der Irrtum.
FRIEDRICH NIETZSCHE

Wer glaubt, niemals zu irren, der irrt. WILHELM RAABE

Irren ist menschlich, das ist jedenfalls tröstlich. LOTHAR SCHMIDT

Irren ist verständlich; den Irrtum zugeben unwahrscheinlich.
LOTHAR SCHMIDT

Vor dem Bündnis zwischen Vernunft und Experiment flieht der Irrtum.
LOTHAR SCHMIDT

Der erste Irrtum zeugt den zweiten. NORBERT STOFFEL

Jugend

Jugend und Schönheit sind gern von sich selbst recht eingenommen.

DENIS DIDEROT

Die Jugend ist die Poesie des Lebens.

JOSEF FREIHERR VON EICHENDORFF

Jugend ist Trunkenheit ohne Wein.   JOHANN WOLFGANG VON GOETHE

Was ist Jugend? Ein Traum. Was ist Liebe? Der Inhalt des Traums.

SÖREN AABYE KIERKEGAARD

Der Jugend wird zu viel versprochen und zuwenig versagt.   RON KRITZFELD

Jugend ist beständige Trunkenheit: sie ist das Fieber der Vernunft.

LA ROCHEFOUCAULD

Wer die Jugend hat, hat die Zukunft.   NAPOLEON I.

Schnell fertig ist die Jugend mit dem Wort.   FRIEDRICH VON SCHILLER

Justiz

Justiz, die schont, nährt Ungerechtigkeit.

FRANCIS BARON VERULAM BACON

Die viel vom Leben wissen, sind milde Richter.   HANS MARGOLIUS

Fürchte nicht das Gesetz, sondern den Richter.

SPRICHWORT AUS RUSSLAND

Kampf

Nur durch Kampf gewinnt man Siege.

FRIEDRICH MARTIN VON BODENSTEDT

Ein steter Kampf ist unser Leben.

EURIPIDES

Jede Zeit glaubt, ihr Kampf sei vor allen der wichtigste.   HEINRICH HEINE

Im Kampf zwischen dir und der Welt unterstütze die Welt.   FRANZ KAFKA

Kapital

Kapitalflucht kommt vor Menschenflucht.

HELMAR NAHR

Kapitalflucht: Das Kapital gibt Fersengeld.

LOTHAR SCHMIDT

Die Rendite ist die Potenz des Kapitals.

RUPERT SCHÜTZBACH

Karikatur

Die Karikatur ist eine grobe Wahrheit.

GEORGE MEREDITH

Eine Karikatur ist immer bloß einen Augenblick wahr.

CHRISTIAN MORGENSTERN

Karikaturen sind gezeichnete Leitartikel.

LOTHAR SCHMIDT

Die Karikatur lügt, um die Wahrheit deutlicher zu zeichnen.

NORBERT STOFFEL

Karriere

Kein Mensch will etwas werden, ein jeder will schon etwas sein.

JOHANN WOLFGANG VON GOETHE

Sein Aufstieg war ein Fall für sich.

WERNER MITSCH

Türen öffnen sich leicht dem, der eine Schlüsselposition innehat.

LOTHAR SCHMIDT

Wer nach oben kommen will, stellt sich gerne auf die Zehen anderer.

LOTHAR SCHMIDT

Angst vor dem Abstieg hält manchen auf den Gipfeln des Vorgebirges fest.

LOTHAR SCHMIDT

Wer sich im Aufwind befindet, sollte mit Turbulenzen rechnen.

RUPERT SCHÜTZBACH

Zu einer Blitzkarriere kommt es selten ohne Donnerwetter.

RUPERT SCHÜTZBACH

Wie tief sinken viele, um zu steigen.

DANIEL SPITZER

Beim Rücktritt hast du freie Bahn. Niemand steht mehr hinter dir.

NORBERT STOFFEL

Wer weg vom Fenster ist, dem bleiben die Türen verschlossen.

NORBERT STOFFEL

Hüte deine Seele vor dem Karrieremachen.

THEODOR STORM

Empörung empfindet man, wenn jemand empor kommt.

GERHARD UHLENBRUCK

Kinder

Mit Kindern kann man alles tun, wenn man nur mit ihnen spielt.

OTTO VON BISMARCK

Kinder sind der Reichtum der Armen.

THOMAS FULLER

Ohne Kinder wäre die Welt eine Wüste.

JEREMIAS GOTTHELF

Die Kinder von Rabeneltern nennt man Pechvögel.

WERNER MITSCH

Zehn Minuten Kinderglück passen in jede herkömmliche Eiswaffel.

WERNER MITSCH

Kinder fragen nicht, was sie sollen. Kinder sagen, was sie wollen.

ROBERT MUTHMANN

Kinder sind Hoffnungen.

NOVALIS

Kaum sind deine Kinder auf der Welt, erziehen sie dich. NORBERT STOFFEL

Klarheit

Klarheit ist Wahrhaftigkeit in der Kunst.

MARIE VON EBNER-ESCHENBACH

Klarheit in den Worten, Brauchbarkeit in den Sachen.

GOTTFRIED WILHELM FREIHERR VON LEIBNIZ

Klarheit ist die Höflichkeit des Schriftstellers.

JULES RENARD

Klarheit schmückt tiefe Gedanken.

VAUVENARGUES

Klarheit ist der Ruhm des Ausdrucks.

WALTER WHITMAN

Klatsch

Klatsch ist die schnellste Regenerierung auf Kosten anderer.

ERNST MORITZ ARNDT

Klatschen heißt anderer Leute Sünden beichten.

WILHELM BUSCH

Klatsch: Wenn geklatscht wird, dann ist es selten Beifall.

RON KRITZFELD

Klatschmaul: Gerüchtsvollzieher.

RUPERT SCHÜTZBACH

Klatsch ist das Bindegewebe der Gesellschaft.

WILHELM SCHWÖBEL

Kleider

Kleider sind Täuschungen des Körpers.

HANS LOHBERGER

Kleider machen Leute, aber keine Menschen.

ROBERT MUTHMANN

Das schönste Kleid ist die Haut.

SPRICHWORT AUS TAHITI

Klugheit

Sei klüger als andere, wenn du kannst, aber sag's ihnen nicht.

LORD PHILIP DORMER CHESTERFIELD

Ich bin immer der Meinung der Klugen, wenn sie zuerst sprechen.

WILLIAM CONGREVE

Ein Gran Klugheit ist besser als ein Zentner Spitzfindigkeiten.

BALTHASAR GRACIÁN Y MORALES

Klugheit: Die Fähigkeit, auch aus Fehlern anderer zu lernen.

RON KRITZFELD

Die Klugen lernen nie aus. ROBERT MUTHMANN

Immer lernt der Kluge von Dummen mehr als der Dumme von Klugen. PETER ROSEGGER

Der Klügere gibt nach. Das ist ja das Dumme! LOTHAR SCHMIDT

Wer nicht auf den Kopf gefallen ist, fällt immer auf die Füße. RUPERT SCHÜTZBACH

Der Klügere gibt nach – wenn der Druck zu stark wird, HANS-ARMIN WEIRICH

Der originelle Kopf bemerkt, was der gewöhnliche nur sieht. EMANUEL WERTHEIMER

Komik

Das Komische ist die beständige Negation der Natur. CHRISTIAN FRIEDRICH HEBBEL

Lachen ohne Grund zeugt von geringer Bildung. SPRICHWORT AUS ARABIEN

Das Komische ist der ertappte Mensch. FRIEDRICH THEODOR VISCHER

Kommunikation

Manche Leute kann man nur unterhalten, indem man ihnen zuhört. KIN HUBBARD

Der eine sagt gerne, was er weiß, der andere, was er denkt. JEAN PAUL

Vertrauen trägt mehr zur Unterhaltung bei als Geist. LA ROCHEFOUCAULD

Je höher die Technologie, desto höher das Kontaktbedürfnis.

JOHN NAISBITT

Konferenzschaltungen ersetzen kein Händeschütteln.   LOTHAR SCHMIDT

Kommunismus

Kommunismus ist zweifellos eine Art von industriellem Feudalismus.

MILOVAN DJILAS

Der Kommunismus findet Zulauf nur dort, wo er nicht herrscht.

HENRY A. KISSINGER

Ein Gespenst geht um in Europa – das Gespenst des Kommunismus.

KARL MARX

Kommunismus: die Ausbeutung der Starken durch die Schwachen.

PIERRE JOSEPH PROUDHON

Kommunismus ist die Korruption des Freiheitsraumes.

ADLAI EWING STEVENSON

Kompliment

Kompliment: ein Darlehen, das Zinsen trägt.   AMBROSE BIERCE

Kompliment – ein Kuss durch einen Schleier.   VICTOR HUGO

Komplimente: übertriebene Wahrheiten.   LOTHAR SCHMIDT

Nacheifern ist die aufrichtigste Form des Kompliments.

LOTHAR SCHMIDT

Wer Komplimente macht, findet stets geduldige Zuhörer.

LOTHAR SCHMIDT

Kompromiss

Keine Verfassung kann ohne Kompromiss existieren.

OTTO VON BISMARCK

Grundlage der Politik ist der Kompromiss.

GUSTAV FREYTAG

Ein magerer Kompromiss ist besser als ein dicker Prozess.

GEORGE HERBERT

Der Kompromiss ist ein guter Schirm, aber ein schlechtes Dach.

JAMES RUSSELL LOWELL

Wo Kompromisse fehlen, dominieren die Faustregeln.   WERNER MITSCH

Bedenke: Jeder faule Kompromiss fault weiter.

HANS-JÜRGEN QUADBECK-SEEGER

Zwischen Entweder und Oder führt noch manches Sträßlein.

JOSEPH VIKTOR VON SCHEFFEL

Gesunde Kompromisse machen aus Konflikten chronische Krankheiten.

WILHELM SCHWÖBEL

Gott lenkt, der Mensch lenkt ein.   GERHARD UHLENBRUCK

Konformismus

Konformismus: die kollektive Weisheit individuellen Unwissens.

THOMAS CARLYLE

Alle blasen ins gleiche Horn, und jeder fühlt sich als Solist.

RUPERT SCHÜTZBACH

Wer mit den Wölfen heult, wird auch mit den Wölfen gejagt.

SPRICHWORT AUS FINNLAND

Konkurrenz

Konkurrenz: Barriere in der Karriere.   RON KRITZFELD

Die Konkurrenz schläft nicht. Sie schnarcht nur.   WERNER MITSCH

Kopf hoch – sonst sitzt die Konkurrenz im Nacken.
GERHARD UHLENBRUCK

Konsequenz

Dilemma: Lohn der Konsequenz.   AMBROSE BIERCE

Konsequent ist, wer sich selber mit den Umständen wandelt.
SIR WINSTON CHURCHILL

Konsequent zu sein ist die größte Obliegenheit des Philosophen.
IMMANUEL KANT

Auf die Pauke hauen will jeder. Aber tragen will sie keiner.
WERNER MITSCH

Gepfefferte Rechnungen sind die Folge gesalzener Preise. WERNER MITSCH

Konsequentes Verhalten – jeden führt es woanders hin.
ROBERT MUTHMANN

Konsequenz: Heute so, morgen so. Inkonsequenz: Heute so, morgen so.
SPRUCH

Konservatismus

Wer mal so ist, der bleibt auch so.   WILHELM BUSCH

Konservativer: Sein fester Standpunkt hindert ihn am Voranschreiten.
RON KRITZFELD

Im Hinblick auf seine eigenen Ansichten ist jedermann konservativ.

LOTHAR SCHMIDT

Konservativer: einer, der etwas zu konservieren hat.

SPRUCH

Kopf

Es ist gut, wenn das Herz naiv ist, aber nicht der Kopf.   ANATOLE FRANCE

Armer Mensch, an dem alles Kopf ist!   JOHANN WOLFGANG VON GOETHE

Ein Kopf ohne Gedächtnis ist eine Festung ohne Besatzung.   NAPOLEON I.

Viele entdecken ihr Herz erst, wenn sie den Kopf verloren haben.

FRIEDRICH NIETZSCHE

Körper

Nur in einem gesunden Körper entwickelt sich ein gesunder Geist.

JUVENAL

Der Körper ist der Übersetzer der Seele ins Sichtbare.

CHRISTIAN MORGENSTERN

Unser Körper ist unser Garten – und unser Wille der Gärtner.

WILLIAM SHAKESPEARE

Korruption

Eine Hand wäscht die andere.   EPICHARMOS

Korruption ist der Expresslift zu den höheren Instanzen.   HELMAR NAHR

Korruption ist die Autobahn neben dem Dienstweg.   HELMAR NAHR

Korruption ist der schwarze Markt der Rechtsgüter. LOTHAR SCHMIDT

Korruption ist der zweite Genehmigungsweg. LOTHAR SCHMIDT

Korruption ist die Sänfte auf dem steinigen Weg der Instanzen.
LOTHAR SCHMIDT

Korruption ist die tägliche Gesetzesänderung. LOTHAR SCHMIDT

Kraft

Nur wer innere Ordnung hat, hat innere Kraft. KONRAD ADENAUER

Die Kraft verleiht Gewalt, die Liebe leiht Macht.
MARIE VON EBNER-ESCHENBACH

Gebeugt erst zeigt der Bogen seine Kraft. FRANZ GRILLPARZER

Wenn dein Leiden sich mehrt, so mehrt sich die Kraft, es zu tragen.
JOHANN CASPAR LAVATER

Alle treibende Kraft ist Wille zur Macht. FRIEDRICH NIETZSCHE

Kraft ist die Materie der Stoffe. NOVALIS

Krankheit

Die Krankheit ist die Vergeltung der empörten Natur. HOSEA BALLOU

Die größte Krankheit der Seele ist die Kälte.
GEORGES BENJAMIN CLÉMENCEAU

Ein gesunder Mensch ohne Geld ist halb krank.
JOHANN WOLFGANG VON GOETHE

Das Gefühl von Gesundheit erwirbt man nur durch die Krankheit.

GEORG CHRISTOPH LICHTENBERG

Nur die überwundenen Krankheiten haben einen Sinn.　WERNER MITSCH

Krankheit macht einsam, und Einsamkeit macht krank.

GERHARD UHLENBRUCK

Ein bisschen Kranksein ist manchmal ganz gesund.　RUDOLF VIRCHOW

Kreativität

Kreativität ist Denken ohne Schablone und Handeln ohne Vorlage.

HANS-JÜRGEN QUADBECK-SEEGER

Kreativität ist die Eintrittskarte in die Zukunft.　NORBERT STOFFEL

Kreativität ist produktive Faulheit.　GERHARD UHLENBRUCK

Kredit

Mehr Kredit als Geld, so kommt man durch die Welt.

JOHANN WOLFGANG VON GOETHE

Wechsel: Nichts ist beständiger, und selbst er platzt gelegentlich.

RON KRITZFELD

Kredit ist schlummerndes Misstrauen.　THOMAS PAINE

Der Kredit ist die Hauptstütze der Regierungen.　LOTHAR SCHMIDT

Krieg

Es gab noch nie einen guten Krieg oder einen schlechten Frieden.

BENJAMIN FRANKLIN

Wer gegen andere Krieg führt, lebt nicht in Frieden mit sich selbst.

WILLIAM HAZLITT

Krieg bestraft Strafende und Bestrafte.

THOMAS JEFFERSON

Krieg ist die Kapitulation der Vernunft.

WERNER MITSCH

Krieg ist überflüssig. Mir reicht schon der Unfriede.

WERNER MITSCH

Der Krieg ist ein Winterschlaf der Kultur.

FRIEDRICH NIETZSCHE

Der Krieg ist die Ferienzeit des Diplomaten.

EDWARD YOUNG

Krise

Krise wird wirklich als Mangel an Vertrauen.

KARL JASPERS

Lage egal. Ein Palindrom zur Lage.

WERNER MITSCH

In der Krise beweist sich der Charakter.

HELMUT SCHMIDT

Eine Krise fördert die Kreativität, viele Krisen zerstören sie.

GERHARD UHLENBRUCK

Jede Krise führt zu Wort und Tat.

JOHN GREENLEAF WHITTIER

Kritik

Je mehr man kritisiert, um so weniger liebt man.

HONORÉ DE BALZAC

Es ist leichter, Kritik zu üben, als recht zu haben.

BENJAMIN DISRAELI

Die Kritik ist eine Steuer, die der Neid dem Talent auferlegt.

GASTON DUC DE LEVIS

Wir sollten immer nur charakterisieren wollen, nie kritisieren.

CHRISTIAN MORGENSTERN

Ich fürchte drei Zeitungen mehr als hunderttausend Bajonette.

NAPOLEON I.

Die edle Kritik zeigt der Welt an, wie man mit Recht bewundern kann.

ALEXANDER POPE

Kritik ist gut, Vorbild besser.

LOTHAR SCHMIDT

Wer keine Kritik verträgt, hat sie bitter nötig.

LOTHAR SCHMIDT

Kritiker

Der Kritiker ist ein Wegelagerer auf dem Wege zum Ruhm.   ROBERT BURNS

Ein Kritiker ist ein Mann, der Wunder erwartet.   JAMES GIBBONS HUNEKER

Kritiker: Wollen alles nur zum Besten kehren – vor fremden Türen.

RON KRITZFELD

Der Kritiker bereitet vor: nicht mehr!   FRIEDRICH NIETZSCHE

Kritiker zerreden, was sie nicht zu fürchten brauchen.

WILHELM SCHWÖBEL

Ein Rezensent, das ist ein Mann, der alles weiß und gar nichts kann!

ERNST VON WILDENBRUCH

Kultur

Kultur ist Zusammenarbeit.   HENRY GEORGE

Kultur ist Bedeutung, Natur ist.   HANS LOHBERGER

Kultur ist nur ein dünnes Apfelhäutchen über einem glühenden Chaos.

FRIEDRICH NIETZSCHE

Kummer

Kummer ist Wissen.   LORD GEORGE GORDON NOËL BYRON

Wer Kummer gekannt hat, scheint selten traurig zu sein.

BENJAMIN DISRAELI

Glück ist gut für den Körper, aber Kummer stärkt den Geist.

MARCEL PROUST

Jeder kann den Kummer meistern, nur der nicht, der ihn hat.

WILLIAM SHAKESPEARE

Kunst

Kunst: Verzierung dieser Welt.   WILHELM BUSCH

Die Kunst ist eine Vermittlerin des Unaussprechlichen.

JOHANN WOLFGANG VON GOETHE

In der Kunst ist das Beste gut genug.   JOHANN WOLFGANG VON GOETHE

Kunst ist Mensch plus Natur.   VINCENT VAN GOGH

Die Kunst verhält sich zur Natur wie der Wein zur Traube.

FRANZ GRILLPARZER

Die Kunst ist das Gewissen der Menschheit.

CHRISTIAN FRIEDRICH HEBBEL

Die Künste sind der Spiegel des Lebens.   HEINRICH HEINE

Kunst ist weiter nichts als hinzugetane Vollkommenheit der Natur.

HANS JAKOB WILHELM HEINSE

Die Kunst ist zwar nicht das Brot, wohl aber der Wein des Lebens.

JEAN PAUL

Durch das Genie gibt die Natur der Kunst die Regel.   IMMANUEL KANT

Kunst, so heißt der Weg der Seele nach oben.   HANS LOHBERGER

Alle Kunst ist Selbstgespräch.   OTTO MICHEL

Die Kunst allein ist das wahre Gedächtnis der Welt.

CHRISTIAN MORGENSTERN

Lebendige Kunst kann auf Experimente nicht verzichten.

ROBERT MUTHMANN

Kunst erkennt man im abgetragensten Stoff am besten als Kunst.

FRIEDRICH NIETZSCHE

In der Moral wie in der Kunst ist Reden nichts, Tun alles.

JOSEPH ERNEST RENAN

Ernst ist das Leben, heiter ist die Kunst.   FRIEDRICH VON SCHILLER

Kunst lebt vom Lob der Könner und vom Geld der Gönner.

LOTHAR SCHMIDT

Die Gesetze der Moral sind auch die der Kunst.   ROBERT SCHUMANN

Kunst fällt immer aus dem Rahmen.   NORBERT STOFFEL

Als Kunst gilt, was den Künstler überlebt.   HANS-ARMIN WEIRICH

Ziel der Kunst ist, einfach eine Stimmung zu erzeugen.   OSCAR WILDE

Künstler

Künstler wird nur, wer sich vor seinem eigenen Urteil fürchtet.
LUDWIG ANZENGRUBER

Nur Künstler und Kinder sehen das Leben wie es ist.
HUGO VON HOFMANNSTHAL

Der Künstler ist sich selbst Gesetz.   MODEST PETROWITSCH MUSSORGSKI

Nur ein Künstler kann den Sinn des Lebens erraten.   NOVALIS

Die Aufgabe des Künstlers ist zu erdichten, nicht zu berichten.
OSCAR WILDE

Kunstwerk

Kunstwerk ist heute jedes Ding, das sich teuer verkauft.
NICOLÁS GÓMEZ DÁVILA

Das Kunstwerk ist der schöne Schein der Idee.
GEORG WILHELM FRIEDRICH HEGEL

Ein Kunstwerk ist ein Stück Natur, gesehen durch ein Temperament.
ÉMILE ZOLA

Lächeln

Das Lächeln ist eine soziale Pflicht. STÉFANE GSELL

Die Blume ist das Lächeln der Pflanze. PETER HILLE

Kein Lächeln geht verloren. Es kehrt stets zu dir zurück. LOTHAR SCHMIDT

Wo gelächelt wird, ist das Eis gebrochen. RUPERT SCHÜTZBACH

Lächeln heißt: der Seele ein Fenster öffnen. NORBERT STOFFEL

Lachen

Lachen ist ein Ausdruck relativer Behaglichkeit. WILHELM BUSCH

Der Tag ist ganz und gar verloren, an dem man nicht gelacht hat.
NICOLAS CHAMFORT

Die Hälfte der Menschen lacht auf Kosten der anderen.
PHILIPPE-NÉRICAULT DESTOUCHES

Nichts in der Welt wirkt so ansteckend wie Lachen und gute Laune.
CHARLES DICKENS

Das Lachen hält uns vernünftiger als der Verdruss.
GOTTHOLD EPHRAIM LESSING

Nichts amüsiert mich mehr, als wenn ich über mich selbst lache.
MARK TWAIN

Er lacht den ganzen Tag. Hoffentlich ist es nichts Ernstes.
WERNER MITSCH

Lachen heißt: schadenfroh sein, aber mit gutem Gewissen.
FRIEDRICH NIETZSCHE

Lachen ist der Schluckauf des Narren.
JOHN RAY

Lachen ist eine Therapie, die sogar Spaß macht.
NORBERT STOFFEL

Wer über sich lacht, lacht am besten.
NORBERT STOFFEL

Jedes Lachen vermehrt das Glück auf Erden.
JONATHAN SWIFT

Langeweile

Die Langeweile ist die Gouvernante der Bosheit.
AUS DEN „FLIEGENDEN BLÄTTERN"

Langeweile ist eine Halbschwester der Verzweiflung.
MARIE VON EBNER-ESCHENBACH

Langeweile! Du bist Mutter der Musen.
JOHANN WOLFGANG VON GOETHE

Uns langweilen immer die, die wir langweilen.
LA ROCHEFOUCAULD

Langeweile entsteht, wo Erfahrung in Routine abgleitet.
WERNER MITSCH

Langeweile kann ein Paradies zur Hölle machen.
WERNER MITSCH

Es ist besser, kurz als langweilig zu sein.
WILLIAM SHAKESPEARE

Langeweile ist noch immer ein Eigenprodukt.
NORBERT STOFFEL

Langeweile: Man vertreibt sich die Zeit mit Zeitvertreib.
GERHARD UHLENBRUCK

Das Geheimnis zu langweilen besteht darin, alles zu sagen. VOLTAIRE

Langeweile ist das Unglück der Glücklichen. HORACE WALPOLE

Laster

Wenn das Laster großartig, wird es minder empörend. HEINRICH HEINE

Leute ohne Laster haben auch sehr wenige Tugenden. ABRAHAM LINCOLN

Was ist das Laster? Eine Neigung, die man nicht teilt. JEAN LORRAIN

Laster ist jede Art Widernatur. FRIEDRICH NIETZSCHE

Das Fehlen großer Laster ist die kleine Tugend gar vieler Leute.
JULES PETIT-SENN

Laune

Die Launen unseres Gemüts sind noch seltener als die des Schicksals.
LA ROCHEFOUCAULD

Eine Laune ist eine kleine Leidenschaft. ALFRED DE MUSSET

Gute Laune ist die Würze aller Wahrheit. JOHANN HEINRICH PESTALOZZI

Gute Laune ist ein Kapital, das man sich nicht nehmen lassen darf.
WALTER SCHEEL

Laune löst, was Laune knüpft. FRIEDRICH VON SCHILLER

Leben

Das Leben ist das schönste Märchen. HANS CHRISTIAN ANDERSEN

Das Leben ist eine Schule der Wahrscheinlichkeit.　　WALTER BAGEHOT

Das Leben ist eine Brücke von Seufzern über einen Strom von Tränen.
PHILIP JAMES BAILEY

Das Leben: ein langes Verfahren, müde zu werden.
SAMUEL BUTLER DER JÜNGERE

Leben ist eine unheilbare Krankheit.　　ABRAHAM COWLEY

Das Leben besteht aus dem, was ein Mensch den ganzen Tag über denkt.
RALPH WALDO EMERSON

Leben ist ewiger Unterricht in Ursache und Wirkung.
RALPH WALDO EMERSON

Lebe, wie du, wenn du stirbst, wünschen wirst, gelebt zu haben.
CHRISTIAN FÜRCHTEGOTT GELLERT

Das Leben ist nie etwas, es ist nur die Gelegenheit zu etwas.
CHRISTIAN FRIEDRICH HEBBEL

Das ganze Leben ist ein ewiges Wiederanfangen.
HUGO VON HOFMANNSTHAL

Das Leben ist einfach ein verdammtes Ding nach dem anderen.
ELBERT G. HUBBARD

Das Leben verlängern heißt, es nicht zu verkürzen.
CHRISTOPH WILHELM HUFELAND

Leben heißt – dunkler Gewalten Spuk bekämpfen in sich.
HENRIK JOHAN IBSEN

Sehnsucht, Liebe, Hoffnung, Verlangen, das ist wahres Leben.
AUGUST VON KOTZEBUE

Gut vollbrachtes Leben ist lang.　　LEONARDO DA VINCI

Leben ist das Einatmen der Zukunft. PIERRE LEROUX

Das Leben ist der Prüfstein der Worte. ALESSANDRO MANZONI

Unser Leben ist das, wozu unser Denken es macht. MARC AUREL

Das Leben ist eine Reise, die heimwärts führt. HERMAN MELVILLE

Freut euch des Lebens. Aber freut euch nicht zu früh! WERNER MITSCH

Leben ist Streit um Geschmack und Schmecken. FRIEDRICH NIETZSCHE

Alles Leben ist ein überschwänglicher Erneuerungsprozess. NOVALIS

Das Leben ist der Güter höchstes nicht. FRIEDRICH VON SCHILLER

Leben heißt träumen; weise sein heißt angenehm träumen.
FRIEDRICH VON SCHILLER

Das Leben ist ein Pensum zum Abarbeiten. ARTHUR SCHOPENHAUER

Leben, das heißt hoffen und warten. ETIENNE PIVERT DE SÉNANCOUR

Wem das Leben keine Lasten auflädt, dem wird es selbst zur Last.
PETER SIRIUS

Lebenshungrige sind selten Feinschmecker. HANS-HORST SKUPY

Leben ist die dauernde Anpassung innerer Beziehungen an äußere.
HERBERT SPENCER

Der Puls des Lebens kommt vom Herzen, der Impuls kommt vom Kopf.
GERHARD UHLENBRUCK

Der ist des Lebens nicht wert, für den es keinen Reiz hat.
RICHARD WAGNER

Das Leben ist eine Quarantäne für das Paradies.   KARL JULIUS WEBER

Lebenskunst

Lebenskunst ist die Kunst, Schmerzen zu vermeiden.
THOMAS JEFFERSON

Lebenskunst ist die Fähigkeit, mit dem Stress fertig zu werden.
LOTHAR SCHMIDT

Lebenskunst lehrt, wie man seine Sorgen entsorgt.   RUPERT SCHÜTZBACH

Man lernt spät lügen und spät die Wahrheit sagen.
RAHEL VARNHAGEN VON ENSE

Das Geheimnis des Lebens liegt im Suchen nach Schönheit.   OSCAR WILDE

Lehren

Zu wissen, wie man anregt, ist die Kunst des Lehrens.
HENRI-FRÉDÉRIC AMIEL

Lehren heißt: die Dinge zweimal lernen.   JOSEPH JOUBERT

Der Wille zu lehren ist ein Wille zu schenken.   HANS MARGOLIUS

Leid

Man lindert oft sein Leid, indem man es erzählt.   PIERRE CORNEILLE

Das Leiden ist die Feuerprobe des Geistes.   FERDINAND EBNER

Was ist das für ein armes Leben, das nicht reich an Leiden war!
MARIE VON EBNER-ESCHENBACH

Ohne Leiden bildet sich kein Charakter.

ERNST FREIHERR VON FEUCHTERSLEBEN

Neu und freier wird das Herz durch besiegte Leiden.

JOHANN GOTTFRIED VON HERDER

Das Auge des Leidenden ist für die Wahrheit immer am meisten offen.

JOHANN HEINRICH PESTALOZZI

Das Glück trennt die Menschen, aber das Leid macht sie zu Brüdern.

PETER ROSEGGER

Große Seelen dulden still.

FRIEDRICH VON SCHILLER

Leidenschaft

Eine Leidenschaft besiegt die andere.

CHRISTINA VON SCHWEDEN

Kein Toter ist so gut begraben wie eine erloschene Leidenschaft.

MARIE VON EBNER-ESCHENBACH

Im Alter haben die Leidenschaften ihren Zweck erfüllt.

RALPH WALDO EMERSON

Die Leidenschaften sind Mängel oder Tugenden, nur gesteigerte.

JOHANN WOLFGANG VON GOETHE

Leidenschaft ist der einzige Redner, der immer überzeugt.

LA ROCHEFOUCAULD

In der Leidenschaft richtet sich alle unsere Kraft gegen uns selbst.

MADAME DE STAËL

Ohne Leidenschaft gibt es keine Genialität.

THEODOR MOMMSEN

Der eigentliche Redner der Volksversammlung ist die Leidenschaft.

ANTOINE DE RIVAROL

Leistung

Der Bürgerstaat ist nicht bequem, Demokratie braucht Leistung.

WILLY BRANDT

Wer leisten will, muss fröhlich sein.

THEODOR FONTANE

Die Leistung, nicht das Glück, ist der Maßstab historischer Größe.

CORNELIUS NEPOS

Verdienste sind Leistungen, an denen man nichts verdient.

GERHARD UHLENBRUCK

Lernen

Was man lernen muss, um es zu tun, das lernt man, indem man es tut.

ARISTOTELES

Also lautet der Beschluss: dass der Mensch was lernen muss.

WILHELM BUSCH

Man lernt am schnellsten und am besten, indem man andere lehrt.

ROSA LUXEMBURG

In der Welt lernt der Mensch nur aus Not oder Überzeugung.

JOHANN HEINRICH PESTALOZZI

Es ist des Lernens kein Ende.

ROBERT SCHUMANN

Nicht für die Schule, sondern für das Leben lernen wir.

SENECA

Lesen

Lesen ist für den Geist das, was Gymnastik für den Körper ist.

JOSEPH ADDISON

Lesen ist ein großes Wunder. MARIE VON EBNER-ESCHENBACH

Schöpferisch muss einer sein, der richtig lesen will.
RALPH WALDO EMERSON

Man sollte eigentlich nur das lesen, was man bewundert.
JOHANN WOLFGANG VON GOETHE

Lesen heißt: Sich wärmen an fremden Feuern.
GOTTHOLD EPHRAIM LESSING

Lesen heißt Borgen, daraus erfinden Abtragen.
GEORG CHRISTOPH LICHTENBERG

Lesen-Können – darauf läuft schließlich alles hinaus.
CHRISTIAN MORGENSTERN

Erst durch das Lesen lernt man, wieviel man ungelesen lassen kann.
WILHELM RAABE

Lesen heißt, mit einem fremden Kopf statt dem eigenen zu denken.
ARTHUR SCHOPENHAUER

Lesen ist subjektives Verfälschen des Geschriebenen. NORBERT STOFFEL

Lese, um zu wissen. Wisse, um zu handeln. HANS-ARMIN WEIRICH

Liberalismus

Liberalismus: die Tyrannei der Ziellosigkeit. HANS LOHBERGER

Ein Liberaler ist ein Radikalist mit Weib und Kind. SPRUCH

Liberal ist, wer die Zeichen der Zeit erkennt und danach handelt.
GUSTAV STRESEMANN

Liebe

Liebe ist die Poesie der Sinne.

HONORÉ DE BALZAC

Lieben heißt, sich mit allen Dingen ins Gleichgewicht setzen wollen.

CLEMENS BRENTANO

Die Summe unseres Lebens sind die Stunden, in denen wir liebten.

WILHELM BUSCH

Wie lange bleibt man jung? – Solange man liebt.

LORD GEORGE GORDON NOËL BYRON

Liebe ist Qual, Lieblosigkeit ist Tod.

MARIE VON EBNER-ESCHENBACH

Ich liebe und werde geliebt, also bin ich!

FRANZ VON SALES

Liebe bleibt die goldne Leiter, drauf das Herz zum Himmel steigt.

EMANUEL GEIBEL

Lieben heißt: in dem anderen sich selbst erobern.

CHRISTIAN FRIEDRICH HEBBEL

Denn das Glück, geliebt zu werden, ist das höchste Glück auf Erden.

JOHANN GOTTFRIED VON HERDER

Der Wunder größtes ist die Liebe.

AUGUST HEINRICH HOFFMANN VON FALLERSLEBEN

Liebe ist ein Auszug aus allen Leidenschaften auf einmal.

JEAN PAUL

Die Liebe ist wie die Masern. Wir müssen sie alle durchmachen.

JEROME KLAPKA JEROME

Liebe ist die Tat der Seele.

HANS LOHBERGER

Die Liebe, das ist die Köchin, die am meisten anrichtet in der Welt.

JOHANN NEPOMUK NESTROY

Liebe

Die Forderung, geliebt zu werden, ist die größte der Anmaßungen.

FRIEDRICH NIETZSCHE

Liebe ist ein privates Weltereignis.

ALFRED POLGAR

Lieben – das heißt Seele werden wollen in einem anderen.

FRIEDRICH ERNST DANIEL SCHLEIERMACHER

Die Liebe beflügelt uns. Und wir flattern.

NORBERT STOFFEL

Gott gab seiner Schöpfung nur einen einzigen Pfeiler: Liebe.

CARMEN SYLVA

Liebe: eine Wirklichkeit im Bereich der Einbildungskraft.

CHARLES MAURICE DUC DE TALLEYRAND

Literatur

Wie die Literatur sein mag, sie ist stets schöner als das Leben.

JULES RENARD

Das Leben gleicht öfter einem Roman als die Romane dem Leben.

GEORGE SAND

Literatur ist Unsterblichkeit der Sprache.

AUGUST WILHELM VON SCHLEGEL

Gute Literatur verdirbt den schlechten Geschmack. RUPERT SCHÜTZBACH

Lob

Lob ablehnen heißt: zweimal gelobt werden wollen. LA ROCHEFOUCAULD

Alles Klagen ist Anklagen, alles Sich-Freuen ist Loben.

FRIEDRICH NIETZSCHE

Lob ist eine Bringschuld. LOTHAR SCHMIDT

Lobekartell: Lobe deinen Nächsten wie dich selbst. LOTHAR SCHMIDT

Lob beflügelt. Zuviel davon stutzt dem Geist die Flügel.
WILHELM SCHWÖBEL

Lob ist ein gutes Lasso. NORBERT STOFFEL

Lob lockt Leistung. NORBERT STOFFEL

Alle Lobpreisungen sind mit Opium vermischt. JONATHAN SWIFT

Lob und Tadel

Lob macht gute Menschen besser und schlechte schlechter.
THOMAS FULLER

Wen jemand lobt, dem stellt er sich gleich.
JOHANN WOLFGANG VON GOETHE

Er lobt sich so stark, dass die Räucherkerzchen im Preise steigen.
HEINRICH HEINE

Wer sich beschwert, der ist erleichtert. RON KRITZFELD

Von einem guten Kompliment kann ich zwei Monate leben. MARK TWAIN

Das Tadeln ist immer ein dankbarerer Stoff als das Loben.
FRIEDRICH VON SCHILLER

Anerkennung wird anerkannt. LOTHAR SCHMIDT

Wer Anerkennung sucht, muss zur rechten Zeit schweigen können.
LOTHAR SCHMIDT

Nur dem nützt das Lob, der den Tadel zu schätzen versteht.

ROBERT SCHUMANN

Das Kompliment eines Eitlen ist nur ein Darlehen. SULLY PRUDHOMME

Das Lob ist die Tochter der gegenwärtigen Macht. JONATHAN SWIFT

Auf Vorschusslorbeeren kann man sich nicht ausruhen.

GERHARD UHLENBRUCK

Es ist ein Zeichen von Mittelmäßigkeit, nur mäßig zu loben.

VAUVENARGUES

Der Mensch bedarf des Lobes fast wie der Nahrung.

EMANUEL WERTHEIMER

Logik

Logik ist die Waffenkammer der Vernunft. THOMAS FULLER

Logik ist ein Instrument zum Aufpolstern der Vorurteile.

ELBERT G. HUBBARD

Logik ist für die Grammatik das, was der Sinn für die Worte ist.

JOSEPH JOUBERT

Logik ist die Anatomie des Denkens. JOHN LOCKE

Logik und Vernunft sind die Hosenträger beim Denken. WERNER MITSCH

Trugschlüsse sind Seitensprünge der Logik. WERNER MITSCH

Die Logik ist die Zwangsjacke der Phantasie. HELMAR NAHR

Logik ist das Vergnügen des vermiedenen Irrtums. HELMAR NAHR

Logik ist die Angewohnheit, das Zwangsläufige angenehm zu finden.

HELMAR NAHR

Pathos stellt sich ein, wo die Logik unbequem wird.   LOTHAR SCHMIDT

Wer sich widerlegt sieht, erklärt gerne die Logik zur Bosheit.

LOTHAR SCHMIDT

Luftschloss

Luftschlösser verschlingen gewaltige Unterhaltskosten.

EARL EDWARD GEORGE BULWER-LYTTON

Luftschlösser: Sind unzerstörbar, weil sie ohne Fundament auskommen.

RON KRITZFELD

Luftschlösser lassen sich leicht bauen, aber schwer niederreißen.

SPRICHWORT

Lügen

Der Beste muss mitunter lügen, zuweilen tut er's mit Vergnügen.

WILHELM BUSCH

Lüge: terminologische Ungenauigkeit.   SIR WINSTON CHURCHILL

Wie nützlich ist die Kunst, zur rechten Zeit zu lügen.

PIERRE CORNEILLE

Die Lüge ist ein Mittelding zwischen Sein und Nichtsein.

CHRISTIAN FRIEDRICH HEBBEL

Die Lüge ist der eigentlich faule Fleck in der menschlichen Natur.

IMMANUEL KANT

Lügen haben kurze Beine, aber Rückenwind.   WERNER MITSCH

Manche Lügen sind zu schön um wahr zu sein. WERNER MITSCH

Die Lüge ist die Poesie, die nicht aus der Mode kommt.

PAUL MARTIN MOLLER

Lügner: Menschen, die mit der Wahrheit nicht fertig werden.

ROBERT MUTHMANN

Ohnmacht zur Lüge ist lange noch nicht Liebe zur Wahrheit.

FRIEDRICH NIETZSCHE

Besser eine Lüge, die lindert, als eine Wahrheit, die verletzt.

LOTHAR SCHMIDT

Die Lüge sorgt sich um die Gegenwart. Doch sie hat keine Zukunft.

LOTHAR SCHMIDT

Keinen Anlass zur Lüge haben, heißt noch nicht aufrichtig sein.

ARTHUR SCHNITZLER

Lügengebäude bestehen aus Vorwänden. RUPERT SCHÜTZBACH

Die grausamsten Lügen werden oft schweigend gesagt.

ROBERT LOUIS BALFOUR STEVENSON

Die verschlagenste Lüge ist die unterschlagene Wahrheit.

NORBERT STOFFEL

Er liebte die Wahrheit, aber die Lüge bezahlte besser. NORBERT STOFFEL

Lügen haben lange Beine. Eine Lüge holt dich immer wieder ein.

NORBERT STOFFEL

Lügen haben kurze Beine, aber weiche Knie. GERHARD UHLENBRUCK

Auch die Lüge hat einen technischen Notdienst: die Notlüge.

HELLMUT WALTERS

Lust

Die einzige reine Lust ist das Auffinden einer Idee.

NICOLÁS GÓMEZ DÁVILA

Alle Lust will Ewigkeit.

FRIEDRICH NIETZSCHE

Wahre Lust ist nur in der Arbeit.

FRIEDRICH THEODOR VISCHER

Luxus

Luxus zeigt sich dort, wo der Hang zum Entbehrlichen überhand nimmt.

LOTHAR SCHMIDT

Ein bisschen Luxus versöhnt sogar mit dem Kapitalismus.

NORBERT STOFFEL

Das Überflüssige ist ein höchst notwendiges Ding.

VOLTAIRE

Ich kann auf alles verzichten, nur nicht auf Luxus.

OSCAR WILDE

Macht

Macht korrumpiert. Absolute Macht korrumpiert absolut.

LORD JOHN E. ACTON

Wer von Macht spricht, spricht von Gewalt.   HONORÉ DE BALZAC

Wer den Daumen auf dem Beutel hat, der hat die Macht.

OTTO VON BISMARCK

Macht ist eine Leiter mit angesägten Sprossen.

LORD PHILIP DORMER CHESTERFIELD

Macht und Eitelkeit machen uns beredt.   CHRISTINA VON SCHWEDEN

Mächtige verstehen einander immer, mögen sie auch verfeindet sein.

GEORGES BENJAMIN CLÉMENCEAU

Macht ist Pflicht, Freiheit und Verantwortlichkeit.

MARIE VON EBNER-ESCHENBACH

Laß nicht deinen Willen brüllen, wenn deine Macht nur flüstern kann.

THOMAS FULLER

Die Macht soll handeln und nicht reden.

JOHANN WOLFGANG VON GOETHE

Nur der verdient Macht, der sie täglich rechtfertigt.   DAG HAMMARSKJÖLD

Macht ohne Verantwortung ist wie Feuer außer Kontrolle.

ERNST R. HAUSCHKA

Der Mensch strebt von Macht zu Macht.   THOMAS HOBBES

Nur das zu tun, was alle wollen, ist das Geheimnis jeder Macht.

JOHANN GOTTFRIED KINKEL

Macht ist das stärkste Aphrodisiakum.

HENRY A. KISSINGER

An der Macht ist der Mensch so gern alleine.

RON KRITZFELD

Die Zensur war immer eine Erfindung der Mächtigen.

ROBERT MUTHMANN

Das Bedürfnis des Machtgefühls treibt die große Politik vorwärts.

FRIEDRICH NIETZSCHE

Die erste Wirkung des Glücks ist das Gefühl der Macht.

FRIEDRICH NIETZSCHE

Rangbestimmend sind allein Machtquantitäten.

FRIEDRICH NIETZSCHE

Der hat die Macht, an den die Menge glaubt.

ERNST B. RAUPACH

Man überzeugt am besten von seiner Macht, wenn man sie missbraucht.

DANIEL SPITZER

Macht macht Angst, Angst macht Ohnmacht.

GERHARD UHLENBRUCK

Macht ist die einzige Lust, derer man nicht müde wird.

OSCAR WILDE

Malerei

Häufig trifft man den, der malt, viel seltner den, der es bezahlt.

WILHELM BUSCH

Wirklich, wir können nur unsere Bilder reden lassen.

VINCENT VAN GOGH

Malerei verwandelt den Raum in Zeit, Musik die Zeit in Raum.

HUGO VON HOFMANNSTHAL

Management

Aktivität ist die einzige Realität.

NOVALIS

Managen heißt, Ziele erreichen; Führen heißt, Ziele setzen.

HANS-JÜRGEN QUADBECK-SEEGER

Management heißt, etwas durch andere Leute getan zu bekommen.

LOTHAR SCHMIDT

Manager

Der Manager ist die Krone der Erschöpfung.

WERNER MITSCH

Ein guter Manager schafft ein Kraftfeld um sich herum.

HANS-JÜRGEN QUADBECK-SEEGER

Wer Flagge zeigen will, sorge auch für den Wind.

NORBERT STOFFEL

Mann

Im echten Manne ist ein Kind versteckt; das will spielen.

FRIEDRICH NIETZSCHE

Unter „Brüdern" kommen „Schwestern" nicht immer gut weg.

RUPERT SCHÜTZBACH

Wenn du irgendwo bist, wo kein Mann ist, dann sei du der Mann.

SPRICHWORT AUS ARABIEN

Markt

Marktforscher: Kundschafter in der Kundschaft.

RON KRITZFELD

Butterberge sind die Folge von Milchmädchenrechnungen.

WERNER MITSCH

Der Markt ist ein von Menschen betriebenes Naturereignis.

HELMAR NAHR

Auf dem Markt glaubt niemand an höhere Menschen.

FRIEDRICH NIETZSCHE

Der freie Preis räumt den Markt.

WILHELM RÖPKE

Wer sich nicht nach dem Markt richtet, wird vom Markt bestraft.

WILHELM RÖPKE

Am Markt lernt man die Leute kennen.

SPRICHWORT

Der Markt ist ein eiserner Besen.

NORBERT STOFFEL

Masse

Auf die Masse soll und muss jeder Dichter wirken, mit der Masse nie.

FRANZ GRILLPARZER

Die Massen sind im Grunde bereit zur Sklaverei.

FRIEDRICH NIETZSCHE

Wenn die Massen zu wüten beginnen, tut man gut, stehen zu bleiben.

FRIEDRICH NIETZSCHE

Das Bad in der Menge ist ein Schaumbad.

NORBERT STOFFEL

Maßregeln

Männer sind alles. Maßregeln vergleichsweise nichts.

GEORGE CANNING

Maßregeln, nicht Menschen!

OLIVER GOLDSMITH

Die Feinde einer Maßregel sind immer tätiger als ihre Freunde.

GEORGE WASHINGTON

Materialismus

Vor reifem Denken kann der Materialismus nicht bestehen.

MARTIN LUTHER KING

Der Materialismus ersetzt Sein durch Haben.

RON KRITZFELD

Für den Materialisten ist die Seele ein Fremdkörper.

WERNER MITSCH

Materialismus. Man sieht vor lauter Wirkung keine Ursachen mehr.

WERNER MITSCH

Maximen

Maximen sind subjektive Grundsätze der Vernunft.

IMMANUEL KANT

Maximen sind der konzentrierte gesunde Menschenverstand der Völker.

SIR JAMES MACKINTOSH

Wenige Maximen sind wahr in jeder Hinsicht.

VAUVENARGUES

Medizin

Besser als ein guter Wille wirkt manchmal eine gute Pille.

WILHELM BUSCH

Ein verzweifeltes Übel will eine verwegene Arznei.

FRIEDRICH VON SCHILLER

Einige Heilmittel sind schlimmer als die Krankheit.

PUBLIUS SYRUS

In der Medizin ist zur Zeit die Halbgötterdämmerung angebrochen.

GERHARD UHLENBRUCK

Mehrheit

Eine Mehrheit ist immer die beste Erwiderung. BENJAMIN DISRAELI

In Sachen des Gewissens ist die Mehrheit nicht zuständig.
MAHATMA GANDHI

Was nützt eine Mehrheit, wenn sie schweigt? ERNST R. HAUSCHKA

Ein einziger Mann mit Mut ist eine Mehrheit. ANDREW JACKSON

Mach es wenigen recht. Vielen gefallen ist schlimm.
FRIEDRICH VON SCHILLER

Gerechtigkeit schaffende Mehrheiten sind ein politischer Glücksfall.
LOTHAR SCHMIDT

Minderheiten, zur Mehrheit geworden, hassen Minderheiten.
LOTHAR SCHMIDT

Das goldene Kalb der Politik im 20. Jahrhundert heißt „Mehrheit".
WILHELM SCHWÖBEL

Die Torheiten von Mehrheiten machen Minderheiten tüchtig.
WILHELM SCHWÖBEL

Mehrwert

Aller Mehrwert ist unbezahlte Arbeit. FRIEDRICH ENGELS

Die einzige Quelle des Mehrwerts ist die lebendige Arbeit. KARL MARX

Der Mehrwert ist der Nährwert des Kapitals. NORBERT STOFFEL

Meinung

Ich brauche Informationen. Eine Meinung bilde ich mir selbst.

CHARLES DICKENS

Jeder Mensch hat das Recht auf meine Meinung. GRAFFITO

Wir alle sind mehr oder weniger die Sklaven der Meinung.

WILLIAM HAZLITT

Manche können nur fremde Meinungen, nicht ihre eigenen berichtigen.

JEAN PAUL

Die öffentliche Meinung entsteht nicht von selbst; sie wird gemacht.

HENRY A. KISSINGER

Nur Narren und Tote ändern nie ihre Meinung. JAMES RUSSELL LOWELL

Die Nützlichkeit einer Meinung ist selbst Meinungssache.

JOHN STUART MILL

Alles behalten die Menschen für sich. Nur ihre Meinung nicht.

WERNER MITSCH

Sage mir deine Meinung und ich sage Dir, wer für Dich denkt.

WERNER MITSCH

Unsere Meinungen: die Haut, in der wir gesehen werden wollen.

FRIEDRICH NIETZSCHE

Meinung ändert keine Tatsache. FRANCESCO PETRARCA

Es gibt Menschen, die erst im hohen Fieber ihre Meinung sagen.

HANS-HORST SKUPY

Meinungen versammeln sich gern auf Gemeinplätzen. NORBERT STOFFEL

Wieviel Leute, soviel Meinungen. TERENTIUS

Mensch

Der Mensch ist eine Retorte.

HONORÉ DE BALZAC

Der Mensch ist lebender Staub.

JOSH BILLINGS

Der Mensch ist ein Intellekt, der von Organen bedient wird.

LOUIS GABRIEL AMBROISE DE BONALD

Der Mensch ist eine Verdauungsröhre.

PIERRE CABANIS

Der Mensch ist ein Tier, das Werkzeuge benutzt.

THOMAS CARLYLE

Was der Mensch sei, sagt ihm nur die Geschichte.

WILHELM DILTHEY

Die beste Beschreibung des Menschen ist: der undankbare Zweifüßler.

FJODOR MICHAIJLOWITSCH DOSTOJEWSKI

Der einfachste Mensch ist immer noch ein sehr kompliziertes Wesen.

MARIE VON EBNER-ESCHENBACH

Arm ist der Mensch, bei dem der Kopf alles ist!

JOHANN WOLFGANG VON GOETHE

Menschen sind schwimmende Töpfe, die sich aneinander stoßen.

JOHANN WOLFGANG VON GOETHE

Der Mensch ist ein Blinder, der vom Sehen träumt.

CHRISTIAN FRIEDRICH HEBBEL

Mensch: das Tier, das einen aufgerichteten Gang hat.

JOHANN GOTTFRIED VON HERDER

Mensch: das Tier, das sich vervollkommnen kann.

IMMANUEL KANT

Der Mensch ist das Modell der Welt.

LEONARDO DA VINCI

Der Mensch ist das einzige Tier, das erröten kann – oder muss.

MARK TWAIN

Der Mensch ist das gesellige und zugleich das ungeselligste Wesen.

OTTO MICHEL

Alle Menschen sind Brüder. Also Vorsicht! WERNER MITSCH

Manche Menschen sind zu allem fähig und zu nichts bereit.

WERNER MITSCH

Der Mensch – ein Exempel der beispiellosen Geduld der Natur.

CHRISTIAN MORGENSTERN

Zwei Hebel bewegen die Menschen: Eigennutz und Furcht.

NAPOLEON I.

Der Mensch heißt dem Erkennenden: das Tier, das rote Backen hat.

FRIEDRICH NIETZSCHE

Der Mensch ist eine Analogienquelle für das Weltall. NOVALIS

Der Mensch ist ein zweibeiniges Lebewesen ohne Federn. PLATON

Mensch: der Neinsagen-Könner, der Gottsucher. MAX SCHELER

Alle anderen Dinge müssen; der Mensch ist das Wesen, welches will.

FRIEDRICH VON SCHILLER

Der Mensch hat keinen anderen Wert als seine Wirkungen.

FRIEDRICH VON SCHILLER

Der Mensch ist ein schaffender Rückblick der Natur auf sich selbst.

FRIEDRICH VON SCHLEGEL

Alle Menschen wollen amüsiert sein, ist das Prinzip des Scheins.

FRIEDRICH ERNST DANIEL SCHLEIERMACHER

Der Durchschnittsmensch glaubt, dass er keiner sei. LOTHAR SCHMIDT

Der Mensch ist das Ziel der gesamten Schöpfung. THOMAS VON AQUIN

Der Mensch ist das naturzerstörende Wirtschaftstier. MAX WEBER

Der Mensch ist das Maß aller Dinge. Das Übermaß. NORBERT WIENER

Menschenführung

Ein gutes Beispiel ist die beste Predigt. BENJAMIN FRANKLIN

Große Führer haben immer für bühnenwirksame Auftritte gesorgt.
CHARLES DE GAULLE

Behandle Menschen wie sie sind, dann wirst Du sie verändern.
JOHANN WOLFGANG VON GOETHE

Eine Eins, die eine Million werden will, ist auf die Nullen angewiesen.
LOTHAR SCHMIDT

Menschenkenntnis

Nehmen Sie die Menschen wie sie sind, andere gibt es nicht.
KONRAD ADENAUER

Einen Menschen kennen heißt, ihn lieben oder bedauern.
MARIE VON EBNER-ESCHENBACH

Was ist dir das Menschlichste? – Jemandem Scham ersparen.
FRIEDRICH NIETZSCHE

Nicht mit der Laterne, mit dem Herzen suche die Menschen.
PETER ROSEGGER

Am leichtesten trifft man Leute, denen man aus dem Weg gehen will.

LOTHAR SCHMIDT

Einen Menschen kennen, das heißt ahnen, was er in Zukunft tun wird.

GERHARD UHLENBRUCK

Methode

Nichts ist wichtiger als Methode. Wir müssen sie ab und zu wechseln.

NICOLÁS GÓMEZ DÁVILA

Methode ist die Mutter des Gedächtnisses.   THOMAS FULLER

Das Was bedenke, mehr bedenke Wie.   JOHANN WOLFGANG VON GOETHE

Zur Methode wird nur der getrieben, dem die Empirie lästig wird.

JOHANN WOLFGANG VON GOETHE

Misserfolg

Der Misserfolg ist eine Majestätsbeleidigung für die Gesellschaft.

HONORÉ DE BALZAC

Misserfolg ist die Chance, es beim nächsten Mal besser zu machen.

HENRY FORD I.

Der Weg zum Misserfolg ist mit Erfolgserlebnissen gepflastert.

HELMAR NAHR

Misstrauen

Misstrauen wird immer nur auf fremden Feldern gesät.

ERNST R. HAUSCHKA

Man darf immer Misstrauen haben, nur keines zeigen.   JEAN PAUL

Argwohn folgt auf Misstrauen.   GOTTHOLD EPHRAIM LESSING

Wer allen alles traut, dem kann man wenig trauen.
GOTTHOLD EPHRAIM LESSING

Wer misstrauisch ist, schüchtert sich selbst ein.   JOHANNES VON MÜLLER

Misstrauen kommt nie zu früh, aber oft zu spät.
JOHANN GOTTFRIED SEUME

Missverständnis

Es dünkt mich besser missverstanden als nicht verstanden zu werden.
FRIEDRICH NIETZSCHE

Das Missverständnis ist die diplomatische Form der Ausrede.
LOTHAR SCHMIDT

Mitleid

Mitleid ist die Liebe im Negligé.   MARIE VON EBNER-ESCHENBACH

Mitleid ist die wahre Grundlage des Charakters.   ANATOLE FRANCE

Jedes Mitleid leitet ein Wohlwollen ein.   HANS MARGOLIUS

Mittelmäßigkeit

Die Erfolge des Tages gehören der verwegenen Mittelmäßigkeit.
MARIE VON EBNER-ESCHENBACH

Die Mittelmäßigkeit wägt immer richtig, nur ihre Waage ist falsch.
ANSELM FEUERBACH

Das Mittelmaß bleibt und regiert am Ende der Welt.
GEORG WILHELM FRIEDRICH HEGEL

Das gesunde Mittelmaß. Nicht zu viel und doch zu wenig.   WERNER MITSCH

Wer stets mit Lob geizt, zeigt damit seine eigene Mittelmäßigkeit.
VAUVENARGUES

Mode

Mode: ein Despot, den die Weisen belächeln und dem sie gehorchen.
AMBROSE BIERCE

Die Natur macht die Frauen verschieden, die Mode macht sie gleich.
CHRISTINA VON SCHWEDEN

Sobald eine Mode allgemein geworden ist, hat sie sich überlebt.
MARIE VON EBNER-ESCHENBACH

Sogar das Wissen muss nach der Mode sein.
BALTHASAR GRACIÁN Y MORALES

Die meisten Menschen leben mehr nach der Mode als nach der Vernunft.
GEORG CHRISTOPH LICHTENBERG

Mode, das heißt: Zivil als Uniform.   HANS LOHBERGER

Kleider machen Leute, sagen die Leute, die Kleider machen.
DANIEL SPITZER

Jede Generation lacht über alte Moden, aber folgt den neuen treu.
HENRY DAVID THOREAU

Modell

Das Modell ist eine geistige Maschine.   HELMAR NAHR

Das Bild ist ein Modell der Wirklichkeit.   LUDWIG WITTGENSTEIN

Moral

Die Moral ist nichts als die Regulierung des Egoismus.   JEREMY BENTHAM

Die Moral ist ein Talent der Gesellschaft.   RÉMY DE GOURMONT

Moral: ein Maulkorb für den Willen.   FRANZ GRILLPARZER

Moral freut, Unmoral amüsiert sich.   RON KRITZFELD

Auch wer kein Moralist ist, verachtet Charakterlosigkeit.
ROBERT MUTHMANN

Moral ist die erhabene Quelle der verpassten Gelegenheiten.
HELMAR NAHR

Moral ist sozialkonforme Müdigkeit.   HELMAR NAHR

Moral predigen ist leicht, Moral begründen schwer.
ARTHUR SCHOPENHAUER

Moral geht mit der Mode.   RUPERT SCHÜTZBACH

Die Moral richtet sich im Allgemeinen nach der Größe der Versuchung.
NORBERT STOFFEL

Motivation

Wo ein Begeisterter steht, ist der Gipfel der Welt.
JOSEF FREIHERR VON EICHENDORFF

Lust und Liebe sind die Fittiche zu großen Taten.
JOHANN WOLFGANG VON GOETHE

Die wichtigste Motivation ist individuelle Anerkennung.
LOTHAR SCHMIDT

Musik

Musik ist die Vermittlung des geistigen Lebens zum sinnlichen.

BETTINA VON ARNIM

Musik ist höhere Offenbarung als alle Weisheit und Philosophie.

LUDWIG VAN BEETHOVEN

Die Musik ist die Sprache der Engel.

THOMAS CARLYLE

Beschriebene Musik ist halt wie ein erzähltes Mittagessen.

FRANZ GRILLPARZER

In der Oper werden Seelenprobleme akustisch gelöst.

ERNST R. HAUSCHKA

Die Musik ist das Geräusch, das denkt.

VICTOR HUGO

Ich betrachte die Musik als die Wurzel aller übrigen Künste.

HEINRICH VON KLEIST

Musik ist die Liebe auf der Suche nach einem Wort.

SIDNEY LANIER

Musik ist die universelle Sprache der Menschheit.

HENRY WADSWORTH LONGFELLOW

Nichts bringt uns die Vergangenheit so zurück wie die Musik.

MADAME DE STAËL

Ohne Musik wäre das Leben ein Irrtum.

FRIEDRICH NIETZSCHE

Musik: Atem der Statuen, vielleicht: Stille der Bilder.

RAINER MARIA RILKE

Die Musik ist eine allegorisierende Kunst.

FRIEDRICH WILHELM JOSEPH VON SCHELLING

Musik ist der Schlüssel zum weiblichen Herzen.

JOHANN GOTTFRIED SEUME

Eine schöne Melodie bleibt nicht lange ein Geheimnis.   DANIEL SPITZER

Die Musik ist die Sprache der Leidenschaft.   RICHARD WAGNER

Mut

Mut ist der vollkommene Wille, den kein Schrecken erschüttern kann.
RALPH WALDO EMERSON

Ohne Mut ist das Wissen unfruchtbar.   BALTHASAR GRACIÁN Y MORALES

Habe Mut, dich deines eigenen Verstandes zu bedienen!   IMMANUEL KANT

Mutlos: Schlimmstes aller Lose.   RON KRITZFELD

Mut gleicht der Liebe. Er bedarf der Hoffnung als Nahrung.   NAPOLEON I.

Nachahmung

Nachahmung ist die aufrichtigste Form der Schmeichelei.

CHARLES CALEB COLTON

Die meisten Nachahmer lockt das Unnachahmliche.

MARIE VON EBNER-ESCHENBACH

Nachahmen oder anfeinden ist der Charakter der Menge.

FRANZ GRILLPARZER

Plagiator: Widmet sich mit Nachdruck den Werken anderer.

RON KRITZFELD

Nachahmen und nacheifern ist zweierlei.

JULIUS LANGBEHN

Das Gegenteil tun heißt auch nachahmen.

GEORG CHRISTOPH LICHTENBERG

Freiwillige Nachahmung ist die erste Knechtschaft.

HONORÉ GABRIEL DE RIQUETI, GRAF VON MIRABEAU

Man imitiert den anderen nur, um ihn zu übertreffen.

GERHARD UHLENBRUCK

Nachsicht

Nachsicht ist die aristokratische Form der Verachtung.

RÉMY DE GOURMONT

Nachsicht ist ein Teil der Gerechtigkeit.

JOSEPH JOUBERT

Die Nachsichtigen haben oft das Nachsehen. RON KRITZFELD

Am wenigsten Nachsicht übt der, der die meiste braucht. LOTHAR SCHMIDT

Ein guter Rat: sei vorsichtig. Ein guter Rat: sei nachsichtig.
NORBERT STOFFEL

Nächstenliebe

Den Nächsten lieben, heißt Gott in seinem Bilde lieben.
NIKOLAUS VON CUES

Nächstenliebe ist Menschlichkeit ohne Formalitäten. WERNER MITSCH

Nächstenliebe ist Realpolitik. FRIDTJOF NANSEN

Die Nächstenliebe beginnt bei sich selbst. JOHANN NEPOMUK NESTROY

Nächstenliebe ist der Drang nach neuem Eigentum.
FRIEDRICH NIETZSCHE

Nächstenliebe ist zugewandte Wahrnehmung des Mitmenschen.
CARL FRIEDRICH VON WEIZSÄCKER

Nation

Nationen sind die natürlichen Organe der Menschheit.
TOMÁŠ GARRIQUE MASARYK

Die Nation ist ein tägliches Plebiszit. JOSEPH ERNEST RENAN

Die Nation ist eine militärische Schöpfung. JOSEPH ERNEST RENAN

Nation, das ist die Sehnsucht zusammenzusein. JOSEPH ERNEST RENAN

Nationalismus

Der Nationalismus hält unsere Nächstenliebe in Grenzen. WERNER MITSCH

Nationalismus ist die kulturwidrigste Krankheit. FRIEDRICH NIETZSCHE

Nationalismus ist Verrat an der Vaterlandsliebe. NORBERT STOFFEL

Nationalökonomie

Nationalökonomie: die trübe Wissenschaft. THOMAS CARLYLE

Die Nationalökonomie ist die Metaphysik des Pokerspielers.
KURT TUCHOLSKY

Natur

Natur ist nur der Name für eine Wirkung, deren Ursache Gott ist.
WILLIAM COWPER

Vertreibe die Natur: sie kehrt im Galopp zurück.
PHILIPPE-NÉRICAULT DESTOUCHES

In der ganzen Natur ist kein Lehrplatz, lauter Meisterstücke.
JOHANN PETER HEBEL

Die Gerechtigkeit der Natur ist ihre Gesetzmäßigkeit. ROBERT MUTHMANN

Die Natur stirbt am grünen Tisch. GERHARD UHLENBRUCK

Neid

Der Neid löst die Zungen, die die Bewunderung erstarren macht.
HONORÉ DE BALZAC

Neid: den bescheidensten Fähigkeiten angepasster Wetteifer.

AMBROSE BIERCE

Neid ist eine Art Lob.

JOHN GAY

Neid macht Vorschriften.

PETER HILLE

Neid ist die frevlerische Sorge um das Wohl deines Nachbarn.

FERDINAND LASSALLE

Neid ist nichts anderes als Hass gegenüber den Vorzügen der anderen.

PAOLO MANTEGAZZA

Neid ist der Rückwärtsgang der Logik.

WERNER MITSCH

Neid ist eine besonders häufige Art der Wertschätzung.

ROBERT MUTHMANN

Neid und Eifersucht sind die Schamteile der Seele.   FRIEDRICH NIETZSCHE

Neid ist die aufrichtigste Form der Anerkennung.

LOTHAR SCHMIDT

Wer nie beneidet wird, ist nicht beneidenswert.

LOTHAR SCHMIDT

Neid eint, Besitz will alleine sein.

WILHELM SCHWÖBEL

Wer an den Neid der Menschen appelliert, findet fast immer Gehör.

JONATHAN SWIFT

Besitzansprüche melden sich in Form von Neid an.

GERHARD UHLENBRUCK

Neidhammel sind ehrgeizige Schafe.

GERHARD UHLENBRUCK

Neugierde

Neugier ist Entzücken.

WALTER CHARLETON

Die Neugierde ist die Fresslust der Sinne. ERNST R. HAUSCHKA

Das beste am Journalismus ist, dass er die Neugier tötet.
WALTHER RATHENAU

Neugierde ist auch eine Form der Selbstbestätigung.
GERHARD UHLENBRUCK

Nörgler

Nörgler: jemand, der unsere Arbeit kritisiert. AMBROSE BIERCE

Die Nörgler sind die Pferdekräfte des Fortschritts. SPRUCH

Der Nörgler wird sogar im Paradies allerlei Fehler finden.
HENRY DAVID THOREAU

Not

Not ist der Ansporn des Genius. HONORÉ DE BALZAC

Not ist Existenz wider Willen. HELMAR NAHR

In der Not allein bewährt sich der Adel großer Seelen.
FRIEDRICH VON SCHILLER

Wo die Not am größten, ist der Verführer am nächsten.
WILHELM SCHWÖBEL

Heute macht man aus der Hilfe in der Not schon eine Tugend.
GERHARD UHLENBRUCK

Notwendigkeit

Weit über alle Mächte geht Notwendigkeit. EURIPIDES

Die Notwendigkeit ist der beste Ratgeber.
JOHANN WOLFGANG VON GOETHE

Wer der Vernunft dient, kommt der Notwendigkeit zuvor.
JOHANN GOTTFRIED VON HERDER

Die Notwendigkeit befreit uns von der Qual der Wahl.   LOTHAR SCHMIDT

Null

Die Nullen, folgen sie der Eins, wird eine große Zahl daraus!
FRIEDRICH MARTIN VON BODENSTEDT

Eine Null kann bestehende Schwierigkeiten verzehnfachen.
RON KRITZFELD

Nulltarif: der Gipfel der Verbraucherfreundlichkeit.   WERNER MITSCH

Nullwachstum: die Phrasenproduktion wurde deutlich gesteigert.
NORBERT STOFFEL

Nutzen

Können ist nichts anderes als Nutzen bieten können.
CHRISTIAN GOTTLOB LEBERECHT GROßMANN

Nur vom Nutzen wird die Welt regiert.   FRIEDRICH VON SCHILLER

Nutzen wird oft mit Wert verwechselt.   NORBERT STOFFEL

Parasiten machen die Rechnung nie ohne den Zwischenwirt.
GERHARD UHLENBRUCK

Offenheit

Offenheit verdient immer Anerkennung.   OTTO VON BISMARCK

Viele Menschen verstecken sich hinter ihrer Offenheit.   WERNER MITSCH

Wer offen redet, spürt rasch, was er verschweigt.   LOTHAR SCHMIDT

Es gibt Fälle, wo Offenheit Klugheit ist.   FRIEDRICH THEODOR VISCHER

Öffentliche Meinung

Die öffentliche Meinung ist die unsichtbare Rüstung des Volkes.
LUDWIG BÖRNE

Die öffentliche Meinung ist die größte Lüge der Welt.   THOMAS CARLYLE

Die öffentliche Meinung ist die Dirne unter den Meinungen.
MARIE VON EBNER-ESCHENBACH

Die öffentliche Meinung ist das Echo der veröffentlichten Meinung.
LOTHAR SCHMIDT

Öffentlichkeit

Öffentlichkeit – Nebensache bei Fragen der Gesetzgebung.
AMBROSE BIERCE

In unserer Zeit ist ja alles öffentlich, auch das Geheimnis.   DANIEL SPITZER

Das Licht der Öffentlichkeit duldet keine Schatten.　NORBERT STOFFEL

Die Öffentlichkeit verzeiht alles – außer Genie.　OSCAR WILDE

Ohnmacht

Ohnmächtige handeln – und sind immer im Unrecht.　LOTHAR SCHMIDT

Die Ohnmacht ist der Zwillingsbruder des Todes.
ARTHUR SCHOPENHAUER

Macht hüllt sich in Schweigen, Ohnmacht will reden.　WILHELM SCHWÖBEL

Opfer

Nicht die Tat macht groß, sondern das Opfer.　OTTO MICHEL

Vergiss nicht, dass es besser ist, Opfer zu sein als Henker.
ANTON P. TSCHECHOW

Um manche Delikte zu begreifen, genügt es, die Opfer zu kennen.
OSCAR WILDE

Opportunist

Opportunist: Jenachdemer.　WILHELM BUSCH

Opportunismus ist der Weitblick der Arrivierten.　LOTHAR SCHMIDT

Opportunisten sind Prinzipienreiter, die leicht umsatteln.
LOTHAR SCHMIDT

Opposition

Jede Opposition ist der Anfang einer Trennung.   HONORÉ DE BALZAC

Opponieren: durch Behinderung und Missbilligung Beihilfe leisten.
AMBROSE BIERCE

Man sollte der Opposition stets einen Knochen zum Nagen lassen.
JOSEPH JOUBERT

Wer die offene Opposition unterdrückt, baut die heimliche auf.
NORBERT STOFFEL

Optimismus

Ich bin Pessimist für die Gegenwart, aber Optimist für die Zukunft.
WILHELM BUSCH

Optimist: ein anderes Wort für Dummkopf.   GUSTAVE FLAUBERT

Optimismus ist Intelligenzverfettung.   ELBERT G. HUBBARD

Ein Optimist – vollgepumpt mit Hoffnung.   WERNER MITSCH

Der Optimist meidet den Optiker.   NORBERT STOFFEL

Orden

Orden: Sollte man nicht verleihen, man sollte sie sich schenken.
RON KRITZFELD

Ordensschärpe: Isolierband.   RON KRITZFELD

Orden sind Spielzeug für große Kinder.   SPRUCH

Ordnung

Ordnung ist Macht.   HENRI-FRÉDÉRIC AMIEL

Wer Prioritäten setzt, grenzt nicht aus. Er ordnet.   NICOLÁS GÓMEZ DÁVILA

Ordnung ist die Verbindung des Vielen nach einer Regel.   IMMANUEL KANT

Ordnung führt zu allen Tugenden! Aber was führt zur Ordnung?
                                        GEORG CHRISTOPH LICHTENBERG

Ordnung ist die Tochter der Überlegung.
                                        GEORG CHRISTOPH LICHTENBERG

Vom höchsten Ordnungssinn ist nur ein Schritt zur Pedanterie.
                                          CHRISTIAN MORGENSTERN

Die wichtigste Fähigkeit ist die, welche alle anderen ordnet.   BLAISE PASCAL

Ordnung ist das erste Gesetz des Himmels.   ALEXANDER POPE

Ordnung ist gewollte Freiheitsbeschränkung.   LOTHAR SCHMIDT

Ordnung soll nicht herrschen, sondern dienen.   RUPERT SCHÜTZBACH

Organisation

Alles im Leben ist Organisation.   WILHELM VON HUMBOLDT

Organisieren heißt, gegen den Lauf der Dinge ankämpfen.   HELMAR NAHR

Information und Organisation sind die Worte der Zukunft.
                                                  LOTHAR SCHMIDT

Originalität

Vollkommene Aufrichtigkeit ist der Weg zur Originalität.

CHARLES PIERRE BAUDELAIRE

Originalität muss man haben, nicht danach streben.

CHRISTIAN FRIEDRICH HEBBEL

Originalität ist, etwas ganz Allgemeines zu produzieren.

GEORG WILHELM FRIEDRICH HEGEL

Alles Gute, das besteht, ist die Frucht der Originalität. JOHN STUART MILL

Paradies

Jeder geliebte Gegenstand ist der Mittelpunkt eines Paradieses.   NOVALIS

Das einzige Paradies ist das verlorene Paradies.   MARCEL PROUST

Überzeugte Kommunisten glauben nur an ein Paradies im Diesseits.
LOTHAR SCHMIDT

Wenn Gott nicht verzeihen würde, bliebe sein Paradies leer.
SPRICHWORT AUS ARABIEN

Paradoxon

Paradoxa sind nützlich, sie lenken die Aufmerksamkeit auf Ideen.
MANDELL CREIGHTON

Die Paradoxa von heute sind die Vorurteile von morgen.   MARCEL PROUST

Das Paradoxon ist der reziproke Wert der Wahrheit.   LOTHAR SCHMIDT

Paradoxa erquicken und trösten, täuschen und spotten zugleich.
LOTHAR SCHMIDT

Alle Wahrheiten erscheinen bei ihrem Auftreten paradox.
ARTHUR SCHOPENHAUER

Der Weg des Paradoxes ist der Weg zur Wahrheit.   OSCAR WILDE

Parlament

Am faulsten sind die Parlamente, die am stärksten besetzt sind.

SIR WINSTON CHURCHILL

Parlament: Geltungsbedürfnisanstalt.

RON KRITZFELD

Die parlamentarische Regierung ist die Regierung durch die Rede.

THOMAS BABINGTON LORD MACAULAY

Seit es Parlamente gibt, genießen Könige Narrenfreiheit. WERNER MITSCH

Das Parlament ist die Speerspitze der Beamtenschaft. HELMAR NAHR

Parteien

Jede Partei ist für das Volk da und nicht für sich selbst. KONRAD ADENAUER

Wo große Fragen enden, beginnen kleine Parteien. WALTER BAGEHOT

Partei ist organisierte Meinung. BENJAMIN DISRAELI

Der Ignorant weiß nichts, der Parteimann will nichts wissen.

MARIE VON EBNER-ESCHENBACH

Die Partei ist die Kampfgemeinschaft von Intimfeinden. HELMAR NAHR

Der Parteimensch wird mit Notwendigkeit Lügner. FRIEDRICH NIETZSCHE

Die Partei ist der Wahn vieler zum Nutzen weniger. ALEXANDER POPE

Das Los der Parteien wird von den Parteilosen bestimmt.

LOTHAR SCHMIDT

Der Politiker ändert seine Ansichten rascher als seine Partei.

LOTHAR SCHMIDT

Koalition: eine Partei wäscht die andere. LOTHAR SCHMIDT

Wer Partei ergreift, wird von der Partei ergriffen. LOTHAR SCHMIDT

Die Parteien blasen wieder zum Wahlkampf. Sprechblasen.
HANS-HORST SKUPY

Die Partei ist nichts als ein Staat im Staate. MAX STIRNER

Patriotismus

Vaterlandsliebe ist erweiterte Familienliebe.
MARIE VON EBNER-ESCHENBACH

Der Patriotismus verdirbt die Geschichte.
JOHANN WOLFGANG VON GOETHE

Patriotismus. Deutsch, ja. Typisch deutsch, nein. WERNER MITSCH

Was mir „Patriotismus" ist? Ein Gefühl, das zehn andre frisst.
CHRISTIAN MORGENSTERN

Die wohlfeilste Art des Stolzes ist der Nationalstolz.
ARTHUR SCHOPENHAUER

Wahre Vaterlandsliebe gehört keiner Partei an.
TOBIAS GEORGE SMOLLETT

Unser Vaterland ist die Stelle, an die unser Herz gebunden ist. VOLTAIRE

Persönlichkeit

Eine verwundbare Ferse macht noch keinen Achilles.
HENRIK JOHAN IBSEN

Es sind immer die Abenteurer, die große Dinge vollbringen. MONTESQUIEU

Alles, was mehr aus uns macht, ist Gnade für uns.   RAINER MARIA RILKE

Persönlichkeit heißt Anerkanntsein.   LOTHAR SCHMIDT

Persönlichkeiten, nicht Grundsätze, bewegen das Zeitalter.   OSCAR WILDE

Pessimismus

Der Pessimist ist jemand, der vorzeitig die Wahrheit erzählt.
SAVINIEN DE CYRANO DE BERGERAC

Der Pessimist wider Willen, das ist der echte.
MARIE VON EBNER-ESCHENBACH

Der Pessimist ist die Summe seiner Befürchtungen.   WERNER MITSCH

Pessimismus: eine Weltanschauung aus der Pechvogelperspektive.
WERNER MITSCH

Der Pessimismus ist nichts als ein gescheiterter Idealismus.
DANIEL SPITZER

Hoffnung ist der Luxus der Pessimisten.   NORBERT STOFFEL

Pflicht

Was wäre die Erfüllung der Pflicht, wenn sie keine Opfer kostete?
BERTHOLD AUERBACH

Tue deine Pflicht so lange, bis sie deine Freude wird.
MARIE VON EBNER-ESCHENBACH

Was aber ist deine Pflicht? Die Forderung des Tages.
JOHANN WOLFGANG VON GOETHE

Du kannst; denn du sollst.   IMMANUEL KANT

Unsere Pflichten, das sind die Rechte anderer auf uns.

FRIEDRICH NIETZSCHE

Die Pflicht ruft, die Versuchung wispert.

LOTHAR SCHMIDT

Es ist oft schwerer, seine Pflicht zu erkennen, als sie zu erfüllen.

JOSEPH UNGER

Phantasie

Die Phantasie ist der mächtigste Despot.

BERTHOLD AUERBACH

Phantasie ist die einzige Waffe im Krieg gegen die Wirklichkeit.

DENIS GAULTIER

Phantasie ist nur in Gesellschaft des Verstandes erträglich.

CHRISTIAN FRIEDRICH HEBBEL

Phantasie ist unser guter Genius oder unser Dämon.

IMMANUEL KANT

Phantasie ist erweiterte Vernunft.

HANS LOHBERGER

Die Phantasie ist ein ewiger Frühling.

FRIEDRICH VON SCHILLER

Philosophie

Philosophie: unverständliche Antworten auf unlösbare Probleme.

HENRY BROOKS ADAMS

Philosophen sind die ABC-Schützen des Weltgeistes.

AUS DEN „FLIEGENDEN BLÄTTERN"

Philosophen sind die Diener der Nachwelt.

FRANCIS BARON VERULAM BACON

Philosophie ist gesunder Menschenverstand im Frack. OLIVER S. BRASTON

Philosophie ist das Mikroskop des Denkens. VICTOR HUGO

Philosophie: die Gesamtheit der Sackgassen des Denkens.
VYTAUTAS KARALIUS

Philosophie: ein langes Gespräch mit uns selbst. HANS LOHBERGER

Philosophieren ist zweifeln. MICHEL DE MONTAIGNE

Philosophien sind Schwimmgürtel, gefügt aus dem Kork der Sprache.
CHRISTIAN MORGENSTERN

Die Philosophie ist eine Art Rache an der Wirklichkeit.
FRIEDRICH NIETZSCHE

Philosophieren heißt die Allwissenheit gemeinschaftlich suchen.
FRIEDRICH VON SCHLEGEL

Jede Philosophie ist Werbung für eine Idee. LOTHAR SCHMIDT

Phrase

Die Phrase ist die Toilette des Geistes. AUS DEN „FLIEGENDEN BLÄTTERN"

Wer Phrasen drischt, wird Phrasen ernten. ERNST R. HAUSCHKA

Pathos ist die Patina der Phrase. RUPERT SCHÜTZBACH

In den Phrasen versinkt die Hoffnung. NORBERT STOFFEL

Plan

Pläne sind die Träume des Verständigen.
ERNST FREIHERR VON FEUCHTERSLEBEN

Wer bei Kleinigkeiten keine Geduld hat, dem misslingt der große Plan.
KONFUZIUS

Solange man Pläne schmiedet, gehört man nicht zum alten Eisen.
WERNER MITSCH

Planen heißt, das Notwendige ermöglichen.　　HELMAR NAHR

Pläne, die man nicht ausführt, sind nur gute Vorsätze.　LOTHAR SCHMIDT

Poesie

Wer Verse schreibt, baut seinen Ruhmestempel in Granit.
EARL EDWARD GEORGE BULWER-LYTTON

Poesie ist für das Leben, was Lichter und Musik für die Bühne sind.
CHARLES DICKENS

Poesie ist die Muttersprache des menschlichen Geschlechts.
JOHANN GEORG HAMANN

Die Poesie ist der Tanzschritt der Worte.　　HANS LOHBERGER

Die Poesie heilt die Wunden, die der Verstand schlägt.　　NOVALIS

Poesie ist Wahrheit in Sonntagskleidern.　　JOSEPH ROUX

Poesie ist das Tonikum der Seele.　　NORBERT STOFFEL

Poesie hat die Kraft, die Dinge, die sie berührt, zu verwandeln.
HANS-ARMIN WEIRICH

Poesie ist Weisheit, die einem unsterblichen Vers angetraut ist.
WILLIAM WORDSWORTH

Politik

Praktische Politik besteht im Nichtbeachten der Tatsachen.

HENRY BROOKS ADAMS

Politik ist Stellvertretung.

ADOLF ARNDT

Hohe Politik heißt: täuschen und tauschen.

AUS DEN „FLIEGENDEN BLÄTTERN"

Politik ist die Kunst des Möglichen.

OTTO VON BISMARCK

In der Politik bedeuten Experimente Revolutionen.

BENJAMIN DISRAELI

Die Politik zwingt in das Mitdenken dessen, was der andere denkt.

KARL JASPERS

Eine gute Politik sieht über den Tellerrand des morgigen Abends.

HELMUT KOHL

Politik: Das Ringen weniger um Normen, nach denen alle leben sollen.

RON KRITZFELD

Politik ist Wirtschaftslehre in Aktion.

ROBERT MARION LA FOLLETTE

Politics: Who Gets What, When, How.

HAROLD D. LASSWELL

Prinzipientreue ist die beste Politik.

WILHELM LIEBKNECHT

Der gerade Weg zur Politik ist meistens unpassierbar.

HAROLD MACMILLAN

Politik ist unblutiger Krieg, und Krieg ist blutige Politik.

MAO TSE-TUNG

Politik. Für den Staat bürgen Bürger.

WERNER MITSCH

Politik ist ein weites Feld für Zank und Streit.

MICHEL DE MONTAIGNE

Die Politik ist das nationale Schaugeschäft.   HELMAR NAHR

Die Politik ist das Schicksal.   NAPOLEON I.

Die Politik ist so zu ordnen, dass mäßige Intellekte ihr genügen.
FRIEDRICH NIETZSCHE

Politik ist die Wissenschaft von den Erfordernissen.   THEODORE PARKER

In der Politik wird Ratlosigkeit oft mit Geduld verwechselt.
ROGER PEYREFITTE

Nicht die Politik ist unser Schicksal, sondern die Wirtschaft.
WALTHER RATHENAU

Politik ist größtenteils Pillenschlucken.   THOMAS BRACKETT REED

Wo Politik ist oder Ökonomie, da ist keine Moral.
FRIEDRICH VON SCHLEGEL

In der Politik sind die Souffleure oft wichtiger als die Darsteller.
LOTHAR SCHMIDT

Politik ist der Kampf um den Gesetzgeber.   LOTHAR SCHMIDT

Politik ist eine darstellende Kunst.   LOTHAR SCHMIDT

Politik ist Neidbeschwörung oder Neidbeschwichtigung.   LOTHAR SCHMIDT

Politik ist Umgang mit Informationen und Rivalen.   LOTHAR SCHMIDT

Politik ist Verständigung über das Erreichbare.   LOTHAR SCHMIDT

Politik verdirbt den Charakter nicht, doch sie stellt ihn auf die Probe.
LOTHAR SCHMIDT

Die Politik ruft nach dem geringsten Neid der größten Zahl.
LOTHAR SCHMIDT

Politischer Enthusiasmus ist meist nur übertriebene Hoffnung.

LOTHAR SCHMIDT

Die Politik ist das Paradies zungenfertiger Schwätzer.

GEORGE BERNARD SHAW

Politik ist das Spiel, in dem alle verlieren, die nicht mitspielen.

HANS-ARMIN WEIRICH

Politiker

Der Politiker ist ein Händler in Versprechungen.   ALBERT CHEVALIER

Die Neinsager von heute werben um die Jasager von morgen.

ERNST R. HAUSCHKA

Agitator: Politischer Weichmacher.   RON KRITZFELD

Danken fällt Politikern schwer, besonders das Abdanken.   RON KRITZFELD

Spitzenfunktionäre erkennt man leicht an ihren Spitzengehältern.

ROBERT MUTHMANN

Ein Politiker mit Sachverstand ist eo ipso eine Doppelbegabung.

HELMAR NAHR

Für Politiker ist es gefährlich, zur falschen Zeit Recht zu haben.

LOTHAR SCHMIDT

Politiker sollten besser sein als ihre Ratgeber.   LOTHAR SCHMIDT

Politiker sparen, indem sie den Gürtel der Bürger enger schnallen.

LOTHAR SCHMIDT

Politiker versprechen sich viel von Versprechungen.   LOTHAR SCHMIDT

Politiker versprechen, was die Steuerzahler halten müssen.

LOTHAR SCHMIDT

Politiker wollen der Gegenwart auf die Sprünge helfen.   LOTHAR SCHMIDT

Eine Zunge von drei Zoll: das ist des Politikers eiserne Schanze.
SPRICHWORT AUS JAPAN

Viele Politiker stehen im Abschussrampenlicht.   GERHARD UHLENBRUCK

Wer zu spät geht, den bestraft die Nachrede.   HANS-ARMIN WEIRICH

Popularität

Popularität hat für mich immer etwas Unbehagliches.
OTTO VON BISMARCK

Popularität ist das Kleingeld des Ruhms.   VICTOR HUGO

Popularität setzt immer Mittelmäßigkeit voraus.   OSCAR WILDE

Präzedenzfall

Der Präzedenzfall ist ein Urteil, das ein Prinzip konserviert.
BENJAMIN DISRAELI

Präzedenzfall: ein Fußabdruck im Zement der Zeit.   SPRUCH

Präzedenzfall: eine Tradition beginnt zum ersten Mal.   SPRUCH

Prinzipien

Prinzipien sind beliebt – als getarnte Ausreden.   LOTHAR SCHMIDT

Prinzipien sind Allesfresser.   NORBERT STOFFEL

Mein Prinzip war es immer, kein Prinzip zu haben.
CHARLES MAURICE DUC DE TALLEYRAND

Privileg

Auf Rechte ist niemand stolz, sondern auf Vorrechte.   JEAN PAUL

Das Privilegium. Vorrecht kommt vor Recht.   WERNER MITSCH

Die Privilegierten sind die Schildwachen der Tradition.   WERNER MITSCH

Privilegien: Gründe für Pfründe.   WERNER MITSCH

Privilegien aller Art sind das Grab der Freiheit und Gerechtigkeit.
JOHANN GOTTFRIED SEUME

Wer Privilegien sät, wird Revolution ernten.   CLAUDE TILLIER

Probleme

Man löst keine Probleme, indem man sie auf Eis legt.
SIR WINSTON CHURCHILL

Die wirklichen Probleme haben keine Lösung, sondern Geschichte.
NICOLÁS GÓMEZ DÁVILA

Ein Problem lösen heißt, sich vom Problem lösen.
JOHANN WOLFGANG VON GOETHE

Jede Lösung eines Problems ist ein neues Problem.
JOHANN WOLFGANG VON GOETHE

Kleine Probleme sind Saatkörner für große.
HANS-JÜRGEN QUADBECK-SEEGER

Geld ist wie ein gutes Parfüm – es verdeckt Probleme.
SPRICHWORT AUS HAWAII

Wer ein heißes Eisen anpackt, verbrennt sich den Mund.
GERHARD UHLENBRUCK

Prüderie

Prüderie: die Karikatur der Tugend.   AUS DEN „FLIEGENDEN BLÄTTERN"

Prüderie ist die Heuchelei der Keuschheit.   NICOLAS MASSIAS

Prüderie ist eine Art Geiz, der allerschlimmste.   STENDHAL

Die Prüde ist die Fanfare der Tugend.   PIERRE VÉRON

Pünktlichkeit

Bester Beweis einer guten Erziehung ist die Pünktlichkeit.
GOTTHOLD EPHRAIM LESSING

Pünktlichkeit ist die Höflichkeit der Könige.   HEINRICH SEIDEL

Pünktlichkeit ist das A im ABC der Zuverlässigkeit.   HANS-ARMIN WEIRICH

Pünktlichkeit stiehlt uns die beste Zeit.   OSCAR WILDE

Qualität

Quantität: guter Ersatz für Qualität, wenn man hungrig ist.

AMBROSE BIERCE

Was sich zu tun lohnt, lohnt sich, gut zu tun.

LORD PHILIP DORMER CHESTERFIELD

Qualität ist immer das Anständige.

THEODOR HEUSS

Qualität ist Zweckeignung.

HELMAR NAHR

Die Qualität ist eine perspektivische Wahrheit für uns.

FRIEDRICH NIETZSCHE

Qualität lindert den Schmerz, den der Preis verursacht.

HANS-JÜRGEN QUADBECK-SEEGER

Qualität ist die Höflichkeit des Produzenten.

LOTHAR SCHMIDT

Qualität ist Wert, der sich bezahlt macht.

LOTHAR SCHMIDT

Quantität lässt sich zählen. Qualität zählt.

LOTHAR SCHMIDT

Die Qualität ist die speziell bestimmte Wirkungsart eines Körpers.

ARTHUR SCHOPENHAUER

Nur Leistung besänftigt die Qualität.

NORBERT STOFFEL

Rache

Für jemand, der sich rächen will, gibt es keine Gefahr.

HONORÉ DE BALZAC

Die Rache ist ein Erbteil schwacher Seelen.

KARL THEODOR KÖRNER

Rache ist ausgleichende Ungerechtigkeit.

WERNER MITSCH

Rache rächt sich.

NORBERT STOFFEL

Rache beendet die Ohnmacht der Wut.

GERHARD UHLENBRUCK

Rat

Rat: die kleinste Münze im Umlauf.

AMBROSE BIERCE

Wenige Leute haben Mut genug, unangenehme Ratschläge zu geben.

CHRISTINA VON SCHWEDEN

Wer sich nicht raten läßt, dem ist nicht zu helfen.

BENJAMIN FRANKLIN

Wenn der Rat gut ist, spielt es keine Rolle, wer ihn erteilt hat.

THOMAS FULLER

Manch guter Ratschlag beruht auf schlechten Erfahrungen.

ROBERT MUTHMANN

Auch für Ratschläge gilt: Geben ist seliger als nehmen.

LOTHAR SCHMIDT

Guter Rat ist teuer. Schlechter Rat ist noch teurer.

NORBERT STOFFEL

Realismus

Der wahre Realist vergisst nicht, Ideale in Rechnung zu stellen.
SIR WINSTON CHURCHILL

Das Reale ist nur eine Identität des Allgemeinen und Besonderen.
GEORG WILHELM FRIEDRICH HEGEL

„Hand und Fuß" verkörpern das so genannte Greifbare.   WERNER MITSCH

Dauerhafter als die Ideale sind die Realitäten.   ROBERT MUTHMANN

Realismus: Die persönliche Brille, durch die man die Welt sieht.
HELMAR NAHR

Realist: Pessimist ohne Bedauern.   LOTHAR SCHMIDT

Wünsche überzeugen, Realitäten nicht.   NORBERT STOFFEL

Recht

Das Recht ist eine bodenlose Grube.   JOHN ARBUTHNOT

Recht ist, was keck behauptet und überzeugend verfochten wird.
ARON BURR

Der größte Feind des Rechts ist das Vorrecht.
MARIE VON EBNER-ESCHENBACH

Die Idee des Rechts ist die Freiheit.   GEORG WILHELM FRIEDRICH HEGEL

Recht ist domestizierte Staatsgewalt.   WERNER HOFMANN

Der Zweck ist der Schöpfer des ganzen Rechts.   RUDOLF VON IHERING

Das Recht ist nichts anderes als das ethische Minimum.   GEORG JELLINEK

Alle Politik muss ihre Knie vor dem Recht beugen.   IMMANUEL KANT

Das Recht ist das Aushängeschild, das goldene Zepter der Gewalt.

HANS LOHBERGER

Rechtssätze: systematisierte Ungerechtigkeiten.   HANS LOHBERGER

Reue und Recht sind hinkende Boten.   HELMAR NAHR

Recht: der Wille, ein jeweiliges Machtverhältnis zu verewigen.

FRIEDRICH NIETZSCHE

Das Brot ist das Recht des Volkes.   ANTOINE LOUIS A. DE SAINT-JUST

Kummer des Rechts: dass die Macht ihre eigenen Wege geht.

LOTHAR SCHMIDT

Rechtsschöpfung: Fortsetzung der Politik mit anderen Mitteln.

LOTHAR SCHMIDT

Die Großen zwickt das Recht, die Kleinen beißt es.   WILHELM SCHWÖBEL

Jeder hat soviel Recht, wie er Gewalt hat.   BARUCH BENEDIKT DE SPINOZA

Recht geht vor Politik – niemals umgekehrt!   GUSTAV STRESEMANN

Des Menschen Rechte – die Faust.   GERHARD UHLENBRUCK

„Recht haben" heißt auf französisch „avoir raison" (Vernunft haben).

HANS-ARMIN WEIRICH

Rede

Die Rede ist die Kunst, Glauben zu erwecken.   ARISTOTELES

Wer nicht Wort halten kann, sollte auch keine Rede halten.   WERNER MITSCH

Wer vorträgt, trägt auch die Verantwortung für die Zeit der Zuhörer.
HANS-JÜRGEN QUADBECK-SEEGER

Bedenke: die Zunge ist feucht und man rutscht leicht aus.
LOTHAR SCHMIDT

Die ersten und die letzten Worte deiner Rede sind die wichtigsten.
LOTHAR SCHMIDT

Der Scherz in der Rede ist wie Salz in der Speise.
SPRICHWORT AUS ARABIEN

Eine unklare Rede ist ein blinder Spiegel.　　SPRICHWORT AUS CHINA

Reden

Vorsicht im Reden geht über Beredsamkeit.
FRANCIS BARON VERULAM BACON

Wer viel redet, glaubt am Ende, was er sagt.　　HONORÉ DE BALZAC

Wenn du geschwiegen hättest, wärst du ein Philosoph geblieben.
ANICIUS MANLIUS SEVERINUS BOETHIUS

Aufmerksam zuhören ist das beste Kompliment für den Redner.
THOMAS CARLYLE

Jede Rede gleicht der Belagerung der Seele des Hörers.
JOHANNES CHRYSOSTOMUS

Sag nicht alles, was du weißt, aber wisse immer, was du sagst.
MATTHIAS CLAUDIUS

Man muss etwas zu sagen haben, wenn man reden will.
JOHANN WOLFGANG VON GOETHE

Beim Reden kommen die Gedanken – aber sie gehen auch.　EDWARD HEATH

Betonen: Die Absicht, sprachlich zu betonieren. RON KRITZFELD

Rede: Wird sie erst ungehalten, bliebe sie es besser. RON KRITZFELD

Es ist keine Kunst etwas kurz zu sagen, wenn man etwas zu sagen hat.
GEORG CHRISTOPH LICHTENBERG

Tritt fest auf, mach's Maul auf, hör bald auf! MARTIN LUTHER

Reden sind Silber und Ausreden Gold. WERNER MITSCH

Eine Rede ist ein monologes Drama. NOVALIS

Wer nicht redet, wird nicht gehört. HELMUT SCHMIDT

Sei anschaulich, aufrichtig, begeisternd – und kurz. LOTHAR SCHMIDT

Reden ist Silber, Schweigen ist Gold. SPRICHWORT AUS DEUTSCHLAND

Oft habe ich meine Rede bedauert, nie mein Schweigen. PUBLIUS SYRUS

Wie die Natur, benutzen große Menschen einfache Worte. VAUVENARGUES

Redner

Allein der Vortrag macht des Redners Glück.
JOHANN WOLFGANG VON GOETHE

Was Rednern an Tiefe fehlt, ersetzen sie durch Länge. MONTESQUIEU

Nota bene für Redner: Hohle Worte tönen voller. HELMAR NAHR

Reform

Reform ist eine Sache, die hauptsächlich die Reformer befriedigt.
AMBROSE BIERCE

Wenn ich König wäre, würde ich alle Reformen auf morgen verschieben.

OLIVER CROMWELL

Die Weltverbesserung geht einen sehr langsamen Gang.

AUGUST GRAF VON PLATEN

Am Rande einer Reformbewegung stehen Narren. THEODORE ROOSEVELT

Bekenntnis zur Zukunft ist Bekenntnis zum Wandel. NORBERT STOFFEL

Regeln

Formeln sind Regeln, deren Ausdruck zum Muster der Nachahmung dient.

IMMANUEL KANT

Die Regeln behalten immer ihren Wert. JUSTUS MÖSER

Die Ausnahmen versuchen immer, die Regeln schlecht zu machen.

HANS-JÜRGEN QUADBECK-SEEGER

Goldene Regeln sehen nur so aus. NORBERT STOFFEL

Regeln muss man respektieren oder selbst aufstellen. NORBERT STOFFEL

Regieren

Regieren ist eine Kunst, keine Wissenschaft. LUDWIG BÖRNE

Regieren, das heißt vorausschauen. EMILE DE GIRARDIN

Regierungen sind die Segel, das Volk ist der Wind.

GEORG WILHELM FRIEDRICH HEGEL

Das ganze Regieren besteht aus der Kunst, ehrlich zu sein.

THOMAS JEFFERSON

Regieren: heißt, die Gier Unvernünftiger zurückweisen.   RON KRITZFELD

Kabinettstück: Von einer Ministerrunde beschlossene Torheit.
RON KRITZFELD

Menschen regieren ist das schwerste Regiment.   CHRISTOPH LEHMANN

Regieren heißt, Gerechtigkeit für alle gleich wägen.
FRANKLIN DELANO ROOSEVELT

Die Kunst des Regierens besteht im Versüßen bitterer Pillen.
ADOLPHE THIERS

Wer am Ruder ist, reißt selten das Steuer herum.   GERHARD UHLENBRUCK

Regierung

Es ist leichter zu kritisieren als zu regieren.   OTTO VON BISMARCK

Die Regierungen tun öfter Böses aus Feigheit denn aus Übermut.
LUDWIG BÖRNE

Wenn Regierungen krank sind, müssen die Völker das Bett hüten.
LUDWIG BÖRNE

Mächtige Regierungen haben einen Widerwillen gegen das Geniale.
JACOB CHRISTOPH BURCKHARDT

Jede Regierung macht Missvergnügte.   ANATOLE FRANCE

Regierungen lernen nie. Nur die Leute lernen.   MILTON FRIEDMAN

Die Regierung ist der allgemeine Teil der Verfassung.
GEORG WILHELM FRIEDRICH HEGEL

Regieren heißt denken, entscheiden, handeln.   KURT GEORG KIESINGER

Regierungsbündnis: Mundharmonie. RON KRITZFELD

Regierungsprogramm: Orientierungswechselrahmen. RON KRITZFELD

Parlamentarische Regierung ist Regierung durch die Rede.
THOMAS BABINGTON LORD MACAULAY

Der Groschen, der bei der Regierung fallen soll, wird gepumpt.
LOTHAR SCHMIDT

Die Regierungen sind gewöhnlich nicht besser als die Regierten.
SAMUEL SMILES

Regierungserklärungen sind Regierungsverklärungen. NORBERT STOFFEL

Die Regierung ist nicht das Volk. JOHAN AUGUST STRINDBERG

Geld regiert nicht die Welt, sondern die Regierungen der Welt.
GERHARD UHLENBRUCK

Mit Beredsamkeit allein lässt sich ein Staat nicht regieren. JOSEPH UNGER

Regierung ist nicht Vernunft, nicht Beredsamkeit – sondern Gewalt.
GEORGE WASHINGTON

Reichtum

Reichtum macht ein Herz schneller hart als kochendes Wasser ein Ei.
LUDWIG BÖRNE

Reichtum sind die Ersparnisse vieler in den Händen eines einzigen.
EUGENE VICTOR DEBS

Dem wachsenden Reichtum folgt die Sorge. HORAZ

Der Reichtum der Zukunft ist Ideenreichtum.
HANS-JÜRGEN QUADBECK-SEEGER

Es gibt nichts Hässlicheres als Reichtum ohne Tugend.

ANTOINE DE RIVAROL

Wer seine Wünsche zähmt, ist immer reich genug.

VOLTAIRE

Niemand ist so reich, dass er die Vergangenheit zurückkaufen kann.

OSCAR WILDE

Reife

Reifen: Prozess fortwährender menschlicher Runderneuerung.

RON KRITZFELD

Reif sein ist alles.

WILLIAM SHAKESPEARE

Reife ist auch verlorene Blüte.

NORBERT STOFFEL

Reisen

Wenn jemand eine Reise tut, so kann er was erzählen.

MATTHIAS CLAUDIUS

Reisen heißt jeden Tag sterben und wiedergeboren werden! VICTOR HUGO

Nur Reisen ist Leben, wie umgekehrt das Leben Reisen ist. JEAN PAUL

Reisefertig: Erschöpfungszustand nach Urlaubsreise. RON KRITZFELD

Reisen bildet – und vertreibt – Vorurteile. LOTHAR SCHMIDT

Reisen heißt, die Wahrscheinlichkeit von Zufällen vergrößern.

GERHARD UHLENBRUCK

Reklame

Reklame: Der unablässige Dunst am Kunden.   RON KRITZFELD

Reklame ist die Papierwährung der Informationsgesellschaft.
                                                            HELMAR NAHR

Klappern gehört zum Handwerk.   SPRICHWORT AUS DEUTSCHLAND

Resignation

Resignation ist der Heroismus in Pantoffeln.
                                    AUS DEN „FLIEGENDEN BLÄTTERN"

Heitere Resignation – es gibt nichts Schöneres.
                                    MARIE VON EBNER-ESCHENBACH

Resignation schließt Frieden mit der Unzufriedenheit.
                                    HANS-JÜRGEN QUADBECK-SEEGER

Resignation ist Medizin gegen das Unglück.   LOTHAR SCHMIDT

Reue

Reuig: Strafe erleidend oder erwartend.   AMBROSE BIERCE

Reue, die Qual aller Qualen, aller Bitternisse Inbegriff.
                                    MARIE VON EBNER-ESCHENBACH

Reue ist Verstand, der zu spät kommt.
                                ERNST FREIHERR VON FEUCHTERSLEBEN

Die Reue ist der Schmerz der Sünde.   THEODORE PARKER

Reue hat immer Verspätung.   NORBERT STOFFEL

Revolution

Die Revolution ist wie Saturn, sie frisst ihre eigenen Kinder.

LUDWIG BÜCHNER

Jede Revolution verschärft die Übelstände, gegen die sie ausbricht.

NICOLÁS GÓMEZ DÁVILA

Die Revolution ist die Larve der Zivilisation.

VICTOR HUGO

Revolutionen sind die Lokomotiven der Geschichte.

KARL MARX

Eine Revolution ist eine Meinung, die auf Bajonette trifft.

NAPOLEON I.

Die Unterdrückung ist der Samen der Revolution.

THOMAS WOODROW WILSON

Richter

Gegen einen dummen Richter ist auch ein kluger Anwalt machtlos.

ROBERT MUTHMANN

Einen Richter darf man täuschen, aber nicht beschimpfen.

SPRICHWORT AUS CHINA

Der Richter ist das sprechende Gesetz.

BENJAMIN WHICHCOTE

Risiko

Risikolos gewinnen, heißt ruhmlos siegen.

PIERRE CORNEILLE

Das Risiko verändert sich entgegengesetzt zum Wissen.

IRVING FISHER

Nichts Großes wird vollbracht ohne Risiko.

MICHEL DE MONTAIGNE

Ohne Risiko lässt sich kein Risiko überwinden. LOTHAR SCHMIDT

Alles wird versüßt durch Risiko. ALEXANDER SMITH

Ruf

Ist der Ruf erst ruiniert, lebt sich's völlig ungeniert. WILHELM BUSCH

Bei jedem Wort stirbt ein guter Ruf. ALEXANDER POPE

Sage mir, mit wem du NICHT umgehst, und ich sage dir, wer du bist.
LOTHAR SCHMIDT

Wer den Wind im Rücken hat, dem eilt sogar sein Ruf voraus.
GERHARD UHLENBRUCK

Ruhe

Ruhe ist die allerstärkste Beschäftigung. CHRISTINA VON SCHWEDEN

Die Ruhe zieht das Leben an. Unruhe verscheucht es. GOTTFRIED KELLER

Ruhe ist nur schön als Pause. NORBERT STOFFEL

Ein in Ruhe gelassener Mensch wird in Ruhe ein gelassener Mensch.
GERHARD UHLENBRUCK

Ruhm

Der Ruhm ist die Sonne des Todes. HONORÉ DE BALZAC

Der Ruhm, wie alle Schwindelware, hält selten über tausend Jahre.
WILHELM BUSCH

Ruhm: der Vorzug, denen bekannt zu sein, die uns nicht kennen.

NICOLAS CHAMFORT

Risikolos gewinnen heißt, ruhmlos siegen.

PIERRE CORNEILLE

Der Ruhm der kleinen Leute heißt Erfolg.

MARIE VON EBNER-ESCHENBACH

Ruhm ist ein Vergrößerungsglas.

THOMAS FULLER

Ruhm ist der Schatten, der den Erfolg begleitet.

FRANCESCO DOMENICO GUERRAZZI

Popularität ist in Kupfer umgemünzter Ruhm.

VICTOR HUGO

Ruhm und Ruhe sind Dinge, die nicht zusammen wohnen können.

GEORG CHRISTOPH LICHTENBERG

Publizität ist die journalistische Dimension des Ruhms.

HELMAR NAHR

Des Ruhmes Begleiter ist der Neid.

CORNELIUS NEPOS

Ruhm ist: mitgedacht werden, wenn an ein ganzes Volk gedacht wird.

WILHELM RAABE

Wer nicht den Neid ertragen kann, muss auch den Ruhm nicht wollen.

ERNST B. RAUPACH

Von Ruhm und Ehre wird das Herz durchaus nicht satt.

FRIEDRICH RÜCKERT

Ruhm ist der Schatten der Vortrefflichkeit.

SENECA

Ruhm ist verhüllte Liebe.

PERCY BYSSHE SHELLEY

S

Satire

Der Humor klopft an die Fenster, die Satire wühlt im Fundament.

VYTAUTAS KARALIUS

Satire ist Humor, der ernst genommen werden will. WERNER MITSCH

Satiriker sind versteckte Wahrheitsfanatiker. WERNER MITSCH

Satiriker: Hofnarr ohne Hof. WERNER MITSCH

Satiriker sind ironische Moralisten. ROBERT MUTHMANN

Satire ist der Hohn der Angst. LOTHAR SCHMIDT

Honorar des Satirikers: Spottgeld. RUPERT SCHÜTZBACH

Die Satire ist die Brennnessel im Garten der Literatur. NORBERT STOFFEL

Der Satiriker ist ein gekränkter Idealist. KURT TUCHOLSKY

Schaden

Kein Schaden ist so groß wie die Zeitverschwendung.

MICHELANGELO BUONARROTI

Nicht nur Lob, sondern auch Tadel zur Unzeit bringt Schaden. PLUTARCH

Durch Schaden wird man klug, durch Nutzen clever. LOTHAR SCHMIDT

Schadenfreude

Behagen: Gemütszustand beim Betrachten der Sorgen deines Nächsten.

AMBROSE BIERCE

Wer sich freut, wenn wer betrübt, macht sich meistens unbeliebt.

WILHELM BUSCH

Für die Schadenfreude ist die Freude zu schade. WERNER MITSCH

Schadenfreude. Ohne Hass kein Spaß. WERNER MITSCH

Schadenfreude ist die ständige Begleiterin des Misserfolgs.

LOTHAR SCHMIDT

Durch die Schadenfreude anderer wird man klug.

GERHARD UHLENBRUCK

Scham

Scham ist die innere Grenze gegen die Sünde.

CHRISTIAN FRIEDRICH HEBBEL

Was ist das Menschlichste? – Jemandem Scham ersparen.

FRIEDRICH NIETZSCHE

Eine Nation verkommt, wenn die Scham ausstirbt.

FRIEDRICH THEODOR VISCHER

Schauspieler

Der Schauspieler ist ein Bildhauer, der in Schnee meißelt.

LAWRENCE BARRETT

Schauspieler: der einzige ehrliche Heuchler. WILLIAM HAZLITT

Dem Mimen flicht die Nachwelt keine Kränze. FRIEDRICH VON SCHILLER

Schein

Die Welt urteilt nach dem Scheine. JOHANN WOLFGANG VON GOETHE

Die Gewalt des Scheins ist allmächtig über die Menge.
JOHANNES VON MÜLLER

Man sollte das sein, was man scheint. WILLIAM SHAKESPEARE

Schenken

Geschenke locken selbst die Götter. EURIPIDES

Der Wille, und nicht die Gabe macht den Geber.
GOTTHOLD EPHRAIM LESSING

Kleine Geschenke erhalten die Freundschaft.
SPRICHWORT AUS DEUTSCHLAND

Laß dir nichts schenken. Es wird zu teuer. NORBERT STOFFEL

Schicksal

Schicksal des Menschen, wie gleichst du dem Wind.
JOHANN WOLFGANG VON GOETHE

Das Schicksal ist die Idee der Welt. CHRISTIAN FRIEDRICH HEBBEL

Das Schicksal wendet alles zum Vorteil derer, die es begünstigt.
LA ROCHEFOUCAULD

Schicksale sind Unbegreiflichkeiten. OTTO MICHEL

Schicksalsschläge: Bremseinrichtungen für unseren Übermut.
WERNER MITSCH

Das Schicksal mischt die Karten, und wir spielen.
ARTHUR SCHOPENHAUER

Schlaf

Der Schlaf ist unser nächtliches Brot. AUS DEN „FLIEGENDEN BLÄTTERN"

Schlaf ist Zurücksinken ins Chaos. CHRISTIAN FRIEDRICH HEBBEL

Der Schlaf ist doch die köstlichste Erfindung! HEINRICH HEINE

Der Schlaf sei das tägliche Brot deiner Seele. CARL LUDWIG SCHLEICH

Schlagfertigkeit

Schlagfertigkeit: Erwiderung in Form einer vorsichtigen Beleidigung.
AMBROSE BIERCE

Schlagfertigkeit ist etwas, worauf du erst 24 Stunden später kommst.
MARK TWAIN

Schlagfertigkeit ist eine Beleidigung im Frack. SPRUCH

Schlagwort

Schlagworte sind Kommandos der Dummheit. HANS LOHBERGER

Schlagworte sind selten auch schlagende Beweise. ROBERT MUTHMANN

Das Schlagwort ist eine Idee auf dem Weg zur Phrase. LOTHAR SCHMIDT

Weicht den Schlagworten aus! Sie könnten treffen. NORBERT STOFFEL

Schlauheit

Schlauheit ist der Zwerg der Weisheit.   WILLIAM ROUNSEVILLE ALGER

Es ist eine große Schlauheit, seine Schlauheit verbergen zu können.
LA ROCHEFOUCAULD

Weisheit und Lüge ergeben die Schlauheit.   HANS LOHBERGER

Schmeichelei

Die Schmeichelei ist die Macht des Kleinen.
AUS DEN „FLIEGENDEN BLÄTTERN"

Schmeichelei belehrt, ermuntert, regt auf und beschämt.
CHRISTINA VON SCHWEDEN

Das Übelste an den Schmeichlern ist der Erfolg.   ROBERT MUTHMANN

Wer Schmeicheleien zugänglich ist, zieht Schmeichler groß.
ROBERT MUTHMANN

Wer das Schmeicheln liebt, ist des Schmeichlers würdig.
WILLIAM SHAKESPEARE

Schmeicheleien sind inflationäres Lob.   NORBERT STOFFEL

Schmerzen

Der Schmerz ist ein Hilfsmittel der Schöpfung.   LÉON BLOY

Der Schmerz ist ein Eigentum – wie Glück und Freude.
CHRISTIAN FRIEDRICH HEBBEL

Freuden sind unsere Flügel, Schmerzen unsere Sporen.   JEAN PAUL

Wir haben alle Kraft genug, um die Leiden anderer zu ertragen.

LA ROCHEFOUCAULD

Der heftigste Ausdruck von Schmerz ist Sarkasmus.

MULTATULI

Schönheit

Schönheit ist überall ein gar willkommener Gast.

JOHANN WOLFGANG VON GOETHE

Schönheit ist Logik, die wir als Vergnügen empfinden.

RÉMY DE GOURMONT

Schönheit: das Genie der Materie.

CHRISTIAN FRIEDRICH HEBBEL

Schönheit ohne Anmut ist ein Angelhaken ohne Köder.

ANNE LENCLOS

Reiz ist Schönheit in Bewegung.

GOTTHOLD EPHRAIM LESSING

Schön ist eigentlich alles, was man mit Liebe betrachtet.

CHRISTIAN MORGENSTERN

Schönheit ist selektive Präsentation des Angenehmen.

HELMAR NAHR

Schönheit ist Macht; ein Lächeln ist ihr Schwert.

CHARLES READE

Schönheit lockt Diebe schneller noch als Gold.

WILLIAM SHAKESPEARE

Schreiben

Solang ein Mensch ein Buch schreibt, kann er nicht unglücklich sein.

JEAN PAUL

Wenn man einander schreibt, ist man wie durch ein Seil verbunden.

FRANZ KAFKA

Sobald man schreiben kann, fangen die Sorgen an.

SPRICHWORT AUS JAPAN

Schriftsteller

Die echten Schriftsteller sind die Gewissensbisse der Menschheit.

LUDWIG ANDREAS FEUERBACH

Heutzutage machen drei Pointen und eine Lüge einen Schriftsteller.

GEORG CHRISTOPH LICHTENBERG

Das Schreiben ist eine böse körperliche Arbeit.

THEODOR STORM

Schulden

Schulden: Nichts trennt mehr als Verbindlichkeiten.

RON KRITZFELD

Der Schuldenberg ist der markanteste Punkt in einer Talsohle.

WERNER MITSCH

Schulden und Lügen sind im Allgemeinen vermischt.

FRANÇOIS RABELAIS

Schule

Schule ist eine methodische Unterweisung nach Regeln.

IMMANUEL KANT

Schulreform: Die Reue ist kein Lehrerwahn.

RON KRITZFELD

Die Schule der Erfahrung kostet das meiste Schulgeld.

HANS-ARMIN WEIRICH

Schwäche

Die größte aller Schwächen ist, zu fürchten, schwach zu erscheinen.

JACQUES BÉNIGNE BOSSUET

Der gefährlichste Gegner der Kraft ist die Schwäche.

HUGO VON HOFMANNSTHAL

Alles Böse stammt von der Schwäche.

JEAN-JACQUES ROUSSEAU

Verbunden werden auch die Schwachen mächtig.

FRIEDRICH VON SCHILLER

Schweigen

Das Talent des Schweigens ist unser Grundtalent.

THOMAS CARLYLE

Schweigende Menschen sind gefährlich.

JEAN DE LA FONTAINE

Worte lassen sich bestreiten, das Stillschweigen ist unwiderleglich.

ROBERT HAMERLING

Die einen sprechen, die anderen schweigen sich aus.

VYTAUTAS KARALIUS

Nicht jeder, der schweigt, denkt sich etwas dabei.

WERNER MITSCH

Die Kunst zu schweigen ist größer als die Kunst zu reden.

ARTHUR SCHOPENHAUER

Seele

Die Seele ist jene Welt, die wir uns selber erschaffen.

HANS LOHBERGER

Der Sitz der Seele ist da, wo sich Innenwelt und Außenwelt berühren.

NOVALIS

Die Kräfte der Seele sind dreifach: Phantasie, Liebe und Ehrfurcht.

WALTHER RATHENAU

Die höchste Vollkommenheit der Seele ist ihre Fähigkeit zur Freude.

VAUVENARGUES

Sehnsucht

Unsere Sehnsüchte sind unsere Möglichkeiten.   ROBERT BROWNING

Wir sehnen uns nach Hause und wissen nicht, wohin.
                              JOSEF FREIHERR VON EICHENDORFF

Nur wer die Sehnsucht kennt, weiß, was ich leide.
                              JOHANN WOLFGANG VON GOETHE

Sehnsucht: Vor-Liebe.   RON KRITZFELD

Sein

Denken und Sein werden vom Widerspruch bestimmt.   ARISTOTELES

Das Sein ist eine aus lauter Knoten bestehende Linie.
                              CHRISTIAN FRIEDRICH HEBBEL

Das Sein ist eine leere Fiktion.   FRIEDRICH NIETZSCHE

Selbstbeherrschung

So weit deine Selbstbeherrschung geht, so weit geht deine Freiheit.
                              MARIE VON EBNER-ESCHENBACH

Wer sich nicht selbst befiehlt, bleibt immer Knecht.
                              JOHANN WOLFGANG VON GOETHE

Dem wird befohlen, der sich nicht selber gehorchen kann.
                              FRIEDRICH NIETZSCHE

Selbstbewusstsein

Gelassenheit ist eine anmutige Form des Selbstbewusstseins.
                              MARIE VON EBNER-ESCHENBACH

Angebot und Nachfrage an uns bestimmen das Selbstbewusstsein.

LOTHAR SCHMIDT

Die Mode kleidet vor allem das Selbstbewusstsein. NORBERT STOFFEL

Selbsterkenntnis

Das wichtigste Resultat aller Bildung ist die Selbsterkenntnis.

ERNST FREIHERR VON FEUCHTERSLEBEN

Der Anfang der Selbstbesserung ist die Selbsterkenntnis.

BALTHASAR GRACIÁN Y MORALES

Selbsterkenntnis führt zur Demut und zur Gerechtigkeit.

JOHANN PETER HEBEL

Selbsterkenntnis: ein Vogel, der sich seinen Käfig selbst sucht.

VYTAUTAS KARALIUS

Der ich bin, grüßt wehmütig den, der ich sein möchte.

CHRISTIAN MORGENSTERN

Ein Interviewpartner ist ein Fremdenführer durch uns selbst.

ALFRED POLGAR

Ein jeder zählt nur sicher auf sich selbst. FRIEDRICH VON SCHILLER

Es fällt leicht, Fähigkeiten zu verachten, die man nicht besitzt.

LOTHAR SCHMIDT

Kritik ist gut, Selbstkritik besser. LOTHAR SCHMIDT

Durch das, was wir tun, erfahren wir bloß, was wir sind.

ARTHUR SCHOPENHAUER

Schlimm ist immer, was einen selbst betrifft. GERHARD UHLENBRUCK

Selbstkritik

Selbstkritik ist ein Luxus, den sich nur wenige Politiker gönnen.

LOTHAR SCHMIDT

Selbstkritik ist, wenn man den Nagel auf den Daumen trifft.

GERHARD UHLENBRUCK

Selbstkritik hofft auf freundlichen Widerspruch. HANS-ARMIN WEIRICH

Selbstvertrauen

Selbstvertrauen ist die erste Voraussetzung für große Vorhaben.

SAMUEL JOHNSON

Selbstvertrauen ist die Quelle des Vertrauens zu anderen.

LA ROCHEFOUCAULD

Von allen Menschen traue dir am wenigsten. WILHELM RAABE

Sicherheit

Ohne Sicherheit ist keine Freiheit. WILHELM VON HUMBOLDT

Änderung fürchtet, wer glaubt, daß seine Sicherheit untergraben wird.

LOTHAR SCHMIDT

Wie ihr wisst, war Sicherheit des Menschen Erbfeind jederzeit.

WILLIAM SHAKESPEARE

Sicherheit ist Vorsicht hoch drei plus Glaube. NORBERT STOFFEL

Sieg

Immer heißt der Besiegte Verräter und der Sieger treu.

CALDERÓN DE LA BARCA

Ein gefahrloser Sieg ist ein ruhmloser Triumph. PIERRE CORNEILLE

Jeder übermütige Sieger arbeitet an seinem Untergang.
JEAN DE LA FONTAINE

Der Sieger ist meistens berauscht – so rächt sich der Besiegte.
ERNST R. HAUSCHKA

Der gefährlichste Augenblick kommt mit dem Sieg. NAPOLEON I.

Kein Sieger glaubt an den Zufall. FRIEDRICH NIETZSCHE

Sitte

Die Sitten sind oft grausamer als die Gesetze. HONORÉ DE BALZAC

Der Umgang mit Frauen ist das Element guter Sitten.
JOHANN WOLFGANG VON GOETHE

Die Sitte ist die Vereinigung des Angenehmen und Nützlichen.
FRIEDRICH NIETZSCHE

Skepsis

Skepsis ist eine chronische Krankheit. THOMAS CARLYLE

Skepsis ist der erste Schritt auf dem Wege zur Philosophie. DENIS DIDEROT

Skepsis: Wettstreit der Gedanken. HANS LOHBERGER

Die Skepsis glaubt nur dem Zweifel. NORBERT STOFFEL

Slogan

Ein Slogan ist ein verbales Piktogramm. HANS-JÜRGEN QUADBECK-SEEGER

Slogans sind Opium für das Gewissen. LOTHAR SCHMIDT

Wo der Slogan als Definition angesehen wird, hat er gewonnen.
LOTHAR SCHMIDT

Snob

Vulgäre Leute sind mir lieber als Snobs. KONFUZIUS

Snob ist einer, der Eisweinschorle bestellt. LOTHAR SCHMIDT

Adamskinder sind wir alle, aber die Seide unterscheidet uns.
SPRICHWORT AUS ENGLAND

Sommer

Unser Sommer ist nur ein grün angestrichener Winter. HEINRICH HEINE

Den Sommer schändet kein Donnerwetter. SPRICHWORT

Sommer ist die Jahreszeit des miserablen Schlittenfahrens.
SPRICHWORT DER ESKIMOS

Sonne

Eine Hand vor der Sonne deckt uns die Sonne zu. JOSEPH VON GÖRRES

Die Sonne ist die Universalarznei aus der Himmelsapotheke.
AUGUST VON KOTZEBUE

Sonne: Scheint immer noch auf Gerechte und Ungerächte. RON KRITZFELD

Sorge

Kleine Sorgen machen zärtlich, große machen hart und wild.
ANDRÉ-MARIE DE CHENIÉR

Kleine Sorgen machen viele Worte, große sind stumm. EMANUEL GEIBEL

Sorgen sind die Obertöne jeder Freude. ELBERT G. HUBBARD

Die Sorge ist das Verhältnis zum Leben. SÖREN AABYE KIERKEGAARD

Wer viel weiß, hat viel zu sorgen. GOTTHOLD EPHRAIM LESSING

Zu nichts ist der geschickt, dem Sorge steckt im Kopfe.
FRIEDRICH FREIHERR VON LOGAU

Eine große Sorge verdrängt viele kleinen Sorgen. LOTHAR SCHMIDT

Es ist schon so von alters her: wer Sorgen hat, hat bald noch mehr.
NORBERT STOFFEL

Sozialismus

Sozialismus ist Opium fürs Proletariat. GRAFFITO

Mode im Sozialismus: Jetzt muss ich alles, alles wenden. RON KRITZFELD

Der Sozialismus wirkt durch das Beispiel. LENIN

Sozialismus: die Praxis der Philosophie des „als ob". HANS LOHBERGER

Im Sozialismus gehört alles allen. Nur nicht jedem. WERNER MITSCH

Der Sozialismus ist eine Reaktion gegen das Individuellwerden.
FRIEDRICH NIETZSCHE

Sozialismus ist Kapitalismus für die Funktionäre. LOTHAR SCHMIDT

Sparen

Wir wollen alle Tage sparen und brauchen alle Tage mehr.

JOHANN WOLFGANG VON GOETHE

Sparen ist die richtige Mitte zwischen Geiz und Verschwendung.

THEODOR HEUSS

Im Sparstrumpf steckt kein Zinsfuß.

LOTHAR SCHMIDT

Kostenexplosionen reißen tiefe Löcher in die Kassen.

RUPERT SCHÜTZBACH

Spiel

Wer zusieht, sieht mehr als wer mitspielt.

WILHELM BUSCH

Ich bin zu alt, um nur zu spielen, zu jung, um ohne Wunsch zu sein.

JOHANN WOLFGANG VON GOETHE

Das Spiel ist die erste Poesie des Menschen.

JEAN PAUL

Spiel: eine Beschäftigung, die für sich selbst angenehm ist.

IMMANUEL KANT

Spieler sind Menschen, die dem Glück eine Chance geben.

WERNER MITSCH

Spielen ist Experimentieren mit dem Zufall.

NOVALIS

Der Mensch ist nur dort Mensch, wo er spielt.   FRIEDRICH VON SCHILLER

Sport

Teilnehmen ist wichtiger als Siegen.   PIERRE BARON DE COUBERTIN

Sport ist ein Exportartikel. LOTHAR SCHMIDT

Sport fördert den Gesundheitsneid. GERHARD UHLENBRUCK

Wer abseits steht, wird zurückgepfiffen. HELLMUT WALTERS

Spott

Der Spott endet, wo das Verständnis beginnt.
MARIE VON EBNER-ESCHENBACH

Spott ist oft Geistesarmut. JEAN DE LA BRUYÈRE

Der Spott ist die Mehrwertsteuer der Schadenfreude. WERNER MITSCH

Spott ist das Wetterleuchten der Verleumdung. SPRICHWORT

Spott ist der Dunst kleiner Herzen. ALFRED TENNYSON

Spott ist der Prüfstein der Eigenliebe. VAUVENARGUES

Sprache

Man weiß nie zu viele Sprachen. JACOB CHRISTOPH BURCKHARDT

Sprache ist versteinerte Poesie. RALPH WALDO EMERSON

Wer fremde Sprachen nicht kennt, weiß nichts von seiner eigenen.
JOHANN WOLFGANG VON GOETHE

Die Sprache ist gleichsam der Leib des Denkens.
GEORG WILHELM FRIEDRICH HEGEL

Die deutsche Sprache ist die Orgel unter den Sprachen. JEAN PAUL

Sprachkürze gibt Denkweite. JEAN PAUL

Die Sprache ist die Kleidung der Gedanken. SAMUEL JOHNSON

Sprachen sind die Stammbäume der Nationen. SAMUEL JOHNSON

Alle Sprache ist Bezeichnung der Gedanken. IMMANUEL KANT

Die unmittelbare Wirklichkeit des Gedankens ist die Sprache. KARL MARX

Die Muttersprache: Die schönste Sprache der Welt. WERNER MITSCH

Wo es um die Sprache geht, da geht es immer auch um die Sache.
ROBERT MUTHMANN

Die Sprache ist äußeres Denken, das Denken ist innere Sprache.
ANTOINE DE RIVAROL

Wer die Sprache verdirbt, verdirbt auch das Denken. HANS-ARMIN WEIRICH

Die Grenzen der Sprache sind die Grenzen der Welt.
LUDWIG WITTGENSTEIN

Sprichwort

Sprichwort: entbeinte Wahrheit für schwache Zähne. AMBROSE BIERCE

Es gibt kein Sprichwort, das nicht wahr wäre. MIGUEL DE CERVANTES

Sprichwörter sind die Spiegel der Denkart einer Nation.
JOHANN GOTTFRIED VON HERDER

Sprichwörter sind die Philosophie der einfachen Leute. JAMES HOWELL

Sprichwörter sind die Zufluchtsstätte der Intuition.
JAMES RUSSELL LOWELL

Staat

Der Zweck des Staates ist die Verschönerung des Lebens.　　ARISTOTELES

Die Grundlage eines jeden Staates ist die Ausbildung seiner Jugend.
DIOGENES

Das größte Bedürfnis eines Staates ist das einer mutigen Obrigkeit.
JOHANN WOLFGANG VON GOETHE

Der Staat ist die Wirklichkeit der sittlichen Idee.
GEORG WILHELM FRIEDRICH HEGEL

Der Staat ist eine Notordnung gegen das Chaos.　　GUSTAV HEINEMANN

Der Staat ist ein Volk, das sich selbst beherrscht.　　IMMANUEL KANT

Wohlfahrtsstaat: Verteile und herrsche.　　RON KRITZFELD

Solange es einen Staat gibt, gibt es keine Freiheit.　　LENIN

Der Staat bin ich!　　LOUIS XIV. VON FRANKREICH

Der Staat ist unser weltliches Schicksal.　　HELMAR NAHR

Ein humanes Staatswesen ist inkonsequent, ein konsequentes inhuman.
HELMAR NAHR

Staaten sind Gedanken Gottes.　　LEOPOLD VON RANKE

Der Sozialstaat ist die Sparkasse des armen Mannes.　　LOTHAR SCHMIDT

Der Staat ist der Herr der Gesellschaft, indem er ihr dient.
LOTHAR SCHMIDT

Der Staat ist ein Gegner, den jeder braucht.　　LOTHAR SCHMIDT

Das Schicksal des Staates hängt vom Zustand der Familie ab.

ALEXANDRE VINET

Staatsmann

Der größte Staatsmann ist derjenige, welcher der humanste ist.

ANSELM FEUERBACH

Ein Staatsmann ist ein erfolgreicher Politiker, der tot ist.

THOMAS BRACKETT REED

Staatsmann: Politiker, der in den Spiegel schaut.

LOTHAR SCHMIDT

Stärke

Die Stärke rechtfertigt alle Ansprüche.

CHRISTINA VON SCHWEDEN

Stark ist, wer Kraft – bändigt.

HANS LOHBERGER

Das Recht des Stärkeren heißt Macht.

WERNER MITSCH

Der Starke ist am mächtigsten allein.

FRIEDRICH VON SCHILLER

Statistik

Statistik: sichtbar gemachte Assoziation.

HANS LOHBERGER

Statistik: verlogene Wahrheiten.

LIONEL STRACHEY

Die Statistik ist das richtige Addieren falscher Ziffern.

CHARLES MAURICE DUC DE TALLEYRAND

Staunen

Staunen ist der erste Grund der Philosophie. ARISTOTELES

Staunen ist der erste Schritt zur Erkenntnis. LOUIS PASTEUR

Staunen ist unfreiwilliges Lob. EDWARD YOUNG

Stern

Die Sterne sind der blitzende Tau auf den Fluren der Ewigkeit.
AUS DEN „FLIEGENDEN BLÄTTERN"

Sterne sind Gottestänzer. PETER HILLE

Sterne sind die Vergissmeinnicht der Engel.
HENRY WADSWORTH LONGFELLOW

Steuern

In dieser Welt gibt es nichts Sicheres als den Tod und die Steuern.
BENJAMIN FRANKLIN

Steuerrückzahlung. Die öffentliche Hand klopft dir auf die Schulter.
WERNER MITSCH

Die Steuern sind der Blutkreislauf des Staates. JEAN MONNET

Steuergerechtigkeit ist das Gleichgewicht der Lobbies. HELMAR NAHR

Steuern und Anleihen sind der Kaufpreis für staatliche Leistungen.
LOTHAR SCHMIDT

Steueroasen spenden nur Reichen Schatten. HANS-HORST SKUPY

Steuern sind ein erlaubter Fall von Raub. THOMAS VON AQUIN

Stil

Der Stil ist der Mensch selbst.　GEORGES-LOUIS LECLERC DE BUFFON

Der Stil ist das Kleid der Gedanken.
LORD PHILIP DORMER CHESTERFIELD

Die Wahrheit mag den Ausschlag geben. Aber nur der Stil rettet.
NICOLÁS GÓMEZ DÁVILA

Die Wahrheiten vergehen, der Stil dauert.　NICOLÁS GÓMEZ DÁVILA

Stil ist richtiges Weglassen des Unwesentlichen.　ANSELM FEUERBACH

Stil ist der äußere Ausdruck einer inneren Harmonie der Seele.
WILLIAM HAZLITT

Guter Stil: vernünftige Nachbarschaft der Sprache.　VYTAUTAS KARALIUS

Den Stil verbessern, das heißt den Gedanken verbessern.
FRIEDRICH NIETZSCHE

Der Stil ist der genaue Abdruck der Qualität des Denkens.
ARTHUR SCHOPENHAUER

Der Stil ist die Physiognomie des Geistes.　ARTHUR SCHOPENHAUER

Stolz

Der Stolz ist die Tugend des Unglücks.
FRANÇOIS RENÉ VICOMTE DE CHATEAUBRIAND

Der wahre Stolz ergreift für sich nicht selbst das Wort.　KARL GUTZKOW

Unser Stolz beruht meistens auf unserer Unwissenheit.
GOTTHOLD EPHRAIM LESSING

Die kleinsten Unteroffiziere sind die stolzesten.

GEORG CHRISTOPH LICHTENBERG

Strafe

Strafe ist Gerechtigkeit für die Ungerechten. AUGUSTINUS

Strafe muss sein wie eine vom Arzte gereichte bittere Medizin.

JOHANN AMOS COMENIUS

Strenge ist zulässig, wo Milde vergebens ist. PIERRE CORNEILLE

Die Strafe ist der Preis für etwas, das nicht zu verkaufen war.

HELMAR NAHR

Die Strafe ist eine hoheitliche Trotzreaktion. HELMAR NAHR

Der gestraft wird, ist nicht mehr der, welcher die Tat begangen hat.

FRIEDRICH NIETZSCHE

Misstraut allen, in welchen der Trieb zu strafen mächtig ist.

FRIEDRICH NIETZSCHE

Streit

Was nicht umstritten ist, ist auch nicht sonderlich interessant.

JOHANN WOLFGANG VON GOETHE

Streitet nicht um Überzeugungen, der Streit überzeugt nicht.

ERNST R. HAUSCHKA

Die Zwietracht der Stände ist das Gift des Staates. TITUS LIVIUS

Stress

Lebenskunst ist die Fähigkeit, mit dem Stress fertig zu werden.

LOTHAR SCHMIDT

Der Gestresste fühlt sich wie ein Karpfen im Hechtteich.

GERHARD UHLENBRUCK

Stress ist immer noch der größte Herzensbrecher! GERHARD UHLENBRUCK

Subventionen

Subventionsnutznießer: Privilegionen   RON KRITZFELD

Subventionen: wirtschaftspolitischer Denkmalschutz.   HELMAR NAHR

Subventionen sind politische Beschwichtigungsmittel.   LOTHAR SCHMIDT

Subvention: Krücke zur Zukunft.   NORBERT STOFFEL

Sünde

Was wir bei anderen Sünde nennen, ist bei uns selbst ein Experiment.

RALPH WALDO EMERSON

Auch der reuigste Sünder will bei seinem Bekenntnis geschont sein.

NOVALIS

Zur Sünde eilt man, zur Tugend schleicht man.

SPRICHWORT AUS DEUTSCHLAND

Sündenbock

Die Jagd auf Sündenböcke kennt keine Schonzeit.   LOTHAR SCHMIDT

Wer etwas verbockt hat, sucht sich einen Sündenbock. LOTHAR SCHMIDT

Sündenböcke müssen nicht in das Artenschutzabkommen aufgenommen
werden. LOTHAR SCHMIDT

Symbole

Symbole: das sind die Ideen im Reiche der Kunst. HANS LOHBERGER

Symbole sind Mystifikationen. NOVALIS

Selbst eine kleine Fahne bietet viel Stoff zum Nachdenken.
LOTHAR SCHMIDT

Symbole sind Kennzeichen für Ideen. LOTHAR SCHMIDT

Tadel

Tadeln ist leicht; deshalb versuchen sich so viele darin.

ANSELM FEUERBACH

Tadeln können alle Toren, aber besser machen nicht.

AUGUST FRIEDRICH ERNST LANGBEIN

Keiner lässt sich lieber tadeln, als wer am meisten Lob verdient.

PLINIUS DER ÄLTERE

Solange uns Lob erfreut, wird uns Tadel verdrießen.   SWÂMI VIVEKÂNANDA

Tag

Der Tag ist eine Miniaturewigkeit.   RALPH WALDO EMERSON

Wenn man viel hineinzustecken hat, so hat ein Tag hundert Taschen.

FRIEDRICH NIETZSCHE

Jeder Tag ist ein kleines Leben.   ARTHUR SCHOPENHAUER

Der heutige Tag ist des gestrigen Schüler.   PUBLIUS SYRUS

Takt

Takt ist der auf das Benehmen angewandte gute Geschmack.

NICOLAS CHAMFORT

Takt ist der Verstand des Herzens.   KARL GUTZKOW

Was das Gesetz nicht verbietet, verbieten Takt und Anstand.

GUSTAV HEINEMANN

Fingerspitzengefühl: Hält Distanz, ohne zu distanzieren.   RON KRITZFELD

Talent

Was ist Talent? Ruhmvoll offenbar gewordene Vernunft.

ANDRÉ-MARIE DE CHENIÉR

Der Genius weist den Weg, das Talent geht ihn.

MARIE VON EBNER-ESCHENBACH

Talent haben, das ist das Beste; das zweite, etwas lernen.   EPICHARMOS

Das Genie schenkt Gott, aber das Talent ist unsere Sache.

GUSTAVE FLAUBERT

Große Talente sind das schönste Versöhnungsmittel.

JOHANN WOLFGANG VON GOETHE

Talent ist Form, Genie Stoff.   KARL GUTZKOW

Die Natur schafft die Begabung, und das Schicksal hebt sie heraus.

LA ROCHEFOUCAULD

Das Talent ist die Eins, aber das Genie setzt die Nullen hinzu.

JOHANN GOTTFRIED SEUME

Tanz

Tanzen ist die Poesie des Fußes.   JOHN DRYDEN

Es sind nicht alle lustig, die tanzen.   CHRISTOPH LEHMANN

Wer gern tanzt, dem ist leicht gegeigt.   PETER ROSEGGER

Tapferkeit

Die Tapferkeit gibt erst den Schlüssen Kraft.

JOHANN CHRISTOPH GOTTSCHED

Der bessere Teil der Tapferkeit ist Vorsicht.　　WILLIAM SHAKESPEARE

Tapferkeit wird nie unmodern.　　WILLIAM MAKEPEACE THACKERAY

Tat

Unsere Taten sind manchmal besser als unsere Gedanken.

PHILIP JAMES BAILEY

Im Anfang war die Tat!　　JOHANN WOLFGANG VON GOETHE

Es prägt sich eine Tat mehr ein als tausendfacher Rat.

HENRIK JOHAN IBSEN

Was hilft aller Sonnenaufgang, wenn wir nicht aufstehen?

GEORG CHRISTOPH LICHTENBERG

Kleine Taten sind besser als große Worte.　　LOTHAR SCHMIDT

Worte versprechen, Taten entscheiden.　　LOTHAR SCHMIDT

Tatsache

Tatsachen sind die wilden Bestien im intellektuellen Gelände.

OLIVER WENDELL HOLMES

Tatsachen sind die Schwachstellen der Theorie.　　HELMAR NAHR

Tatsachen sind die Todfeinde vieler Theorien.　　LOTHAR SCHMIDT

Tatsachen? Nur ihre Interpretation ist wichtig. LOTHAR SCHMIDT

Tatsachen sind eigensinnige Dinge. TOBIAS GEORGE SMOLLETT

Täuschung

Täuschungen sind meistens vor der Reife gepflückte Wahrheiten.
ALPHONSE MARIE LOUIS DE LAMARTINE

Täusche deine Vorgesetzten, aber nie deine Untergebenen.
SPRICHWORT AUS CHINA

Nichts täuscht mehr als die Erwartung. NORBERT STOFFEL

Technik

Die Technik spart uns zwar keine Zeit, aber sie verteilt sie anders.
HELMAR NAHR

Modelländerungen sind die Trippelschritte der Technik. HELMAR NAHR

Technik ist die bewusste Herstellung und Anwendung von Mitteln.
RICHARD VON WEIZSÄCKER

Teufel

Besser ein freier Teufel als ein gebundener Engel. PETER HILLE

Die armen Teufel sind gewöhnlich wahre Engel. RON KRITZFELD

Gott schuf den Menschen. Der Teufel den Mitmenschen.
GERHARD UHLENBRUCK

Theorie und Praxis

Die Praxis ist das Haarfärbemittel für die graue Theorie.

AUS DEN „FLIEGENDEN BLÄTTERN"

Die Theorie träumt, die Praxis belehrt.

KARL VON HOLTEI

Es gibt nichts praktischeres als eine gute Theorie.

IMMANUEL KANT

Theorie: Der Glaube ersetzt Werke.

WERNER MITSCH

Ein Theoretiker ist ein Mensch, der praktisch nur denkt.

WERNER MITSCH

Auch Theoretiker arbeiten gern mit praktischen Beispielen.

ROBERT MUTHMANN

Die zynischsten Praktiker haben die idealsten Theorien.

FRIEDRICH NIETZSCHE

Wenn die Theorie auf Erfahrung warten sollte, käme sie nie zustande.

NOVALIS

Je grauer die Theorie, desto bunter geht es in der Praxis zu.

HANS-JÜRGEN QUADBECK-SEEGER

Die Praxis ist die heiligste Form der Theorie.

LOTHAR SCHMIDT

Die Praxis ist der Ernstfall der Theorie.

NORBERT STOFFEL

Theorien sind Schnittmuster. Der Stoff fällt anders.

NORBERT STOFFEL

Eine gute Theorie wird in Ehren grau.

GERHARD UHLENBRUCK

Timing

Wer zu spät kommt, den bestraft das Leben.   MICHAIL S. GORBATSCHOW

Wartet nicht auf die Zeit, denn die Zeit wartet nicht auf euch!
KATHARINA VON SIENA

Zeit ist Geld, aber Timing schafft Geld.
HANS-JÜRGEN QUADBECK-SEEGER

Wer vor der Zeit beginnt, der endigt früh.　　WILLIAM SHAKESPEARE

Toleranz

Nur wer sich sicher fühlt, ist tolerant.　　KARL CARSTENS

Ignorieren ist noch keine Toleranz.　　THEODOR FONTANE

Toleranz ist die Nächstenliebe der Intelligenz.
FRANÇOIS ELIE JULES LEMAITRE

Die Hutschnur ist die Gürtellinie unser Toleranz.　　WERNER MITSCH

Zwei links, zwei rechts – das ist die Masche der Toleranz.　WERNER MITSCH

Toleranz ist ein Beweis des Misstrauens gegen ein eigenes Ideal.
FRIEDRICH NIETZSCHE

Toleranz ist eine beliebte Einstellung der Nichtbetroffenen.
LOTHAR SCHMIDT

Von Toleranz reden am meisten die Intoleranten.　　WILHELM SCHWÖBEL

Tradition

Tradition ist die Wurzel, aus der unser Fortschritt entspringt.
JACOB GRIMM

Die Dogmen der Bequemlichkeit: genannt Traditionen.　HANS LOHBERGER

Tradition soll ein Sprungbrett sein, aber kein Ruhekissen.

HAROLD MACMILLAN

Tradition: Nägel mit Zöpfen.

WERNER MITSCH

Traum

Träume gehen am schnellsten in Erfüllung, wenn man aufwacht.

WALT DISNEY

Das Leben wäre unerträglich, wenn wir nie träumten.   ANATOLE FRANCE

Die Träume sind die Schlüsselkinder unserer Seele.   WERNER MITSCH

Wir sind vom gleichen Stoff, aus dem die Träume sind.

WILLIAM SHAKESPEARE

Treue

Treue üben ist Tugend, Treue erfahren ist Glück.

MARIE VON EBNER-ESCHENBACH

Treue ist ein seltener Gast; halt ihn fest, wenn du ihn hast.

SPRICHWORT AUS DEUTSCHLAND

Treue ist der Schutzengel der Liebe.   NORBERT STOFFEL

Trost

Gegen die Erde gibt es keinen Trost als den Sternenhimmel.   JEAN PAUL

Das Leben tröstet uns über den Tod und der Tod über das Leben.

THEODORE SIMON JOUFFROY

Trostpflaster: Strassendecke auf dem Weg zum Sozialismus.

RON KRITZFELD

Tugend

Tugend ist vielleicht nichts anderes als die Höflichkeit der Seele.

HONORÉ DE BALZAC

Tugenden: gewisse Enthaltsamkeiten.

AMBROSE BIERCE

Bewunderung der Tugend ist Talent zur Tugend.

MARIE VON EBNER-ESCHENBACH

Der Geist entwirft das Glück, das die Tugend vollendet.

CLAUDE-ADRIEN HELVÉTIUS

Tugend ist die Gesundheit der Seele.

JOSEPH JOUBERT

Unsere Tugenden sind meist nur verkappte Laster.

LA ROCHEFOUCAULD

Tugend ist zur Energie gewordene Vernunft.

FRIEDRICH VON SCHLEGEL

Vor die Tugend haben die Spötter den Hohn gesetzt.

RUPERT SCHÜTZBACH

Tun

Für das Können gibt es nur einen Beweis: das Tun.

MARIE VON EBNER-ESCHENBACH

Zum Tun gehört Talent, zum Wohltun Vermögen.

JOHANN WOLFGANG VON GOETHE

Nichts halb zu tun ist edler Geister Art.

CHRISTOPH MARTIN WIELAND

Tyrann

Tyrannen sind in unseren Tagen die gefährlichsten Freiheitsprediger.

LUDWIG BÖRNE

Schlechte Gesetze sind die schlimmste Form der Tyrannis.

EDMUND BURKE

Besteuerung ohne Repräsentation ist Tyrannis.

JAMES OTIS

Tyrannis ist immer besser organisiert als Freiheit.

CHARLES PIERRE PÉGUY

Übel

Eingebildete Übel gehören zu den unheilbaren.
MARIE VON EBNER-ESCHENBACH

Wer das Jucken ein Übel nennt, der denkt gewiß nicht ans Kratzen.
CHRISTIAN FRIEDRICH HEBBEL

Das ist das empfindlichste Übel, von dem man sich überraschen lässt.
JOHANN HEINRICH ZSCHOKKE

Überfluss

Der Überfluss. Die Geißel des Wohlstands.   WERNER MITSCH

Die Überflussgesellschaft spiegelt sich in ihren Flüssen.
HANS-HORST SKUPY

Das Überflüssige ist das Notwendige.   VOLTAIRE

Jeder Überfluss hat die Armut als Nebenfluss.   HELLMUT WALTERS

Überheblichkeit

Welch große Narrheit, allein gescheit sein zu wollen! LA ROCHEFOUCAULD

Herrlich und dämlich: zwei Prädikate männlicher Überheblichkeit.
WERNER MITSCH

Wer sich überhebt, verrät, dass er noch nicht genug nachgedacht hat.
CHRISTIAN MORGENSTERN

Überraschung

Stets findet Überraschung statt, wo man sie nicht erwartet hat.

WILHELM BUSCH

Viel vermag, wer überraschend wagt.

EMANUEL GEIBEL

Das Überraschende macht Glück.

FRIEDRICH VON SCHILLER

Übertreibung

Die Übertreibung ist eine Wahrheit, welche die Ruhe verloren hat.

KAHLIL GIBRAN

Wenn man etwas übertreibt, schwächt man es nur ab.

JEAN FRANÇOIS DE LA HARPE

Wer nicht übertreibt, ist uninteressant.

GUSTAV MAHLER

Die Übertreibung ist der Betrug der ehrlichen Leute.

COMTE JOSEPH MÁRIE DE MAISTRE

Überzeugung

Überzeugt: aus voller Kehle im Irrtum.

AMBROSE BIERCE

Die Überzeugung ist das Gewissen des Geistes.

NICOLAS CHAMFORT

Tief ist nur die Überzeugung, die ihre Unvernunft kennt.

NICOLÁS GÓMEZ DÁVILA

Überzeugungen sind gefährlichere Feinde der Wahrheit als Lügen.

FRIEDRICH NIETZSCHE

Überzeugungen sind Gefängnisse.

FRIEDRICH NIETZSCHE

Überzeugen ist die einzige Waffe der Toleranz.   NORBERT STOFFEL

Überzeugung ist das Gewissen des Geistes.
MARY (AUGUSTA HUMPHRY) WARD

Umgang

Der Mensch ist wie der Umgang, den er pflegt.   EURIPIDES

Menschliche Umgebung ist, was das Klima erzeugt.   MARK TWAIN

Jeder Umgang ist schlechter Umgang außer dem mit seinesgleichen.
FRIEDRICH NIETZSCHE

Umwelt

Umweltschutz. Die einen reden, und die anderen roden.   WERNER MITSCH

Geteiltes Umweltleid ist halbe Lebensqualität.   LOTHAR SCHMIDT

Die heile Welt ist immer eine Welt der Fassaden.   NORBERT STOFFEL

Die Umweltverschmutzer lügen auch noch das Blaue vom Himmel.
GERHARD UHLENBRUCK

Unabhängigkeit

Unabhängig ist nur, wer weder herrschen noch beherrscht werden will.
LOTHAR SCHMIDT

Zwischen Unabhängigkeit und Freiheit besteht ein feiner Unterschied.
RUPERT SCHÜTZBACH

Unabhängigkeit bedeutet alles.   OSCAR WILDE

Undank

Undank ist die Tochter des Stolzes.　　　MIGUEL DE CERVANTES

Der Undank darf uns nicht hindern, Gutes zu tun.

CHRISTINA VON SCHWEDEN

„Undank ist der Welt Lohn" – Macht einfach nicht Gebrauch davon.

RUPERT SCHÜTZBACH

Ungeduld

Alle menschlichen Fehler sind Ungeduld.　　　FRANZ KAFKA

Ungeduld ist ein zerbrochenes Ei.　　　JULIUS LANGBEHN

Ungeduld ist Warten in Eile.　　　SPRUCH

Ungerechtigkeit

Kinder erleben nichts so scharf und bitter wie Ungerechtigkeit.

CHARLES DICKENS

Der höchste Grad von Ungerechtigkeit ist geheuchelte Gerechtigkeit.

PLATON

Die kleinen Diebe hängt man, die großen lässt man laufen.

SPRICHWORT AUS DEUTSCHLAND

Unglück

Das Unglück ist ebenso wie der Ruhm imstande, Energien zu wecken.

MAURICE BARRÉS

Wen das Glück zum Freunde macht, den macht Unglück zum Feinde.

ANICIUS MANLIUS SEVERINUS BOETHIUS

Unglück: der erste Weg zur Wahrheit.
LORD GEORGE GORDON NOËL BYRON

Indem wir über unser Unglück sprechen, erleichtern wir es oft.
PIERRE CORNEILLE

Man ist eigentlich nur durch Nachdenken unglücklich.   JOSEPH JOUBERT

Unglück: Sehen wir am liebsten aus der Entfernung – sie verkleinert.
RON KRITZFELD

Unglück ist versäumtes Glück.   HANS LOHBERGER

Jeder ist in dem Maße unglücklich, in dem er es zu sein glaubt.   SENECA

Das Unglück ist der Prüfstein des Charakters.   SAMUEL SMILES

Unglück ist teuer, Glück unbezahlbar.   NORBERT STOFFEL

Was den Menschen unglücklich macht, sind die unbefriedigten Wünsche.
CLAUDE TILLIER

Es ist ein Unglück, nie Unglück gehabt zu haben.   KARL JULIUS WEBER

Unrecht

Das Recht des Stärkeren ist das stärkste Unrecht.
MARIE VON EBNER-ESCHENBACH

Ein Unrecht nimmt man nicht zur Kenntnis, man verhindert es.
HELMUT KOHL

Unrecht leiden schmeichelt großen Seelen.   FRIEDRICH VON SCHILLER

Unschuld

Unschuld lässt sich leicht aus der Fassung bringen.   ANATOLE FRANCE

Unschuld ist kein Schutz.   THOMAS FULLER

Unschuld ist moralischer Instinkt.   NOVALIS

Unternehmen

Jedes Unternehmen versäumt die Technologien, die es nicht verdient.
HANS-JÜRGEN QUADBECK-SEEGER

Auch Firmen haben bisweilen missratene Töchter.   RUPERT SCHÜTZBACH

Partnerships are like marriages – without sex.
SPRICHWORT AUS ENGLAND

Unternehmer

Wer ein Problem anpackt, hat es schon halb gelöst.   HORAZ

Wir wandeln uns von einer Manager- in eine Unternehmergesellschaft.
JOHN NAISBITT

Nicht jeder Unternehmer, der stiften geht, ist ein Mäzen.   WERNER MITSCH

Unwissenheit

Unwissenheit ist die Amme des Vorurteils.   JOSH BILLINGS

Unwissenheit ist die Mutter der Bewunderung.   GEORGE CHAPMAN

Die Menschen wissen nicht, was sie nicht wissen.   LOTHAR SCHMIDT

Unwissenheit glaubt alles. NORBERT STOFFEL

Die Steigerung der Unwissenheit ist Besserwisserei.
GERHARD UHLENBRUCK

Unzufriedenheit

Der Unzufriedene findet keinen bequemen Stuhl. BENJAMIN FRANKLIN

Unzufriedenheit verändert die Welt. ROBERT MUTHMANN

Unzufriedenheit ist Hunger nach Zufriedenheit. NORBERT STOFFEL

Unzufriedenheit ist der erste Schritt zum Erfolg. OSCAR WILDE

Ursache

Ursache und Wirkung sind zwei Seiten einer einzigen Tatsache.
RALPH WALDO EMERSON

Vor der Wirkung glaubt man an andere Ursachen als nach der Wirkung.
FRIEDRICH NIETZSCHE

Kleine Ursachen, große Wirkungen. SPRICHWORT AUS DEUTSCHLAND

Urteil

Das Urteilen ist das Beziehen eines Einzelnen auf den Begriff.
GEORG WILHELM FRIEDRICH HEGEL

Im Urteil über andere spricht der Mensch sich immer sein eigenes.
JEAN PAUL

Etwas als ein Merkmal mit einem Dinge vergleichen heißt urteilen.
IMMANUEL KANT

Nur vergleichende Urteile haben einen Wahrheitswert.

WALTHER RATHENAU

Utopie

Die Utopien sind oft nur vorzeitige Wahrheiten.

ALPHONSE MARIE LOUIS DE LAMARTINE

Von der Utopie zur Illusion ist oft nur ein Schritt.   LOTHAR SCHMIDT

Mensch sein heißt Utopien haben.   PAUL TILLICH

Verachtung

Verachtung ist der schärfste Tadel. HENRY GEORGE BOHN

Verachtung ist schlechtgelaunter Egoismus. SAMUEL TAYLOR COLERIDGE

Wir verachten vieles, um uns nicht selbst verachten zu müssen.
VAUVENARGUES

Veränderung

Es gibt nichts Dauerhaftes außer der Veränderung. HERAKLIT

Vergnügen an Veränderung ist dem Menschen bleibend eigen.
GEORG CHRISTOPH LICHTENBERG

Alles verändert sich, sobald man sich selber verändert. WERNER MITSCH

Was zur Masche geworden ist, sollte man fallen lassen.
HANS-JÜRGEN QUADBECK-SEEGER

Veränderung ist nur das Salz des Vergnügens. FRIEDRICH VON SCHILLER

Über der Veränderung liegt stets ein Hauch von Unbegreiflichkeit.
CARL FRIEDRICH VON WEIZSÄCKER

Vergangenheit

Hartnäckig weiter fließt die Zeit, die Zukunft wird Vergangenheit.
WILHELM BUSCH

Wir alle leben vom Vergangenen und gehen am Vergangenen zu Grunde.

JOHANN WOLFGANG VON GOETHE

Sich seiner Vergangenheit bewusst zu sein, heißt Zukunft haben.

HANS LOHBERGER

Die Vergangenheit sollte ein Sprungbrett sein, nicht ein Sofa.

HAROLD MACMILLAN

Wir besitzen von der Vergangenheit nur das, was wir lieben.

RAINER MARIA RILKE

Vergeben

Die Vergebung ist die sublime Form der Verachtung.

NICOLÁS GÓMEZ DÁVILA

Herr, sie wissen was sie tun. Vergib ihnen trotzdem.   WERNER MITSCH

Irren ist menschlich, vergeben göttlich.   ALEXANDER POPE

Vergessen

Vergessen können: es ist mehr ein Glück als eine Kunst.

BALTHASAR GRACIÁN Y MORALES

Vergessen ist Gnade und Gefahr zugleich.   THEODOR HEUSS

Wenn man glaubt, etwas zu vergessen, vergißt man es.   JEAN PAUL

Vergessen ist ein aktives Hemmungsvermögen.   FRIEDRICH NIETZSCHE

Man lernt nur dann und wann etwas, aber man vergisst den ganzen Tag.

ARTHUR SCHOPENHAUER

Vergessen ist unbewußtes Ordnen.   NORBERT STOFFEL

Vergnügen

Vergnügen – die angenehmste Form der Niedergeschlagenheit.

AMBROSE BIERCE

Ohne Vergnügen bildet sich kein Geist.

ERNST FREIHERR VON FEUCHTERSLEBEN

Melancholie ist das Vergnügen, traurig zu sein.   VICTOR HUGO

Das Vergnügen ist so nötig als die Arbeit.   GOTTHOLD EPHRAIM LESSING

Verhältnismäßigkeit

Mäßigkeit erhält die Freuden und erhöht das Behagen.   DEMOKRIT

Das Maß der Dinge zu finden ist die feinste Wissenschaft.   PINDAR

Der Mensch ist das Maß aller Mittel.   GERHARD UHLENBRUCK

Verhandeln

Sitzungssaal: Verhandlungsspielraum.   RON KRITZFELD

Verhandlungspause: Mittler-Weile.   RON KRITZFELD

Definiere stets deine Bedingungen.   ERIC PARTRIDGE

Verkauf

Mühe ist der Preis, um den uns die Götter alle Güter verkaufen.

EPICHARMOS

Die Kunst des Verkaufens beherrscht Wirtschaft und Politik.

LOTHAR SCHMIDT

Jeder lebt davon, dass er etwas verkauft.

ROBERT LOUIS BALFOUR STEVENSON

Verleumdung

Verleumdung ist die Erleichterung der Bösartigkeit.   JOSEPH JOUBERT

Nur durch Verachtung besiegt man die Verleumdung.

FRANÇOISE D'AUBIGNÉ MAINTENON

Die Verleumdung ist schnell und die Wahrheit langsam.   VOLTAIRE

Verlust

Verlust ist nichts anderes als Verwandlung.   MARC AUREL

Was man nicht aufgibt, hat man nicht verloren.   FRIEDRICH VON SCHILLER

Meistens belehrt erst der Verlust uns über den Wert der Dinge.

ARTHUR SCHOPENHAUER

Oft büßt das Gute ein, wer Bess'res sucht.   WILLIAM SHAKESPEARE

Vernunft

Die Vernunft gleicht einer unbeschriebenen Tafel.

ALEXANDER VON APHRODISIAS

Die Erwägung ist das Vorzimmer der Vernunft.

AUS DEN „FLIEGENDEN BLÄTTERN"

Die Vernunft ist der Ofenschirm für das Herz.

AUS DEN „FLIEGENDEN BLÄTTERN"

Die Vernunft ist die Gardedame des Herzens.

AUS DEN „FLIEGENDEN BLÄTTERN"

Vernunft: Hang zum Vorurteil. AMBROSE BIERCE

Vernunft annehmen kann niemand, der nicht schon welche hat.
MARIE VON EBNER-ESCHENBACH

Die Vernunft ist nur der durch die Phantasie erweiterte Verstand.
FRANZ GRILLPARZER

Wer der Vernunft gehorcht, kommt dem Müssen zuvor.
JOHANN GOTTFRIED VON HERDER

Die Vernunft ist die Arithmetik der Gefühle. ELBERT G. HUBBARD

Vernunft ist das Bewusstsein des Geistes. FRIEDRICH HEINRICH JACOBI

Die Vernunft ist der Schraubstock der Phantasie. WERNER MITSCH

Liebe überwindet Schranken. Auch die Schranken der Vernunft.
WERNER MITSCH

Rationalität ist der Sieg der Vernunft über die Arbeitswut. HELMAR NAHR

Vernunft ist Egoismus mit Weitblick. WILHELM SCHWÖBEL

Die Vernunft ist die Opposition des Verstandes. GERHARD UHLENBRUCK

Die Vernunft begreift nicht die Interessen des Herzens. VAUVENARGUES

Vernunft setzt Eichmarken für die Leidenschaft. HANS-ARMIN WEIRICH

Verrat

Verrat wird häufiger aus Schwäche als vorsätzlich begangen.
LA ROCHEFOUCAULD

Man liebt den Verrat, nicht den Verräter. WILLIAM SHAKESPEARE

Hochverrat ist eine Frage des Datums.

CHARLES MAURICE DUC DE TALLEYRAND

Versager

Versager: Menschen, die zuviel versprechen.

RON KRITZFELD

Ver-Sagen: Geschieht schweigend.

RON KRITZFELD

Die Trends kommen von unten, die Versager von oben.

JOHN NAISBITT

Verschwiegenheit

Häng an die große Glocke nicht, was jemand im Vertrauen spricht.

MATTHIAS CLAUDIUS

Die schönste Tugend ist Verschwiegenheit.

EURIPIDES

Verschwiegenheit fordern ist nicht das Mittel, sie zu erlangen.

JOHANN WOLFGANG VON GOETHE

Versprechungen

Die Menschen leben vom Versprechen. THOMAS CHANDLER HALIBURTON

Je leerer die Versprechungen, umso voller die Absichten. WERNER MITSCH

Große Versprechungen kosten weniger als kleine Geschenke.

LOTHAR SCHMIDT

Verstand

Das Verständnis reicht oft viel weiter als der Verstand.

MARIE VON EBNER-ESCHENBACH

Alle klagen über ihr Gedächtnis, keiner über seinen Verstand.

LA ROCHEFOUCAULD

Verstand hat, wer Regeln beherrscht.

LOTHAR SCHMIDT

Der Klügere gibt nach, aber nicht auf.

RUPERT SCHÜTZBACH

Verstehen

Selbstverständlich ist, was man selbst versteht und niemand sonst.

AMBROSE BIERCE

Verstehen heißt: mit dem Herzen hellsehen.

VICTOR HUGO

Verstehen, das heißt verzeihen.

MADAME DE STAËL

Versuchung

Das Beispiel ist der größte Versucher.

JEAN-FRANÇOIS COLLIN D'HARLEVILLE

Alles ist Versuchung für den, der sie fürchtet.

JEAN DE LA BRUYÈRE

Der wirksamste Schutz gegen die Versuchung ist die Feigheit.

MARK TWAIN

Eine lockende Versuchung führt eher zur Tat als die besten Vorsätze.

LOTHAR SCHMIDT

Wer ist so fest, dass ihn nichts verführen kann?

WILLIAM SHAKESPEARE

Ich kann allem widerstehen, nur nicht der Versuchung.

OSCAR WILDE

Vertrag

Der Eigennutz schließt und bricht Staatsverträge.

CHRISTINA VON SCHWEDEN

Verträge bricht man um des Nutzens willen.　　NICCOLÒ MACHIAVELLI

Die vollkommenste Lüge ist der gebrochene Vertrag.

ARTHUR SCHOPENHAUER

Verträgen halte Treu'! Was du bist, bist du nur durch Verträge.

RICHARD WAGNER

Ein guter Vertrag hat zwei Gewinner.　　HANS-ARMIN WEIRICH

Vertrauen

Zu viel und zu wenig Vertrauen sind Nachbarskinder.　WILHELM BUSCH

Vertrauen ist Mut, und Treue ist Kraft.　MARIE VON EBNER-ESCHENBACH

Vertrauen ist die größte Selbstaufopferung.

CHRISTIAN FRIEDRICH HEBBEL

Wer noch vertraut, der kann nicht böse sein.　KARL THEODOR KÖRNER

Jedes Vertrauen ist gefährlich, das nicht vollständig ist.

JEAN DE LA BRUYÈRE

Vertrauen gibt dem Gespräch mehr Stoff als der Geist.

LA ROCHEFOUCAULD

Vertrauen ist gut – Kontrolle besser.　　LENIN

Vertrauen stellt sich bei Fragen großer Bedeutung nur langsam ein.　OVID

Wir vertrauen im Grunde nur der Wahrscheinlichkeit.　NORBERT STOFFEL

Verwaltung

Behörden: Kopflastig? In welchem Lande?   RON KRITZFELD

Platzt die Verwaltung aus den Nähten, steigen Steuern und Diäten.
HELMAR NAHR

Verwaltung: Zwangsinterpretation der Bürgerrechte.   LOTHAR SCHMIDT

Was gibt uns die Verwaltung? – Sie gibt uns zu denken.   LOTHAR SCHMIDT

Politik ohne Visionen verkümmert zur Verwaltung des Alltags.
HANS-ARMIN WEIRICH

Verwandtschaft

Eine traurige Wahrheit: selbst große Menschen haben arme Verwandte.
CHARLES DICKENS

Verwandtschaft wird in Graden angegeben. Wie Verbrennungen.
WERNER MITSCH

Freunde sind Gottes Entschuldigung für Verwandte.
SPRICHWORT AUS IRLAND

Selbst der Kaiser hat Verwandte in Strohsandalen.
SPRICHWORT AUS JAPAN

Verzeihung

Man verzeiht im gleichen Ausmaß, in dem man liebt.   LA ROCHEFOUCAULD

Vergib so viel du kannst und gib so viel du kannst.   FRIEDRICH RÜCKERT

Verzeihung ist das Wiederfinden eines veräußerten Eigentums.
FRIEDRICH VON SCHILLER

Vollständiges Verzeihen gibt es nur durch Vergessen.

HANS-ARMIN WEIRICH

Verzweiflung

Verzweiflung ist die Schlussfolgerung der Narren.   BENJAMIN DISRAELI

Jede ästhetische Lebensanschauung ist Verzweiflung.

SÖREN AABYE KIERKEGAARD

Die Verzweiflung ist die Krone aller Sünden.   SANDOR PETÖFI

Die Verzweiflung versperrt die Auswege.   NORBERT STOFFEL

Verzweiflung ist der größte unserer Irrtümer.   VAUVENARGUES

Es hat Verzweiflung oft die Schlachten schon gewonnen.   VOLTAIRE

Vision

Visionen ohne Aktionen degenerieren zu Illusionen.

HANS-JÜRGEN QUADBECK-SEEGER

Visionen sind geflügelte Pläne.   HANS-JÜRGEN QUADBECK-SEEGER

Wer keine Visionen hat, wird zukunftsblind.

HANS-JÜRGEN QUADBECK-SEEGER

Wer nicht in die Zukunft schaut, ist bald weg vom Fenster.

HANS-JÜRGEN QUADBECK-SEEGER

Zukunftsvisionen leben länger als Worte.   LOTHAR SCHMIDT

Zukunftsvisionen sind besser als Erinnerungsträume.   LOTHAR SCHMIDT

Vision ist die Kunst, unsichtbare Dinge zu sehen.   JONATHAN SWIFT

Volk

Das Volk will, was man ihm zu wollen einflüstert.
NICOLÁS GÓMEZ DÁVILA

Das Volk denkt nur, soweit es fühlt.
SILVIO GESELL

Das Volk wird durch Namen betrogen, nicht durch Dinge.
JAMES HARRINGTON

Jedes Volk hat die naive Auffassung, Gottes bester Einfall zu sein.
THEODOR HEUSS

Jedes Volk hat die Regierung, die es verdient.
COMTE JOSEPH MARIE DE MAISTRE

Das Volk bedarf anschaulicher und nicht begrifflicher Wahrheiten.
ANTOINE DE RIVAROL

Das Volk spendet seine Gunst, niemals sein Vertrauen.
ANTOINE DE RIVAROL

Volksverhetzung ist strafbar, Volksverdummung nicht.
WILHELM SCHWÖBEL

Vollkommenheit

Der Weg zur Vollkommenheit ist fortwährende Selbstkritik.
ARNOLD BÖCKLIN

Am anderen liebt man Vollkommenheiten, an sich sich.
JEAN PAUL

Vollkommenheit ist immer ein Mosaik beherrschter Details.
HANS-JÜRGEN QUADBECK-SEEGER

Vorgesetzte

Man muss sich vor dem Siege über Vorgesetzte hüten.

BALTHASAR GRACIÁN Y MORALES

Der Untergebene muss für die Fehler der Vorgesetzten büßen.

SPRICHWORT AUS INDIEN

Wenn die See ruhig ist, kann jeder das Steuerrad halten.   PUBLIUS SYRUS

Vornehmheit

Vornehm ist nur, was dauert.   NICOLÁS GÓMEZ DÁVILA

Vornehmheit ist nichts als alter Reichtum.   JOHN GAY

Vornehmheit ist Entsagung.   WALTHER RATHENAU

Vorsatz

Ein Vorsatz, mitgeteilt, ist nicht mehr dein.

JOHANN WOLFGANG VON GOETHE

Gute Vorsätze sind vorsorgliche Bußübungen.   HELMAR NAHR

Gute Vorsätze sind grüne Früchte, die abfallen, ehe sie reif sind.

JOHANN NEPOMUK NESTROY

Gute Absichten sind wertlos. Es kommt darauf an, was man tut.

LOTHAR SCHMIDT

Kleine Taten sind besser als große Vorsätze.   LOTHAR SCHMIDT

Gute Vorsätze sind Eintagsfliegen.   NORBERT STOFFEL

Vorsicht

Die Vorsicht ist einfach, die Hinterdreinsicht vielfach.
JOHANN WOLFGANG VON GOETHE

Wer vorsieht, ist Herr des Tages.   JOHANN WOLFGANG VON GOETHE

Vorsicht ist ja Voraussicht.   FRANZ GRILLPARZER

Vorsicht vor dem Burschen, der dich unentwegt reden lässt! KIN HUBBARD

In der Hitze des Gefechts schmilzt die Vorsicht.   NORBERT STOFFEL

Vorsicht ist das, was wir bei anderen Feigheit nennen.   OSCAR WILDE

Vorsicht ist die Spionin des Eigennutzes.   THOMAS WOODROW WILSON

Vorteil

Was ist unser höchstes Gesetz? Unser eigener Vorteil!
JOHANN WOLFGANG VON GOETHE

Der kluge Mann sucht alles zu seinem Vorteil zu wenden.
JOHANN GOTTFRIED VON HERDER

Der eigene Vorteil verfälscht das Urteil vollständig.
ARTHUR SCHOPENHAUER

Der größte Vorteil von allen ist es, keine Vorteile zu genießen.
HENRY DAVID THOREAU

Vorurteil

Vorurteile sind Hindernisse auf der Rennbahn des Lebens.
AUS DEN „FLIEGENDEN BLÄTTERN"

Vorliebe ist immer auch Vorurteil. EDUARD VON BAUERNFELD

Unwissenheit ist nicht so weit von Wahrheit entfernt wie Vorurteile.
DENIS DIDEROT

Ein Urteil lässt sich widerlegen, aber niemals ein Vorurteil.
MARIE VON EBNER-ESCHENBACH

Das Vorurteil ist das Kind der Unwissenheit. WILLIAM HAZLITT

Leere Köpfe: der geräumigste Speicher für Vorurteile.
VYTAUTAS KARALIUS

Man gibt leichter sein Vorurteil auf, als seinen Geschmack.
LA ROCHEFOUCAULD

Vorurteile: Schnellverfahren ohne Beweisaufnahme. ROBERT MUTHMANN

Ein Vorurteil ist wie ein Fels in der Brandung. HELMAR NAHR

Groß ist des Vorurteils bindende Kraft. JOHANN NEPOMUK NESTROY

Vorurteile sind Bremsklötze im Kopf. HANS-JÜRGEN QUADBECK-SEEGER

Vorurteile sind beliebt, denn gegen sie gibt es keine Rechtsmittel.
LOTHAR SCHMIDT

Wir alle verachten Vorurteile, aber wir sind alle voreingenommen.
HERBERT SPENCER

Ererbtes Urteil: Vorurteil. CARL VON SPITTELER

Vorurteile haben keine Bewährungsfrist. GERHARD UHLENBRUCK

Vorurteile sind die Vernunft der Narren. VOLTAIRE

Vorurteile ablegen heißt vereinsamen. EMANUEL WERTHEIMER

Wahlen

Errate, wenn du kannst, und wähle, wenn du's wagst. PIERRE CORNEILLE

Abstimmungsniederlage: Sieg der größeren Zahl über die bessere Idee.
RON KRITZFELD

Plakat: Anschlag auf die Unabhängigkeit unserer Wahlmöglichkeiten.
RON KRITZFELD

Wahlen: Unterhalten das periodische System der Parlamente.
RON KRITZFELD

Wähler: Von Wahllokomotive in Fahrt gebrachter Anhänger.
RON KRITZFELD

Wahlzeit: Bauboom für Potemkinsche Dörfer. RON KRITZFELD

Friedlicher Wahlkampf: Prügelei mit Schlagworten. ROBERT MUTHMANN

Die Wahl ermutigt zur Angeberei. JOSEPH ERNEST RENAN

Die Linke will mehr Rechte, die Rechte weniger Linke. LOTHAR SCHMIDT

In der Politik erzeugt ein Linksrutsch gewöhnlich einen Rechtsruck.
LOTHAR SCHMIDT

Mündige Bürger sind Wechselwähler. LOTHAR SCHMIDT

Verlorene Wahlen provozieren Denkanstösse. LOTHAR SCHMIDT

Wahlanalysen sind der Versuch, Leichen in fremde Keller zu legen.
LOTHAR SCHMIDT

Wahlzettel sind Denkzettel. LOTHAR SCHMIDT

Wenn uns die Mächtigen ihre Zuneigung bekunden, dann ist Wahlzeit.
LOTHAR SCHMIDT

Zuerst kommt das Wählen; dann zeigt sich, was die Stimmen zählen.
LOTHAR SCHMIDT

Die Wahl ist eine Entscheidung für das vermeintlich geringere Übel.
SPRUCH

Stimmvieh wird erst nach der Wahl gemolken. NORBERT STOFFEL

Beim Stimmenfang werfen die Politiker das soziale Netz aus.
GERHARD UHLENBRUCK

Wähler

Wer die Wahl hat, wird wählerisch. WERNER MITSCH

Wähler haben keinen Anspruch auf die Einlösung von Versprechungen.
HANS-ARMIN WEIRICH

Wer seine Stimme abgibt, hat nichts mehr zu sagen. SPRUCH

Wahlredner

Wahlredner sind die Sturmtruppe der Parteien. HELMAR NAHR

Wahlredner: einer, der es allen recht zu machen verspricht.
LOTHAR SCHMIDT

Wahrheit

Die Wissenschaft ist nichts als das Abbild der Wahrheit.
FRANCIS BARON VERULAM BACON

In böser Absicht mitgeteilte Wahrheiten sind schlimmer als Lügen.
WILLIAM BLAKE

Alle Worte scharwenzeln um die Wahrheit herum; sie ist keusch.
WILHELM BUSCH

Die Wahrheit ist ein Verdacht, der andauert.
RAMÓN DE CAMPOAMOR Y CAMPOOSORIO

Zeit ist kostbar, aber Wahrheit ist kostbarer als Zeit.　BENJAMIN DISRAELI

So manche Wahrheit ging von einem Irrtum aus.
MARIE VON EBNER-ESCHENBACH

Unwahrheit ist so einfach, Wahrheit so schwierig.　GEORGE ELIOT

Wahrheit hat ihren eigenen unabhängigen Wert in sich selbst.
JOHANN JAKOB ENGEL

Die Wahrheit ist nur eine gut maskierte Unwahrheit.　GEORGE FARQUHAR

Wahrheit kann eine Keule sein, mit der man andere erschlägt.
ANATOLE FRANCE

Eine halbe Wahrheit ist häufig eine große Lüge.　BENJAMIN FRANKLIN

Einer neuen Wahrheit ist nichts schädlicher als ein alter Irrtum.
JOHANN WOLFGANG VON GOETHE

Wahrheit macht frei und überwindet alles.　JOHANN GEORG HAMANN

Wahrheit heißt Übereinstimmung des Begriffs mit seiner Wirklichkeit.
GEORG WILHELM FRIEDRICH HEGEL

Die Wahrheit liegt zwischen zwei Extremen, aber nicht in der Mitte.
MORITZ HEIMANN

Die Wahrheit ist die Meinung, die immer überlebt.　ELBERT G. HUBBARD

Die nackte und ungenierte Wahrheit ist immer unerfreulich.

JAMES GIBBONS HUNEKER

Die Wahrheit ist das Herz der Moral. THOMAS HENRY HUXLEY

Wo die Wahrheit bekämpft werden muss, da hat sie schon gesiegt.

CARL GUSTAV JOCHMANN

Die Wahrheit gleicht dem Himmel und die Meinung den Wolken.

JOSEPH JOUBERT

Die nackte Wahrheit wird sogar von Nudisten gemieden.

VYTAUTAS KARALIUS

Nur die Liebe zur Wahrheit schafft Wunder. JOHANNES KEPLER

Nur die Wahrheit, die dich erbaut, ist Wahrheit für dich.

SÖREN AABYE KIERKEGAARD

Wahrheitsfanatiker: Durch den Schaden der Lüge Kluggewordener.

RON KRITZFELD

Die Wahrheit war von je nur die Tochter der Zeit. LEONARDO DA VINCI

Der die Wahrheit sucht, darf nicht die Stimmen zählen.

GOTTHOLD EPHRAIM LESSING

Die gefährlichsten Unwahrheiten sind Wahrheiten, mäßig entstellt.

GEORG CHRISTOPH LICHTENBERG

Die Notlüge ist die Höflichkeitsform der Wahrheit. WERNER MITSCH

Die Wahrheit: Produkt eines Mehrheitsbeschlusses? WERNER MITSCH

Nichts ist ganz wahr. MULTATULI

Auf einen Tropfen Wahrheit kommt ein Ozean von Worten. HELMAR NAHR

Die Wahrheit ist Geschäftsgeheimnis. HELMAR NAHR

Wahrheit allein verwundet. NAPOLEON I.

Die Wahrheiten des Menschen sind die unwiderlegbaren Irrtümer.
FRIEDRICH NIETZSCHE

Ohnmacht zur Lüge ist noch lange nicht Liebe zur Wahrheit.
FRIEDRICH NIETZSCHE

Streben nach Wahrheit hat seine Wurzel in der Gerechtigkeit.
FRIEDRICH NIETZSCHE

Die Wahrheit ist eine Arznei, die angreift.
JOHANN HEINRICH PESTALOZZI

Die Wahrheit ist das Auge der Geschichte. POLYBIOS

Die Wahrheit ist nie trostlos. LEOPOLD VON RANKE

Wahrheit ist innere Harmonie. WALTHER RATHENAU

Nur die Irrtümer verleihen der Wahrheit ihren Wert. JULES RENARD

Die Wahrheit verletzt tiefer als jede Verleumdung. MARQUIS DE SADE

Wahrheit schlägt immer eine Bresche, Lüge schlägt immer in Trümmer.
GEORGE SAND

Wir gelangen nur selten anders als durch Extreme zur Wahrheit.
FRIEDRICH VON SCHILLER

Die Wahrheit ist der im Augenblick nicht widerlegbare Irrtum.
LOTHAR SCHMIDT

Die Wahrheit liegt in den Mitteln. LOTHAR SCHMIDT

Es gibt eine Waffe, die keine Waffe der Gewalt ist: die Wahrheit.
LOTHAR SCHMIDT

Wahrheit steht nicht oft im Angebot. Die Nachfrage ist auch gering.

LOTHAR SCHMIDT

Wo die Wahrheit im Wege steht, kommt es zu ausweichenden Antworten.

LOTHAR SCHMIDT

Alle weichen der Wahrheit aus, und trotzdem macht ihr keiner Platz.

NORBERT STOFFEL

Wahrheit ist die Übereinstimmung von Sache und Verstand.

THOMAS VON AQUIN

Aus einem Körnchen Wahrheit kann schnell Sand im Getriebe werden.

GERHARD UHLENBRUCK

Das wahre Glück ist die Wahrheit mit der kürzesten Lebensdauer.

GERHARD UHLENBRUCK

Die nackte Wahrheit umkleiden wir immer mit schönen Worten.

GERHARD UHLENBRUCK

Wahrheit ist die Sonne des Geistes.   VAUVENARGUES

Wahrheit geht über Rücksicht.   FRIEDRICH THEODOR VISCHER

Wer nicht zweifelt, hat kein Interesse an der Wahrheit.

HANS-ARMIN WEIRICH

Weihnachten

Ein gutes Gewissen ist ein ständiges Weihnachten.   BENJAMIN FRANKLIN

Weihnachten ist die große Zeit des Zuviel.   HENRY LEIGH HUNT

Es sind die süßen Nahrungsmittel, die uns das Leben so sauer machen.

GERHARD UHLENBRUCK

Wein

Der ist nicht wert des Weines, der ihn wie Wasser trinkt.

FRIEDRICH MARTIN VON BODENSTEDT

Rotwein ist für alte Knaben eine von den besten Gaben.   WILHELM BUSCH

Für Sorgen sorgt das liebe Leben, und Sorgenbrecher sind die Reben.

JOHANN WOLFGANG VON GOETHE

Ich will Champagner-Wein, und recht moussierend soll er sein!

JOHANN WOLFGANG VON GOETHE

Der Wein erfindet nichts, er schwatzt's nur aus.   FRIEDRICH VON SCHILLER

Im Wein ist Wahrheit, und mit beiden pflegt man anzustoßen.

PETER SIRIUS

Der Wein ist die Milch der Alten.   SPRICHWORT

Ist der Wein im Manne, ist der Verstand in der Kanne.   SPRICHWORT

Im Wein ist Wahrheit – im Schnaps Phantasie.

SPRICHWORT AUS DEUTSCHLAND

Regen lässt das Gras wachsen, Wein das Gespräch.

SPRICHWORT AUS SCHWEDEN

Wein ist Poesie in Flaschen.   ROBERT LOUIS BALFOUR STEVENSON

Im Wein liegt Wahrheit! Daher also die Kopfschmerzen.

NORBERT STOFFEL

Weisheit

Der Anfang aller Weisheit ist Verwunderung.   ARISTOTELES

Die Weisheit ist eine Göttin, die Klugheit eine gute Hausfrau.
AUS DEN „FLIEGENDEN BLÄTTERN"

Die Straße der Maßlosigkeit führt zum Palast der Weisheit   WILLIAM BLAKE

Der Schmerz ist der Vater und die Liebe die Mutter der Weisheit.
LUDWIG BÖRNE

Ein Wahn verlieren macht weiser als eine Wahrheit finden.   LUDWIG BÖRNE

Ich liebe die Weisheit mehr als sie mich liebt.
LORD GEORGE GORDON NOËL BYRON

Man kann weise sein aus Güte und gut aus Weisheit.
MARIE VON EBNER-ESCHENBACH

Viel von der Weisheit der Welt ist keine Weisheit.   RALPH WALDO EMERSON

Weise will ein jeder sein, niemand will es werden.
ERNST FREIHERR VON FEUCHTERSLEBEN

Die Weisheit ist nur in der Wahrheit.   JOHANN WOLFGANG VON GOETHE

Die Weisheit wird nicht angeboren, sondern erworben.
JEREMIAS GOTTHELF

Weisheit: Zusammenstimmung des Willens eines Wesens zum Endzweck.
IMMANUEL KANT

Weisheit ist für die Seele, was Gesundheit für den Körper bedeutet.
LA ROCHEFOUCAULD

Das deutlichste Anzeichen von Weisheit ist anhaltende gute Laune.
MICHEL DE MONTAIGNE

Weisheit ist Harmonie.   NOVALIS

Es gehört zur Weisheit, gelegentlich ein bisschen töricht zu sein.
WILHELM RAABE

Kein Weiser hat sich je gewünscht, jünger zu sein.   JONATHAN SWIFT

Weisheit ist, wenn man sich nichts mehr weismacht.

GERHARD UHLENBRUCK

Welt

Die Welt, obgleich sie wunderlich, ist gut genug für dich und mich.

WILHELM BUSCH

Die Welt Gottes ist lebendiges Abbild!   TOMMASO CAMPANELLA

Große Geister lesen die Welt wie ein Buch.   CHRISTINA VON SCHWEDEN

Die Welt ist ein Schauplatz: Du kommst, siehst, gehst vorüber.

MATTHIAS CLAUDIUS

Dem Tüchtigen ist diese Welt nicht stumm.

JOHANN WOLFGANG VON GOETHE

Welt: eine Dichtung in Taten.   PETER HILLE

Die Welt ist nichts als eine immerwährende Schaukel.

MICHEL DE MONTAIGNE

Die Welt ist eine Privatangelegenheit Gottes.   CHRISTIAN MORGENSTERN

Die Welt ist die wahre Schule, denn da lernt man alles von selbst.

JOHANN NEPOMUK NESTROY

Die Welt ist die Summe des Vergangenen.   NOVALIS

Das Weltbild eines jeden ist das Maß seiner Seele.   WALTHER RATHENAU

Bei gleicher Umgebung lebt doch jeder in einer anderen Welt.

ARTHUR SCHOPENHAUER

Die Welt ist ein Datendorf. SPRUCH

Die Welt ist dein Spiegel, und du bist der Spiegel der Welt. CARMEN SYLVA

Wir erkennen nur ein einziges Gemeinwesen für alle an: die Welt.
TERTULLIAN

Die Welt ist eine Bühne, aber die Rollen sind schlecht verteilt.
OSCAR WILDE

Weltanschauung

Weltanschauung ist zeitgemäß gewordene Philosophie. HANS LOHBERGER

Die Weltanschauungen mancher Menschen gleichen lächelnden Festungen.
CHRISTIAN MORGENSTERN

Was kümmert es die Weltanschauung, wie die Welt ausschaut?
HELMAR NAHR

Weltgeschichte

Die Weltgeschichte ist nichts als die Biographie großer Männer.
THOMAS CARLYLE

Die Weltgeschichte ist der Fortschritt im Bewusstsein der Freiheit.
GEORG WILHELM FRIEDRICH HEGEL

Die Weltgeschichte ist das Weltgericht. FRIEDRICH VON SCHILLER

Werbung

Verpackung ist Verheißung. CHRISTO

Verbot: Seit dem Paradies die wirksamste Form der Werbung.
RON KRITZFELD

Das Sonderangebot ist eine Waschmaschine zum Schleuderpreis.

WERNER MITSCH

Es gibt drei Arten von Werbung. Laute, lautere und unlautere.

WERNER MITSCH

Wer nicht wirbt, verdirbt. Wer wirbt, verdirbt die anderen.   HELMAR NAHR

Werbung ist Fischfang mit einer Masche.

HANS-JÜRGEN QUADBECK-SEEGER

Selbst Gott braucht die Werbung. Er hat Glocken.   AURÉLIEN SCHOLL

Mancher Spot ist purer Spott.   RUPERT SCHÜTZBACH

Vielfach ist die Werbung keine Werbung für die Werbung.

RUPERT SCHÜTZBACH

Die Hälfte aller Werbeausgaben ist für die Katz. Aber welche Hälfte?

JOHN WANAMAKER

Wert

Die Fassung der Edelsteine erhöht ihren Preis, nicht ihren Wert.

LUDWIG BÖRNE

Nichts ist höher zu schätzen als der Wert des Tages.

JOHANN WOLFGANG VON GOETHE

Der wahre Wert des Menschen kann bei keiner Wahrheit verlieren.

GOTTHOLD EPHRAIM LESSING

Die Dinge haben nur den Wert, den man ihnen verleiht.   MOLIÈRE

Ein jeder gibt den Wert sich selbst.   FRIEDRICH VON SCHILLER

Etwas Wertvolles ist nicht neu, und etwas Neues ist nicht wertvoll.

DANIEL WEBSTER

Heute kennt man von allem den Preis, nicht den Wert. OSCAR WILDE

Wettbewerb

Depression: Konjunkturphase, in der lauterer Wettbewerb leiser wird.
RON KRITZFELD

Im freien Wettbewerb ist keiner frei von Wettbewerb.
HANS-JÜRGEN QUADBECK-SEEGER

Joint venture: die intimste Form des Wettbewerbs.
HANS-JÜRGEN QUADBECK-SEEGER

Wetter

Wetter: das Klima einer Stunde. AMBROSE BIERCE

Der Winter lächelt, wenn der Herbst vom Sterben spricht.
MARIE VON EBNER-ESCHENBACH

Der Schnee ist eine erlogene Reinlichkeit.
JOHANN WOLFGANG VON GOETHE

Wenn man lange genug wartet, wird das schönste Wetter.
SPRICHWORT AUS JAPAN

Widerspruch

Jeder Superlativ reizt zum Widerspruch. OTTO VON BISMARCK

Widerspruch und Schmeichelei machen beide ein schlechtes Gespräch.
JOHANN WOLFGANG VON GOETHE

Der Widerspruch aber ist die Wurzel aller Bewegung und Lebendigkeit.
GEORG WILHELM FRIEDRICH HEGEL

Widersprüche sind Quellpunkte. HANS LOHBERGER

Widersprüche! – Ein untrügliches Zeichen von Lebendigkeit.

ROBERT MUTHMANN

Widerspruch-vertragen-können ist ein hohes Zeichen von Kultur.

FRIEDRICH NIETZSCHE

Wer einem Sieger widerspricht, der widerspricht mit Unbedacht.

AUGUST GRAF VON PLATEN

Widerstand

Der Widerstand ist die Rechtfertigung jeder Kraft vor sich selbst.

HANS LOHBERGER

Man kann sich nur auf etwas stützen, was Widerstand leistet.

LOTHAR SCHMIDT

Widerstand ist zur Tat gewordene Hoffnung. LOTHAR SCHMIDT

Wollen heißt schon so viel wie Widerstand herausfordern.

LOTHAR SCHMIDT

Widerstand ist auch, wieder Stand zu gewinnen. NORBERT STOFFEL

Willen

Sei deines Willens Herr und deines Gewissens Knecht.

MARIE VON EBNER-ESCHENBACH

Ein rechter, fester Wille tut überall Wunder.

JOSEF FREIHERR VON EICHENDORFF

Den lieb' ich, der Unmögliches begehrt.

JOHANN WOLFGANG VON GOETHE

Ein kleiner Wille bremst unser großes Wollen.   ERNST R. HAUSCHKA

Des Menschen Wille ist sein Himmelreich.

HANS JAKOB WILHELM HEINSE

Dem Menschen fehlt es nicht an Stärke, sondern an Willensstärke.

VICTOR HUGO

Wille ist geformtes Temperament.   HANS LOHBERGER

Alle Dinge müssen; der Mensch allein ist das Wesen, welches will.

MEISTER ECKEHART

Wollen ist soviel wie Stärker-werden-Wollen.   FRIEDRICH NIETZSCHE

Wille ist nichts als magisches, kräftiges Denkvermögen.   NOVALIS

Reichen die Kräfte nicht aus, so ist doch der Wille zu loben.   OVID

Der Mensch kann alles, was er will, wenn er nur will, was er kann.

MORITZ GOTTLIEB SAPHIR

Den Menschen macht sein Wille groß und klein.

FRIEDRICH VON SCHILLER

Des Menschen Wille, das ist sein Glück.   FRIEDRICH VON SCHILLER

Nichtwollen ist der Grund. Nichtkönnen nur der Vorwand.   SENECA

Der gute Wille ist die Hauptsache.   WILLIAM SHAKESPEARE

Der Wille ist Charakter in Aktion.   SPRUCH

Das widerfährt allein dem Weisen, dass er nichts wider Willen tut.

MARCUS TULLIUS CICERO

Wollen heißt Mut haben, sich Misslichem auszusetzen.   STENDHAL

Bevor man weiß, was man will, muss man wissen, was man nicht will.

GERHARD UHLENBRUCK

Dem, der es so haben will, geschieht kein Unrecht.

ULPIANUS

Wille ist Wollen, und Freiheit ist Können.

VOLTAIRE

Wirklichkeit

Nichts ist so unglaubwürdig wie die Wirklichkeit.

FJODOR MICHAIJLOWITSCH DOSTOJEWSKI

Die Wirklichkeit ist nur ein fader Abklatsch unserer Träume.

HELMAR NAHR

Die Wirklichkeit ist unser größter Widersacher.

OLOF PALME

Man erlebt nicht das, was man erlebt, sondern wie man es erlebt.

WILHELM RAABE

Wirtschaft

Die Wirtschaft ist ein Gebiet, das am wenigsten Willkür verträgt.

MILOVAN DJILAS

Wirtschaft ist wie ein Fahrrad: Es hält nur Balance, wenn es fährt.

PETER F. DRUCKER

Wirtschaftliche Macht ist politische Macht.   VALÉRY GISCARD D'ESTAING

Aller Anfang ist schwer, am schwersten der Anfang der Wirtschaft.

JOHANN WOLFGANG VON GOETHE

Die Wirtschaft ist das Flussbett der Geschichte.   EDWARD HEATH

Arbeitslosengeld ersetzt den Arbeitslohn, aber nicht die Arbeit.

ROBERT MUTHMANN

Kratze am Politischen und das Wirtschaftliche kommt zum Vorschein.

LOTHAR SCHMIDT

Ungelöste Probleme werden von den Wirtschaftspolitikern subventioniert.

LOTHAR SCHMIDT

Der Monarch der Wirtschaft ist seine Effizienz der Ertrag.

NORBERT STOFFEL

In der Wirtschaft zahlt jeder selber seine Zeche.   NORBERT STOFFEL

Generäle kann man anschnauzen und still stehen lassen, Zahlen nicht.

FRANZ-JOSEF STRAUß

In der Wirtschaft kämpft man um jeden Preis.   GERHARD UHLENBRUCK

Wirtschaftspolitik

Politik, das ist Wirtschaftslehre in Aktion.   ROBERT MARION LA FOLLETTE

Münzverschlechterung: altertümliches Wort für Finanzpolitik.

HELMAR NAHR

Jedes Maß an Freiheit ist abhängig vom Wirtschaftssystem.

LOTHAR SCHMIDT

Wissen

Wo das Wissen aufhört, fängt der Glaube an.   AUGUSTINUS

Wissen ist Macht.   FRANCIS BARON VERULAM BACON

Der Baum des Wissens ist nicht der des Lebens.

LORD GEORGE GORDON NOËL BYRON

Das Wissen hat bittere Wurzeln, aber seine Früchte sind süß.

CATO DER ÄLTERE

Alles wahre Wissen widerspricht dem gesunden Menschenverstand.

MANDELL CREIGHTON

Alles Wissen besteht in einer sicheren und klaren Erkenntnis.

RENÉ DESCARTES

Genug weiß niemand, zuviel so mancher.

MARIE VON EBNER-ESCHENBACH

Wer Wissen hat, lasse andere ihr Licht daran entzünden.

MARGARET FULLER

Wissen ist gut, doch Können ist besser. EMANUEL GEIBEL

Eigentlich weiß man nur, wenn man wenig weiß.

JOHANN WOLFGANG VON GOETHE

Mit dem Wissen wächst der Zweifel. JOHANN WOLFGANG VON GOETHE

Wissen beruhigt; erst wo wir nichts mehr wissen, beginnt das Wagnis.

ERNST R. HAUSCHKA

Unser Wissen ist Vermutung und unser Tun ist Streben.

THEODOR GOTTLIEB VON HIPPEL

Alles Wissen ist Erinnerung. THOMAS HOBBES

Alles Wissen stammt aus der Erfahrung. IMMANUEL KANT

Bekenntnisse ersetzen keine Kenntnisse. RON KRITZFELD

Wissen ist das Kind der Erfahrung. LEONARDO DA VINCI

Wissen macht schrittweise, nicht sprunghaft Fortschritt.

THOMAS BABINGTON LORD MACAULAY

Unser Wissen ist ein Tropfen, was wir nicht wissen, ein Ozean.

SIR ISAAC NEWTON

Wissen ist erst Macht, wenn man weiß, was man damit machen kann.
HANS-JÜRGEN QUADBECK-SEEGER

Auf dem Wege zum Wissen begegnen uns viele Zweifel. LOTHAR SCHMIDT

Wissen ist Macht. Doch entscheidend ist die Tat. LOTHAR SCHMIDT

Wissen teilt die Dinge, Weisheit fügt sie zusammen. LOTHAR SCHMIDT

Wissen, was andere wissen, ist besser als gar nichts wissen.
LOTHAR SCHMIDT

Wissen braucht wenig Worte, Nichtwissen viele. WILHELM SCHWÖBEL

Wissen macht Radikale, Unwissen Fanatiker. WILHELM SCHWÖBEL

Ich weiß, dass ich nichts weiß. SOKRATES

Wissenschaft

Die Wissenschaft ist das Abbild der Wirklichkeit.
FRANCIS BARON VERULAM BACON

Die Wissenschaften nähren die Jugend, ergötzen das Alter.
MARCUS TULLIUS CICERO

Jede Wissenschaft hat die Voraussicht zum Zweck. AUGUSTE COMTE

Gott würfelt nicht. ALBERT EINSTEIN

Das Buch des Universums ist in mathematischen Lettern geschrieben!
GALILEO GALILEI

Wissenschaften allein haben die Welt erleuchtet.
JOHANN GOTTFRIED VON HERDER

Die Wissenschaft ist die Ortsbeschreibung der Unwissenheit.
OLIVER WENDELL HOLMES

Wer Wissenschaft treibt, bereitet unabsehbare Folgen vor.
WILHELM VON HUMBOLDT

Der Glaube an die Abwendbarkeit des Schicksals heißt Wissenschaft.
HANS LOHBERGER

Wissenschaft: die Nachahmung der Natur in Begriffen. HANS LOHBERGER

Wissenschaft: statt vieler kleiner x macht man ein großes.
HANS LOHBERGER

Wissensdurst ist die flüssige Form des Bildungshungers. WERNER MITSCH

Die Naturgesetze behandeln auch den Menschen nur als Sache.
ROBERT MUTHMANN

Die Wissenschaft stellt auf, worin der Mensch fest geworden ist.
FRIEDRICH NIETZSCHE

Wissenschaft ist nur eine Hälfte. Glaube ist die andere. NOVALIS

Die Wissenschaften sind das Meisterwerk des Genies und der Vernunft.
JEAN-JACQUES ROUSSEAU

Wissenschaft ist organisiertes Wissen. HERBERT SPENCER

Wissenschaft Wissen schafft. NORBERT STOFFEL

Witz

Witz ist nichts als amüsant gemachte Wahrheit.
EARL EDWARD GEORGE BULWER-LYTTON

Was ist Witz? Verschmitzt ausgedrückte Vernunft.
ANDRÉ-MARIE DE CHENIÉR

Ein guter Witz reist inkognito.   MARIE VON EBNER-ESCHENBACH

Der Witz ist ein spielendes Urteil.   KUNO FISCHER

Der Witz ist das Salz der Unterhaltung, nicht die Nahrung.
WILLIAM HAZLITT

Witz ohne Ernst ist nur ein Niesen des Verstandes.   HEINRICH HEINE

Witz ist wie ein Aal – er windet sich heraus.
THEODOR GOTTLIEB VON HIPPEL

Der Witz ist der verkleidete Priester, der jedes Paar traut.   JEAN PAUL

Witz erlaubt uns manchmal, ungestraft grob zu sein.   LA ROCHEFOUCAULD

Der Witz ist das Epigramm auf den Tod eines Gefühls.
FRIEDRICH NIETZSCHE

Witz. – Die witzigsten Autoren erzeugen das kaum bemerkbare Lächeln.
FRIEDRICH NIETZSCHE

Witz ist eine Explosion von gebundenem Geist.
FRIEDRICH VON SCHLEGEL

Wer keinen Spaß versteht, dem fehlt der Witz.   GERHARD UHLENBRUCK

Witz ist Intellekt auf dem Bummel.   OSCAR WILDE

Wohlstand

Wohlstand: Verfall der Satten.   RON KRITZFELD

Mir reicht's. Diese Maxime hat unter Wohlhabenden Seltenheitswert.
WERNER MITSCH

Wohlstand ist Produktivität plus Gerechtigkeit.   HELMAR NAHR

Wohlstand ist Überfluss des Notwendigen.   LOTHAR SCHMIDT

Der Preis des Wohlstands ist der Neid.   NORBERT STOFFEL

Der Wohlstand finanziert die Unzufriedenheit.   NORBERT STOFFEL

Wohlstandsgesellschaft: Der vergoldete Mittelweg.
GERHARD UHLENBRUCK

Wohltat

Eine Wohltat wird in des Schlechten Herz zu Gift.
LORD GEORGE GORDON NOËL BYRON

Man muss das Gute tun, damit es in der Welt sei.
MARIE VON EBNER-ESCHENBACH

Die größten Wohltaten Gottes achtet man zumeist am wenigsten.
JEREMIAS GOTTHELF

Ein Wohltäter hat immer etwas von einem Gläubiger.
CHRISTIAN FRIEDRICH HEBBEL

Worte

Worte sind die Ärzte eines erkrankten Gemüts.   AISCHYLOS

Wortverdreher: ein Lügner im Larvenstadium.   AMBROSE BIERCE

Niemand holt sein Wort wieder ein.   WILHELM BUSCH

Das Wort ist das Band zwischen dem Ich und Du.   FERDINAND EBNER

Das Wort ist das Medium der Erinnerung.   FERDINAND EBNER

Worte sind Brücken.   FERDINAND EBNER

Worte sind Taten des Geistes. FERDINAND EBNER

Das Wort verwundet leichter als es heilt.
JOHANN WOLFGANG VON GOETHE

Ein geistreich-aufgeschlossenes Wort wirkt auf die Ewigkeit.
JOHANN WOLFGANG VON GOETHE

Mit Worten lässt sich trefflich streiten.
JOHANN WOLFGANG VON GOETHE

Worte sind wie Salz: auf die Menge kommt es an. ERNST R. HAUSCHKA

Worte sind die einzigen Dinge, die ewig währen. WILLIAM HAZLITT

Das Wort ist mächtiger als der es spricht. HUGO VON HOFMANNSTHAL

Worte sind die leichten, feenhaften Kolibris der Vorstellungskraft.
ELBERT G. HUBBARD

Starke und bittere Worte sind Zeichen einer schwachen Sache.
VICTOR HUGO

Worte: Legt man nicht auf die Goldwaage – Reden ist Silber!
RON KRITZFELD

Worte: die Eisenspäne im Magnetfeld der Sprache. HANS LOHBERGER

Ich möchte nicht ohne das Wort leben, selbst nicht im Paradiese.
MARTIN LUTHER

Mir fehlen die Worte. – Meist ein leeres Versprechen. ROBERT MUTHMANN

Das Wort ist nur ein Zeichen für den Gedanken. FRIEDRICH NIETZSCHE

Ein Wort ist die Abbildung eines Nervenreizes in Lauten.
FRIEDRICH NIETZSCHE

Jedes Wort ist ein Vorurteil. FRIEDRICH NIETZSCHE

Freundliche Worte kosten nichts und bringen viel ein. BLAISE PASCAL

Das Wort lebt länger als die Tat. PINDAR

Worte sind oft nur Vorhänge der Gedanken. PLUTARCH

Der Worte sind genug gewechselt, lasst uns endlich Daten sehen.
HANS-JÜRGEN QUADBECK-SEEGER

Große Worte können Politik nicht ersetzen. WALTER SCHEEL

Das Wort ist frei, die Tat ist stumm, der Gehorsam blind.
FRIEDRICH VON SCHILLER

Entwischte Worte sind beleidigte Vertraute. FRIEDRICH VON SCHILLER

Die Worte der Großen sind oft nur große Worte. LOTHAR SCHMIDT

Große Worte sind Waffen, die in keinem Kriege fehlen. LOTHAR SCHMIDT

Große Worte verbergen kleine Gedanken. LOTHAR SCHMIDT

Je mehr Worte, desto weniger bleibt haften. LOTHAR SCHMIDT

Wortbilder und Wortspiele sind die Waffen der Ideen. LOTHAR SCHMIDT

Worte machen Leute. LOTHAR SCHMIDT

Worte sind Hornsignale, Herolde der Meinungsbildung. LOTHAR SCHMIDT

Worte sind Waffen. LOTHAR SCHMIDT

Worte, chamäleongleich, zeigen die Farbe ihrer Umgebung.
LOTHAR SCHMIDT

Wortspiele spielen in Sätzen und Gegensätzen. LOTHAR SCHMIDT

Zündende Worte fangen am schnellsten in Strohköpfen Feuer.
LOTHAR SCHMIDT

Jedes überflüssige Wort wirkt seinem Zweck gerade entgegen.
ARTHUR SCHOPENHAUER

In der Kürze liegt die Würze. WILLIAM SHAKESPEARE

Wo Worte selten sind, haben sie Gewicht. WILLIAM SHAKESPEARE

Viele Worte wässern, wenig Worte würzen. CARL VON SPITTELER

Worte sind Zwerge, Beispiele sind Riesen. SPRICHWORT

Schöne Worte sind nicht wahr, wahre Worte sind nicht schön.
SPRICHWORT AUS CHINA

Taten sind Früchte, Worte nur Blätter. SPRICHWORT AUS GRIECHENLAND

Es ist unglaublich, welche Gewalt Worte üben können. ADALBERT STIFTER

Worte verändern sich durch Bewertung. NORBERT STOFFEL

Nicht so große Worte! Sie besagen so wenig. OSCAR WILDE

Wunder

Über alles Wunder hinaus das größere Wunder ist der Mensch.
AUGUSTINUS

Der Mensch verlangt nicht so sehr nach Gott als nach dem Wunder.
FJODOR MICHAIJLOWITSCH DOSTOJEWSKI

Es gibt kein Wunder für den, der sich nicht wundern kann.
MARIE VON EBNER-ESCHENBACH

Das Wunder ist des Glaubens liebstes Kind.
JOHANN WOLFGANG VON GOETHE

Das große unzerstörbare Wunder ist der Menschenglaube an Wunder.
JEAN PAUL

Um Wunder zu erleben, muss man an sie glauben.
CARL LUDWIG SCHLEICH

Wunder leben vom Glauben.
NORBERT STOFFEL

Wunsch

Kein Mensch ist reich, der mehr wünscht als er hat.
JOSH BILLINGS

Ein jeder Wunsch, wenn er erfüllt, kriegt augenblicklich Junge.
WILHELM BUSCH

Wo man am meisten drauf erpicht, gerade das bekommt man nicht.
WILHELM BUSCH

Die Menschen glauben gern, was sie wünschen.
GAIUS JULIUS CAESAR

Der Wunsch ist der Vater der Hoffnung.
MARIE VON EBNER-ESCHENBACH

Der Mensch braucht Wünsche.
CLAUDE-ADRIEN HELVÉTIUS

Der Wunsch klug zu erscheinen verhindert oft, es zu werden.
LA ROCHEFOUCAULD

Wie einer ist, so wünscht und hofft er.
JOHANN CASPAR LAVATER

Wunschlos glücklich. Mit der Hoffnung am Ende?
WERNER MITSCH

Der Wunsch ist ein Wille, der sich nicht ganz ernst nimmt.
ROBERT MUSIL

Wünschen ist ein Anzeichen von Genesung oder Besserung.

FRIEDRICH NIETZSCHE

Ist es nicht Sünde, zu wünschen ohne zu handeln? FRIEDRICH RÜCKERT

Der Mensch hat viele Bedürfnisse. Doch er lebt von seinen Wünschen.

LOTHAR SCHMIDT

Der Wunsch ist der Traum der Wachen. LOTHAR SCHMIDT

Wünsche brauchen genau soviel Energie wie Pläne. LOTHAR SCHMIDT

Wünsche verfälschen die Erkenntnis. ARTHUR SCHOPENHAUER

Wer keine Wünsche hat, hat auch keine Träume RUPERT SCHÜTZBACH

Der Wunsch ist der Vater des Gedankens. WILLIAM SHAKESPEARE

Würde

Wir kennen die Würde des Mannes: sie heißt Mut und Arbeit.

ERNST MORITZ ARNDT

Die Würde ist ein Mantel, welcher die Dummheit am besten verbirgt.

AUS DEN „FLIEGENDEN BLÄTTERN"

Von der Zunge hängen des Menschen Würde und Glück ab.

ERASMUS VON ROTTERDAM

Die Würde: mancher Menschen steht nicht ohne Grund im Konjunktiv.

RON KRITZFELD

Würde ist Eigenbau. NORBERT STOFFEL

Die Würde des Menschen ist verletzlich. GERHARD UHLENBRUCK

Zahl

Die Zahl ist das reinste Schema der Größe.   IMMANUEL KANT

Die Zahl ist das Wesen aller Dinge.   PYTHAGORAS

Zeit

Mit Geduld und Zeit kommt man allmählich weit!
                                    ABRAHAM A SANTA CLARA

Unsere Zeit hat eine zermürbende Kraft.
                                    JACOB CHRISTOPH BURCKHARDT

Eins, zwei, drei im Sauseschritt läuft die Zeit, wir laufen mit.
                                    WILHELM BUSCH

Die Zeit ist schlecht? Wohlan, du bist da, sie besser zu machen.
                                    THOMAS CARLYLE

Die Zeit ist eine mächtige Meisterin; sie bringt vieles in Ordnung.
                                    PIERRE CORNEILLE

Zeit ist Geld.   BENJAMIN FRANKLIN

Die Zeit ist mein Besitz, mein Acker ist die Zeit.
                                    JOHANN WOLFGANG VON GOETHE

Unsere Zeit ist eine Parodie aller vorhergehenden.
                                    CHRISTIAN FRIEDRICH HEBBEL

Die Zeit ist die Larve der Ewigkeit.   JEAN PAUL

Die Zeit ist Bewegung im Raum. JOSEPH JOUBERT

Was macht die Zeit in ihrer Freizeit? Sie prüft die Größe der Großen.
VYTAUTAS KARALIUS

Zahn der Zeit: Zerkleinert unsere kühnsten Erwartungen. RON KRITZFELD

Zeit ist lediglich die ordentliche Folge der Dinge.
GOTTFRIED WILHELM FREIHERR VON LEIBNIZ

Zeit ist eindimensionale Ewigkeit. HANS LOHBERGER

Zeit ist Geld. Eine harte Währung ohne Konvertibilität. JEANNINE LUCZAK

Die Zeit ist eine feine Herrin. JULES MAZARIN

Gegenüber der Zeit ist der Mensch machtlos. WERNER MITSCH

Ohne Zeit besitzt man nichts. MICHEL DE MONTAIGNE

Die Zeit ist Geld in jeder Währung. HANS-JÜRGEN QUADBECK-SEEGER

Des Menschen Engel ist die Zeit. FRIEDRICH VON SCHILLER

Die Uhr schlägt keinem Glücklichen. FRIEDRICH VON SCHILLER

Jeder Kalender erinnert uns daran, dass unsere Tage gezählt sind.
LOTHAR SCHMIDT

Nütze die Zeit. Sie gehört zu den nicht vermehrbaren Gütern.
LOTHAR SCHMIDT

Wir vertreiben uns die Zeit. Doch mit der Zeit vertreibt die Zeit uns.
LOTHAR SCHMIDT

Von der Zeit nehmen wir nur Notiz, wenn sie vorbei ist. LOTHAR SCHMIDT

Was die Zeit nicht heilt, vernichtet sie. RUPERT SCHÜTZBACH

Die Zeit ist Amme und Mutter alles Guten. WILLIAM SHAKESPEARE

Es gibt nichts Gutes in dieser Welt, das die Zeit nicht verbessert.
ALEXANDER SMITH

Die Zeit eilt, heilt, teilt. SPRICHWORT AUS DEUTSCHLAND

Warte nie, bis du Zeit hast. SPRICHWORT AUS DEUTSCHLAND

Die Zeit ist eine geräuschlose Feile. SPRICHWORT AUS ITALIEN

Die Zeit ist das kostbarste Gut: Man kann sie für Geld nicht kaufen.
JÜDISCHES SPRICHWORT

Akzeptiere deine Zeit, du hast keine andere. NORBERT STOFFEL

Der Zug der Zeit ist ständig überfüllt. NORBERT STOFFEL

Die Not unserer Zeit besteht in unserer Zeitnot. GERHARD UHLENBRUCK

Die Zeit heilt alle Wunden – auch ohne medizinische Staatsexamen.
GERHARD UHLENBRUCK

Man gewinnt die meiste Zeit dadurch, dass man keine Zeit verliert.
GERHARD UHLENBRUCK

Der am meisten beschäftigte Mensch hat die meiste Zeit.
ALEXANDRE VINET

Zeit ist Geldverschwendung. OSCAR WILDE

Verschwendete Zeit ist Dasein, gebrauchte Zeit ist Leben.
EDWARD YOUNG

Zeitgeist

Jede große Zeit erfasst den ganzen Menschen. THEODOR MOMMSEN

Lebe mit deinem Jahrhundert, aber sei nicht sein Geschöpf.
FRIEDRICH VON SCHILLER

Wir atmen Gedanken ein, die in der Luft liegen. LOTHAR SCHMIDT

Die Zeit ist aus den Fugen. WILLIAM SHAKESPEARE

Zeitung

Die Zeitung ist eine Leihbibliothek mit hohem Blutdruck. ARTHUR BAER

Zeitungen sind die Spiegel der Welt. JAMES ELLIS

Zeitungsenten bringen Leser zum Schnattern. GERHARD UHLENBRUCK

Jede Zeitungsnummer ist heute die Bühne eines großen Dramas.
STANISLAW WITKIEWICZ

Ziel

Man muss es so einrichten, dass einem das Ziel entgegenkommt.
THEODOR FONTANE

Die Schwierigkeiten wachsen, je näher man dem Ziele kommt.
JOHANN WOLFGANG VON GOETHE

Wer nicht läuft, gelangt nie ans Ziel! JOHANN GOTTFRIED VON HERDER

Wenn wir die Ziele wollen, wollen wir auch die Mittel. IMMANUEL KANT

Keine Politik ist besser als die Ziele, die sie sich setzt. HENRY A. KISSINGER

Das Ziel gibt der Richtung einen Sinn.   WERNER MITSCH

Es gibt immer mehr Strassen und immer weniger Ziele.   WERNER MITSCH

Man macht sich lächerlich, spannt man sein Ziel zu weit.   MOLIÈRE

Formel meines Glücks: ein Ja, ein Nein, eine gerade Linie, ein Ziel.
FRIEDRICH NIETZSCHE

Nur aufs Ziel sehen verdirbt die Lust am Reisen.   FRIEDRICH RÜCKERT

Um eine Entscheidung zu treffen, muss man zielen können.
RUPERT SCHÜTZBACH

Zins

Eine Investition in Wissen bringt immer noch die besten Zinsen.
BENJAMIN FRANKLIN

Was den Zins des Geldes nicht einträgt, bleibt ungeboren.   SILVIO GESELL

Der Zins hat schnelle Füße – er läuft davon, bevor du dich umsiehst.
SPRICHWORT

Zins und Miete schlafen nicht.   SPRICHWORT AUS DEUTSCHLAND

Zitate

Die alten Wörter sind die besten und die kurzen die allerbesten.
SIR WINSTON CHURCHILL

So ein paar grundgelehrte Zitate zieren den ganzen Menschen.
HEINRICH HEINE

Zitat: Zutat zu Reden, Zierart für Ansprachen.   RON KRITZFELD

Das Kurzzitat ist ein geistiges Stenogramm. LOTHAR SCHMIDT

Kurzzitate erfreuen das Langzeitgedächtnis. LOTHAR SCHMIDT

Was bleibt, ist das Zitat. LOTHAR SCHMIDT

Wer gut zitiert, wird re-zitiert. LOTHAR SCHMIDT

Zivilisation

Zivilisation ist der Apparat der Kultur. HANS LOHBERGER

Erster Satz der Zivilisation: jede Sitte ist besser als keine Sitte.
FRIEDRICH NIETZSCHE

Zivilisation ist die Fortsetzung der Evolution mit anderen Mitteln.
HANS-JÜRGEN QUADBECK-SEEGER

Unsere zivilisierte Welt ist nur eine große Maskerade.
ARTHUR SCHOPENHAUER

Zögern

Das Schlimmste an allen Dingen ist die Unentschlossenheit. NAPOLEON I.

Wer zögert, hat das Spiel halb verloren. SPRICHWORT AUS DEUTSCHLAND

Der Zaghafte sieht Gefahren, die überhaupt nicht bestehen. PUBLIUS SYRUS

Zorn

Des Zornes Ende ist der Reue Anfang.
FRIEDRICH MARTIN VON BODENSTEDT

Der Zorn ist eine laute, der Ärger eine leise Empörung.

ERNST R. HAUSCHKA

Der Zorn ist ein kurzer Wahnsinn.

HORAZ

Zorn mit Ohnmacht wird verspottet.

MAGNUS GOTTFRIED LICHTWER

Zufall

Das Zufällige ist die Blume der Poesie auf dem Alltagsbaum.

HANS CHRISTIAN ANDERSEN

Die glücklichsten Begegnungen verdanken wir dem Zufall.

GIACOMO GIROLAMO CASANOVA

Zufall ist der Spitzname für Vorsehung.

NICOLAS CHAMFORT

Der Zufall ist die in Schleier gehüllte Notwendigkeit.

MARIE VON EBNER-ESCHENBACH

Zufall ist der gebräuchlichste Deckname des Schicksals.

THEODOR FONTANE

Die zwei größten Tyrannen der Erde: der Zufall und die Zeit.

JOHANN GOTTFRIED VON HERDER

Der Glückspilz erntet Früchte, die der Zufall sät.

WERNER MITSCH

Ereignisse, die er nicht begreift, nennt der Mensch Zufall.

WERNER MITSCH

Wer die Ursache nicht kennt, nennt die Wirkung Zufall.

WERNER MITSCH

Zufälle sind oft günstige Gelegenheiten.

ROBERT MUTHMANN

Der Zufall ist der einzige legitime Herrscher des Universums.

NAPOLEON I.

Aller Zufall ist wunderbar. NOVALIS

Der Zufall begünstigt nur den vorbereiteten Geist. LOUIS PASTEUR

Der Zufall ist das Ende einer verborgenen Kausalkette.
HANS-JÜRGEN QUADBECK-SEEGER

Glück ist die seltenste Form des Zufalls. GERHARD UHLENBRUCK

Zufall ist ein Wort ohne Sinn, nichts kann ohne Ursache existieren.
VOLTAIRE

Zufriedenheit

Ach, spricht er, die größte Freud' ist doch die Zufriedenheit.
WILHELM BUSCH

Leute, die mit sich selbst zufrieden sind, richten wenig aus.
CHRISTINA VON SCHWEDEN

Zufriedenheit ist Glück. THOMAS FULLER

Gleichmütigkeit ist das Selbstgefühl einer gesunden Seele.
IMMANUEL KANT

Um Zufriedenheit zu erzeugen, ist ab und zu ein wenig Not vonnöten.
WERNER MITSCH

Zufriedene sind das Unglück der Werbung. HELMAR NAHR

Zufriedenheit ist eine Tugend, Selbstzufriedenheit ein Fehler.
SPRICHWORT AUS DEUTSCHLAND

Zufriedenheit ist die Verwandlung von Resignation in Glück.
NORBERT STOFFEL

Zuhören

Eine gute Rede soll das Thema erschöpfen, nicht die Zuhörer.

SIR WINSTON CHURCHILL

Zuhören können ist der halbe Erfolg. CALVIN COOLIDGE

Überhören: Die hohe Kunst des Zuhörens. RON KRITZFELD

Richtig zuhören heißt, auch das hören, was man nicht gern hört. SPRUCH

Der Zuhörer ist ein schweigender Schmeichler. SPRUCH

Zukunft

Man kann die Zukunft nie im Lichte der Vergangenheit planen.

EDMUND BURKE

Der beste Prophet der Zukunft ist die Vergangenheit.

LORD GEORGE GORDON NOËL BYRON

Die Reiche der Zukunft sind Reiche des Geistes.

SIR WINSTON CHURCHILL

Was ist die Zukunft? Für dich nichts als du selbst.

ERNST FREIHERR VON FEUCHTERSLEBEN

Die Zukunft ist das, was die Menschen immer vor sich herschieben.

WERNER MITSCH

Die Zukunft beeinflusst die Gegenwart genauso wie die Vergangenheit.

FRIEDRICH NIETZSCHE

Die Zukunft ist die Ausrede des Kommunismus. LOTHAR SCHMIDT

Wer die Zukunft fürchtet, verdirbt sich die Gegenwart. LOTHAR SCHMIDT

Heute ist heute, aber morgen ist ein unbegreiflicher Tag.

SPRICHWORT AUS HOLLAND

Zustimmung

Für seine Arbeit muss man Zustimmung suchen, aber niemals Beifall.

MONTESQUIEU

Zustimmen, das heißt gewöhnlich: würdevoll nachgeben.

LOTHAR SCHMIDT

Billige nur, was dir auch teuer ist.

NORBERT STOFFEL

Wer uns zustimmt, hat Recht.

NORBERT STOFFEL

Zuversicht

Mit der Einsicht steigt die Zuversicht.

MAX DAUTHENDEY

Zuversicht teile mit anderen, Furcht behalte für dich.

LOTHAR SCHMIDT

Die Zuversicht ist das Geländer an der Treppe des Lebens.

NORBERT STOFFEL

Zwang

Zwang: die Beredsamkeit der Macht.

AMBROSE BIERCE

Jeder Zwang ist Gift für die Seele.

LUDWIG BÖRNE

Wo man gezwungen geht, da bleibt man stets zurück.

JOHANN CHRISTOPH GOTTSCHED

Eine Seele ohne Zwang ist auch ohne Laster.

PETER HILLE

Sachzwänge sind Zwangsjacken, in die uns die Natur der Sache steckt.

RUPERT SCHÜTZBACH

Zwang ist kein Wille.

SPRICHWORT AUS DEUTSCHLAND

Der Zwang heiligt die Mittel.

NORBERT STOFFEL

Zweck

Das Angenehme muss man mit dem Nützlichen verbinden.

HORAZ

Im Reiche der Zwecke hat alles entweder einen Preis oder eine Würde.

IMMANUEL KANT

Nur wo die Fertigkeit höheren Zwecken dient, hat sie Wert.

ROBERT SCHUMANN

Zweifel

Glaubet den Zweifelnden und zweifelt, wenn man Glauben gebietet.

LUDWIG BÖRNE

Erst zweifeln, dann untersuchen, dann entdecken.

HENRY THOMAS BUCKLE

Zweifel ist der Weisheit Anfang.

RENÉ DESCARTES

Der Zweifel ist eine Huldigung, welche man der Hoffnung darbringt.

COMTE DE LAUTRÉAMONT

Der Zweifel ist der Wind im Kornfeld des Glaubens.

WERNER MITSCH

Der Zweifel zerfrisst ein jeglich Werk.

PARACELSUS

An den Rändern der Theorie wächst der Zweifel.

HANS-JÜRGEN QUADBECK-SEEGER

Unsere Zweifel bestimmen unser Leben mehr als unsere Gewissheiten.

LOTHAR SCHMIDT

Des Glaubens Sonde ist der Zweifel. JOHANN GOTTFRIED SEUME

Der Zweifel ist der Trainer der Wahrheit. NORBERT STOFFEL

Zweifel ist der Erkenntnis Anfang. JOHAN AUGUST STRINDBERG

Zweifel schläfert man ein, indem man Hoffnungen weckt.

GERHARD UHLENBRUCK

Verzeichnis ausgewählter Quellen

Herausgeber und Verlag sind den Autoren der Zitate und Aphorismen sehr verpflichtet. Vielen zeitgenössischen Autoren fühlt sich der Herausgeber freundschaftlich verbunden. Ihnen sei für die Nachdruckerlaubnis an dieser Stelle besonders herzlich gedankt.

In diesen Zusammenhang weisen Herausgeber und Verlag ausdrücklich darauf hin, dass **sämtliche Zitate** – mit Ausnahme der bereits freien – urheberrechtlichen Schutz genießen. Ohne schriftliche Genehmigung des Verlages darf kein Zitat reproduziert oder unter Verwendung elektronischer Systeme gespeichert werden. Insbesondere sind davon die Zitate folgender Autoren betroffen: Ernst R. Hauschka, Vytautas Karalius, Hans Lohberger, Werner Mitsch, Robert Muthmann, Helmar Nahr, Hans-Jürgen Quadbeck-Seeger, Lothar Schmidt, Rupert Schützbach, Wilhelm Schwöbel, Hans-Horst Skupy, Norbert Stoffel, Gerhard Uhlenbruck, Hans-Armin Weirich.

Herausgeber und Verlag danken den folgenden Verlagen für ihre freundliche Abdruckerlaubnis:

Econ Verlagsgruppe Düsseldorf:
    Peter F. Drucker, André Kostolany, John Naisbitt, Norbert Wiener

Karolinger Verlag, Wien:
    Nicolás Gómez Dávila

Autorenverzeichnis

Abbott, Lyman; 1835–1922; am. Religionsphilosoph
Abraham a Santa Clara; eigentl. Johann Ulrich Megerle; 1644–1709; dt. Prediger
Acton, Lord John E.; 1834–1902; engl. Historiker
Adams, Henry Brooks; 1838–1918; am. Historiker
Adams, William; 1822–1897; am. Schriftsteller
Addison, Joseph; 1672–1719; engl. Dichter
Adenauer, Konrad; 1876–1967; dt. Staatsmann, erster Bundeskanzler (1949–1967)
Aischylos; 525–456 aD; griech. Dichter, Begründer der Tragödie
Alcott, Amos Bronson; 1799–1888; am. Pädagoge, Philosoph
Alexander von Aphrodisias; um 200; griech. Philosoph
Alger, William Rounseville; 1825–1903; am. Geistlicher
Altenberg, Peter; eigentl. Richard Engländer; 1859–1919; öster. Dichter
Amiel, Henri-Frédéric; 1821–1881; schweiz. Philosoph, Kritiker
Andersen, Hans Christian; 1805–1875; dän. Dichter
Anzengruber, Ludwig; 1839–1889; öster. Dramatiker, Erzähler
Arbuthnot, John; 1667–1735; engl. Satiriker
Aristophanes; 445–385 aD; griech. Komödiendichter
Aristoteles; 384–322 aD; griech. Philosoph
Arndt, Adolf; 1904–1974; dt. Jurist, Politiker
Arndt, Ernst Moritz; 1769–1860; dt. Dichter, Historiker
Arnim, Bettina von; eigentl. Elisabeth von Arnim; 1785–1859; dt. Schriftstellerin
Auerbach, Berthold; 1812–1882; dt. Historiker, Erzähler, Essayist
Augustinus; eigentl. Aurelius Augustinus; 354–430; röm. Bischof in Nordafrika

Bacon, Francis Baron Verulam; 1561–1626; engl. Staatsmann, Philosoph
Baer, Arthur; 1897–1909; am. Humorist
Bagehot, Walter; 1826–1877; engl. Nationalökonom, Jurist
Bailey, Philip James; 1816–1902; engl. Schriftsteller

Bain, Alexander; 1818–1903; schott. Philosoph, Psychologe
Ballou, Hosea; 1771–1852; am. Geistlicher
Balzac, Honoré de; 1799–1850; frz. Romanschriftsteller, Dichter
Barrés, Maurice; 1862–1923; frz. Schriftsteller
Barrett, Lawrence; 1838–1891; am. Schauspieler
Baudelaire, Charles Pierre; 1821–1867; frz. Dichter, Kritiker
Bauernfeld, Eduard von; 1802–1890; öster. Dramatiker
Bebel, August; 1840–1913; dt. Politiker, 1867 Vorsitzender der Dt. Arbeitervereine
Beecher, Lyman; 1775–1863; am. Geistlicher
Beethoven, Ludwig van; 1770–1827; dt. Komponist
Bentham, Jeremy; 1748–1832; engl. Philosoph, Jurist
Bierbaum, Otto Julius; 1865–1910; dt. Erzähler, Lyriker, Schauspieldichter
Bierce, Ambrose; 1842–1914; am. Satiriker Schriftsteller, 1914 in Mexico verschollen
Billings, Josh; eigentl. Henry Wheeler Shaw; 1818–1885; am. Humorist
Bismarck, Otto von; 1815–1898; dt. Staatsmann, erster dt. Reichskanzler 1871–90
Björnson, Björnstjerne; 1832–1910; norweg. Dichter
Blake, William; 1757–1827; engl. Dichter, Maler, Kupferstecher
Bloy, Léon; 1846–1917; frz. Schriftsteller
Böcklin, Arnold; 1827–1901; schweiz. Maler
Bodenstedt, Friedrich Martin von; 1819–1892; dt. Dichter
Boethius, Anicius Manlius Severinus; 480–524; röm. Staatsmann, Philosoph
Bohn, Henry George; 1796–1884; engl. Schriftsteller
Bolingbroke, Henry Saint-John; 1678–1751; engl. Philosoph, Staatsmann
Bonald, Louis Gabriel Ambroise de; 1754–1840; frz. Philosoph, Vicomte
Börne, Ludwig; eigentl. Löb Baruch; 1786–1837; dt. Schriftsteller, Kritiker
Boßhart, Jakob; 1862–1924; schweiz. Erzähler
Bossuet, Jacques Bénigne; 1627–1704; frz. Geistlicher
Boufflers, Stanislas Jean de; 1738–1815; frz. Dichter
Bougeard, Alfred; 1815–1880; frz. Schriftsteller
Bovee, Christian Nestell; 1820–1904; am. Schriftsteller, Epigrammatiker
Bradley, Francis Herbert; 1846–1924; engl. Philosoph
Brandt, Willy; 1913–1992; dt. Politiker, Bundeskanzler 1969–74, Friedensnobelpreis 1971
Brant, Sebastian; 1458–1521; dt. Humanist, Schriftsteller
Braston, Oliver S.; um 1850; am. Philosoph
Brentano, Clemens; 1778–1842; dt. Dichter
Brillat-Savarin, Jean Anthelme; 1755–1826; frz. Schriftsteller, Gourmet
Browning, Robert; 1812–1889; engl. Dichter
Bryant, William Cullen; 1794–1878; am. Dichter
Büchner, Ludwig; 1824–1899; dt. Philosoph, Bruder des Dichters Georg Büchner
Buckle, Henry Thomas; 1821–1862; engl. Kulturhistoriker
Buffon, Georges-Louis Leclerc de; 1707–1788; frz. Philosoph, Naturforscher
Bulwer-Lytton, Earl Edward George; 1803–1873; engl. Schriftsteller, Staatsmann

Burckhardt, Jacob Christoph; 1818–1897; schweiz. Kunst- u. Kulturhistoriker
Burke, Edmund; 1729–1797; engl. Philosoph, Staatsmann
Burns, Robert; 1759–1796; schott. Dichter
Burr, Aron; 1756–1836; am. Offizier im Unabhängigkeitskrieg, Vizepräsident 1801–1805
Busch, Wilhelm; 1832–1908; dt. Dichter, Maler, Zeichner
Butler der Jüngere, Samuel; 1835–1902; engl. Philosoph, Essayist
Byron, Lord George Gordon Noël; 1788–1824; engl. Dichter der Romantik

Cabanis, Pierre; 1757–1808; frz. Arzt
Caesar, Gaius Julius; 101–44 aD; röm. Feldherr, Staatsmann, Schriftsteller
Calderón de la Barca; 1600–1681; span. Dramatiker
Campanella, Tommaso; 1568–1639; ital. Philosoph
Campbell, Thomas; 1777–1844; schott. Dichter
Campoamor y Campoosorio, Ramón de; 1817–1901; span. Dichter
Canning, George; 1770–1827; engl. Staatsmann
Canterbury, Anselm von; 1033–1109; engl. Philosoph, Theologe
Carlyle, Thomas; 1795–1881; schott. Schriftsteller, Essayist, Historiker, Philosoph
Carstens, Karl; 1914–1992; dt. Politiker, Bundespräsident 1979–1984
Casanova, Giacomo Girolamo; 1725–1798; ital. Abenteurer
Cato der Ältere; 234–149 aD; röm. Staatsmann, Feldherr, Historiker
Cervantes, Miguel de; 1547–1616; span. Dichter
Chamfort, Nicolas; eigentl. Sébastien Roch Nicolas; 1741–1794; frz. Moralist
Chamisso, Adalbert von; 1781–1838; dt. Dichter
Channing, William Ellery; 1780–1842; am. Theologe
Chapin, Edwin Hubbel; 1814–1880; am. Geistlicher
Chapman, George; 1559–1634; engl. Dramatiker
Charleton, Walter; 1619–1707; engl. Philosoph
Chateaubriand, François René Vicomte de; 1768–1848; frz. Dichter, Staatsmann
Cheniér, André-Marie de; 1762–1794; frz. Lyriker, Schriftsteller
Chesterfield, Lord Philip Dormer; 1694–1773; engl. Staatsmann, Schriftsteller
Chevalier, Albert; 1861–1923; engl. Komödienschreiber
Choate, Rufus; 1799–1859; am. Jurist, Staatsmann
Christina von Schweden; 1626–1689; schwed. Königin, Aphoristikerin
Christo; eigentl. Christo Javacheff; 1935–; bulgar.-am. Verpackungskünstler
Chrysostomus, Johannes; 345–407; byzant. Kirchenlehrer, Patriarch von Konstantinopel
Churchill, Sir Winston; 1874–1965; engl. Premierminister 1940–1945 u. 1951–1955
Cicero, Marcus Tullius; 106–43 aD; röm. Staatsmann, Schriftsteller
Clairvaux, Bernhard von; 1091–1153; frz. Kirchenlehrer
Claudius, Matthias; 1740–1815; dt. Dichter
Clausewitz, Karl von; 1780–1831; dt. preuß. General, Militärtheoretiker
Clémenceau, Georges Benjamin; 1841–1929; frz. Politiker, Min.-Präs. 1906–1909 u. 1917–1920
Coleridge, Samuel Taylor; 1772–1834; engl. Dichter, Philosoph

Collin d'Harleville, Jean-François; 1755–1806; frz. Schriftsteller
Colton, Charles Caleb; 1780–1832; engl. Pfarrer, Aphoristiker, Essayist
Comenius, Johann Amos; 1592–1670; tschech. Theologe, Pädagoge
Comte, Auguste; 1798–1857; frz. Philosoph, Soziologe
Congreve, William; 1670–1729; engl. Dichter
Conrad, Joseph; 1847–1924; poln.-engl. Schriftsteller
Coolidge, Calvin; 1872–1933; am. Staatsmann, 30. Präsident der USA (1923–1929)
Corneille, Pierre; 1606–1684; frz. Bühnendichter
Coubertin, Pierre Baron de; 1863–1937; frz. Gründer d. Olympischen Spiele d. Neuzeit
Coué, Émile; 1857–1926; frz. Apotheker, Autosuggestion
Cowley, Abraham; 1618–1667; engl. Dichter
Cowper, William; 1731–1800; engl. Dichter
Creighton, Mandell; 1845–1901; am. Geistlicher
Cromwell, Oliver; 1599–1698; engl. Staatsmann, Heerführer
Cues, Nikolaus von; 1401–1464; dt. Philosoph, Kardinal
Custine, Adam Philippe; 1742–1793; frz. General
Cyrano de Bergerac, Savinien de; 1619–1655; frz. Schriftsteller

Darwin, Charles; 1809–1882; engl. Naturforscher
Dauthendey, Max; 1867–1918; dt. Schriftsteller
Davenant, Sir William; 1606–1688; engl. Dichter, auch gen. D'Avenant
Dávila, Nicolás Gómez; 1913–1994; kolumb. Aphoristiker
Dawson, George; 1821–1876; engl. Geistlicher
Debs, Eugene Victor; 1855–1926; am. Politiker
Delacroix, Ferdinand Victor Eugène; 1798–1863; frz. Maler, Essayist
Demokrit; 460–370 aD; griech. Philosoph
Descartes, René; 1596–1650; frz. Philosoph, Mathematiker
Desmoulins, Camille; 1760–1794; frz. Revolutionär
Destouches, Philippe-Néricault; 1680–1754; frz. Schriftsteller
Dickens, Charles; 1812–1870; engl. Erzähler
Diderot, Denis; 1713–1784; frz. Philosoph, Schriftsteller
Dilthey, Wilhelm; 1833–1911; dt. Philosoph
Diogenes; um 225; griech. Philosoph
Disney, Walt; 1901–1966; am. Trickfilmzeichner, Filmproduzent
Disraeli, Benjamin; 1804–1881; engl. Premierminister, Schriftsteller
Djilas, Milovan; 1911–1995; jugoslaw. Schriftsteller, Politiker
Dostojewski, Fjodor Michaijlowitsch; 1821–1881; russ. Schriftsteller, Dichter
Droste-Hülshoff, Anette von; 1797–1848; dt. Dichterin, Freiin
Drucker, Peter F.; 1909–; am. Unternehmensberater, Management-Theoretiker, Publizist
Dryden, John; 1631–1700; engl. Dichter, Literaturkritiker
Dumas der Ältere, Alexandre; 1802–1870; frz. Schriftsteller
Dumas der Jüngere, Alexandre; 1824–1895; frz. Theaterschriftsteller, Romancier

Ebner, Ferdinand; 1882–1931; dt. Aphoristiker

Ebner-Eschenbach, Marie von; 1830–1916; öster. Erzählerin, Autorin, Aphoristikerin, Freifrau

Edison, Thomas Alva; 1847–1931; am. Erfinder

Egerer, Hatto; 1921–; dt. Arzt, Aphoristiker

Eichendorff, Josef Freiherr von; 1788–1857; dt. Dichter

Einstein, Albert; 1879–1955; dt.-am. Physiker, Relativitätstheorie, Nobelpreis 1921

Eliot, George; eigentl. Mary Ann Evans; 1819–1890; engl. Schriftstellerin

Ellis, James; 1769–1849; engl. Jurist

Emerson, Ralph Waldo; 1803–1882; am. Philosoph, Dichter

Emminger, Otmar; 1911–1986; dt. Präsident der Deutschen Bundesbank 1977–1979

Engel, Johann Jakob; 1741–1802; dt. Schriftsteller

Engels, Friedrich; 1820–1895; dt. Philosoph, Theoretiker des Sozialismus

Epicharmos; um 440 aD; griech. Komödiendichter

Epikur von Samos; 341–270 aD; griech. Philosoph

Erasmus von Rotterdam; 1469–1536; schweiz. Humanist

Euripides; 480–406 aD; griech. Bühnendichter, Tragiker

Farquhar, George; 1678–1707; ir. Dramatiker

Feistel, Monika; 1945–; dt. Autorin

Feuchtersleben, Ernst Freiherr von; 1806–1849; öster. Arzt, Schriftsteller, Lyriker, Essayist

Feuerbach, Anselm; 1829–1880; dt. Maler

Feuerbach, Ludwig Andreas; 1804–1872; dt. Philosoph

Fichte, Johann Gottlieb; 1762–1814; dt. Schriftsteller, Philosoph des Idealismus

Fielding, Henry; 1707–1784; engl. Schriftsteller, Humorist

Fischer, Kuno; 1824–1907; dt. Philosoph

Fisher, Irving; 1867–1947; am. Wirtschaftswissenschaftler

Fitzgerald, Edward; 1809–1883; engl. Dichter, Übersetzer

Flaubert, Gustave; 1821–1880; frz. Dichter

Fontaine, Jean de La; 1621–1695; frz. Fabeldichter

Fontane, Theodor; 1819–1898; dt. Schriftsteller, Erzähler

Ford I., Henry; 1863–1947; am. Industrieller, Begründer der Ford Motor Co.

Fox, Charles James; 1749–1806; engl. Politiker

France, Anatole; 1844–1924; frz. Dichter, Nobelpreis 1921

Franklin, Benjamin; 1706–1790; am. Staatsmann, Philosoph, Schriftsteller, Physiker

Franz von Sales; 1567–1622; frz. Kirchenlehrer, Bischof von Genf

Freytag, Gustav; 1816–1895; dt. Dichter

Friedman, Milton; 1912–; am. Wirtschaftswissenschaftler, Nobelpreis 1976

Fröbel, Friedrich Wilhelm August; 1782–1852; dt. Pädagoge, Gründer des ersten Kindergartens

Froude, James Anthony; 1818–1894; engl. Historiker

Fuller, Margaret; 1810–1850; am. Schriftstellerin, Gründerin der am. Frauenbewegung

Fuller, Thomas; 1608–1661; engl. Theologe, Philosoph, Historiker

Galiano, Ferdinando; 1728–1787; ital. Schriftsteller
Galilei, Galileo; 1564–1642; ital. Physiker, Naturforscher
Gambetta, Léon Michel; 1838–1882; frz. Staatsmann
Gandhi, Mahatma; 1869–1948; ind. Philosoph, Staatsmann, Staatsgründer
Gaulle, Charles de; 1890–1970; frz. General, Staatsmann, 1958–1969 Präsident
Gaultier, Denis; 1603–1672; frz. Musiker, Komponist
Gay, John; 1685–1732; engl. Dichter
Geibel, Emanuel; 1815–1884; dt. Dichter
Gellert, Christian Fürchtegott; 1715–1769; dt. Dichter
George, Henry; 1839–1897; am. Sozialphilosoph
Gesell, Silvio; 1862–1930; dt. Volkswirtschaftler
Gibran, Kahlil; 1883–1931; syr.-am. Dichter, Maler
Girardin, Emile de; 1806–1881; frz. Journalist
Giscard d'Estaing, Valéry; 1926–; frz. Politiker, Staatspräsident 1974–1981
Gladstone, William Ewart; 1809–1898; engl. Staatsmann
Godwin, William; 1756–1836; engl. Schriftsteller, Philosoph
Goethe, Johann Wolfgang von; 1749–1832; dt. Dichter
Gogh, Vincent van; 1813–1890; holl. Maler
Goldsmith, Oliver; 1728–1774; engl.-ir. Schriftsteller
Goncourt, Edmond de; 1822–1896; frz. Schriftsteller
Gorbatschow, Michail S.; 1931–; russ. Politiker, Staatspräsident der UdSSR 1990–1991
Görres, Joseph von; 1776–1848; dt. Publizist
Gotthelf, Jeremias; 1797–1854; schweiz. Schriftsteller, Erzähler
Gottsched, Johann Christoph; 1700–1766; dt. Literaturhistoriker
Gourmont, Rémy de; 1858–1915; frz. Philosoph, Essayist, Lyriker, Schriftsteller
Grabbe, Christian Dietrich; 1801–1836; dt. Dramatiker
Gracián y Morales, Balthasar; 1601–1658; span. Philosoph, Schriftsteller, Jesuitenpater
Gray, Thomas; 1716–1771; engl. Dichter
Grillparzer, Franz; 1791–1872; öster. Dichter
Grimm, Jacob; 1785–1863; dt. Sprach- u. Literaturwissenschaftler
Großmann, Christian Gottlob Leberecht; 1783–1857; dt. luth. Theologe
Grotius, Hugo; eigentl. Huig de Groot; 1583–1645; holl. Rechtsgelehrter, Staatsmann
Grün, Anastasius; Pseudonym von Graf von Auersperg; 1806–1876; öster. Dichter
Gryphius, Andreas; 1616–1664; dt. Dichter
Gsell, Stéfane; 1864–1932; frz. Archäologe, Historiker
Guazzo, Stefano; um 1574; ital. Schriftsteller
Guerrazzi, Francesco Domenico; 1804–1873; ital. Dichter, Freiheitskämpfer
Gutzkow, Karl; 1811–1878; dt. Journalist, Literaturkritiker, Schriftsteller des Jungen Deutschland

Haliburton, Thomas Chandler; 1796–1865; kanad. Humorist
Halm, Friedrich; 1806–1871; öster. Erzähler, Dramatiker, Lyriker
Hamann, Johann Georg; 1730–1788; dt. Philosoph

Hamerling, Robert; 1830–1889; öster. Dichter
Hammarskjöld, Dag; 1905–1961; schwed. Politiker, Diplomat, zweiter UNO-Generalsekretär
Hamsun, Knut; eigentl. Knut Pedersen; 1859–1912; norweg. Schriftsteller
Hansemann, David; 1790–1864; dt. Politiker
Harrington, James; 1611–1677; engl. Philosoph
Hauschka, Ernst R.; 1926–; dt. Schriftsteller, Bibliothekar, Aphoristiker
Hazlitt, William; 1778–1830; engl. Essayist, Kritiker
Heath, Edward; 1916–; engl. Politiker, 1970–1974 Premierminister
Hebbel, Christian Friedrich; 1813–1863; dt. Dichter
Hebel, Johann Peter; 1760–1826; dt. Schriftsteller
Hegel, Georg Wilhelm Friedrich; 1770–1831; dt. Philosoph
Heimann, Moritz; 1868–1925; dt. Schriftsteller
Heine, Heinrich; 1797–1856; dt. Dichter, Publizist
Heinemann, Gustav; 1899–1976; dt. Politiker, 1969–1974 Bundespräsident
Heinse, Hans Jakob Wilhelm; 1746–1803; dt. Schriftsteller
Helps, Sir Arthur; 1813–1875; engl. Historiker, Essayist
Helvétius, Claude-Adrien; 1715–1771; frz. Philosoph
Heraklit; 576–480 aD; griech. Historiker
Herbart, Johann Friedrich; 1776–1841; dt. Philosoph, Pädagoge
Herbert, George; 1593–1633; engl. Dichter, Geistlicher
Herder, Johann Gottfried von; 1744–1803; dt. Dichter, Theologe, Philosoph
Herodot; 485–425 aD; griech. Geschichtsschreiber
Heuss, Theodor; 1884–1963; dt. Politiker, Publizist, 1949–1959 erster Bundespräsident
Heyse, Paul von; 1830–1914; dt. Dichter, Nobelpreis für Literatur 1910
Hille, Peter; 1854–1904; dt. Lyriker, Erzähler, Dramatiker, Aphoristiker
Hippel, Theodor Gottlieb von; 1741–1796; dt. Dichter
Hippokrates; 460–377 aD; griech. Arzt
Hobbes, Thomas; 1588–1679; engl. Philosoph, Dichter
Hoffmann von Fallersleben, August Heinrich; 1789–1874; dt. Germanist, Lyriker
Hofmann, Werner; 1921–1969; dt. Soziologe, Wirtschaftswissenschaftler
Hofmannsthal, Hugo von; mehrere Pseudonyme; 1874–1929; öster. Dichter
Hölderlin, Johann Christian Friedrich; 1770–1843; dt. Dichter
Holmes, Oliver Wendell; 1809–1894; am. Dichter, Schriftsteller
Holtei, Karl von; 1798–1880; dt. Schriftsteller, Schauspieler
Hopkins, Jane Elice; 1836–1904; engl. Sozialreformerin
Horaz; eigentl. Flaccus Quintus Horatius; 65–8 aD; röm. Dichter
Howell, James; 1594–1666; engl. Essayist
Hubbard, Elbert G.; 1856–1915; am. Essayist
Hubbard, Kin; eigentl. Frank McKinney; 1868–1930; am. Humorist
Hufeland, Christoph Wilhelm; 1762–1836; dt. Arzt
Hugo, Victor; 1802–1885; frz. Dichter der Romantik
Humboldt, Wilhelm von; 1767–1835; dt. Staatsmann, Philosoph, Sprachwissenschaftler

Hume, David; 1711–1776; schott. Philosoph, Historiker
Huneker, James Gibbons; 1860–1921; am. Kritiker
Hunt, Henry Leigh; 1784–1859; engl. Schriftsteller
Huxley, Thomas Henry; 1825–1895; engl. Biologe, Physiologe

Ibsen, Henrik Johan; 1828–1906; norweg. Dichter, Dramatiker
Ihering, Rudolf von; 1818–1892; dt. Jurist
Immermann, Karl Leberecht; 1796–1840; dt. Dichter
Irving, Washington; 1783–1859; am. Schriftsteller, Schauspieler

Jackson, Andrew; 1767–1845; am. Staatsmann, 7. Präsident der USA (1829–1837)
Jacobi, Friedrich Heinrich; 1743–1819; dt. Philosoph, Schriftsteller
Jaspers, Karl; 1883–1969; dt. Philosoph
Jaurès, Jean; 1859–1914; frz. Politiker, Philosoph
Jean Paul; eigentl. Paul Friedrich Richter; 1763–1825; dt. Dichter
Jefferson, Thomas; 1743–1826; am. Staatsmann, 3. Präsident der USA (1801–1809)
Jellinek, Georg; 1851–1911; dt. Rechtsgelehrter
Jerome, Jerome Klapka; 1859–1927; engl. Schriftsteller
Jerrold, Douglas; 1803–1857; engl. Dramatiker
Jochmann, Carl Gustav; 1789–1830; dt. Schriftsteller
Johnson, Samuel; 1709–1784; engl. Dichter, Schriftsteller, Literaturkritiker
Jordan, Wilhelm; 1842–1899; dt. Geodät
Joubert, Joseph; 1754–1824; frz. Moralist, Epigrammatiker
Jouffroy, Theodore Simon; 1796–1842; frz. Philosoph
Juárez García, Benito; 1806–1872; mexikan. Politiker
Juvenal; 50–140; röm. Dichter

Kafka, Franz; 1883–1924; öster. Erzähler, Romanschriftsteller
Kant, Immanuel; 1724–1804; dt. Philosoph
Karalius, Vytautas; 1931–; litau. Aphoristiker
Karl V.; 1500–1558; Kaiser 1530–1556, König von Spanien 1510–1556
Karr, Alphonse; 1808–1890; frz. Dichter, Journalist
Katharina von Siena; 1347–1380; ital. Fürstin
Kaysersberg, Johann Geiler von; 1445–1510; dt. Volksprediger
Keats, John; 1795–1821; engl. Dichter
Keller, Gottfried; 1819–1890; schweiz. Dichter, Erzähler, Lyriker
Kepler, Johannes; 1571–1630; dt. Astronom
Kierkegaard, Sören Aabye; 1813–1855; dän. Theologe, Religionsphilosoph
Kiesinger, Kurt Georg; 1904–1988; dt. Politiker, Bundeskanzler 1966–1969
King, Martin Luther; 1929–1968; am. Bürgerrechtler, Baptistenpfarrer, Friedensnobelpreis 1964
Kinkel, Johann Gottfried; 1815–1882; dt. Erzähler, Lyriker
Kissinger, Henry A.; 1923–; am. Politiker, 1973–1977 Außenminister, Friedensnobelpreis 1973

Kleist, Heinrich von; 1777–1811; dt. Dichter

Kohl, Helmut; 1930–; dt. Politiker, Bundeskanzler 1982–1998

Konfuzius; 555–479 aD; chin. Philosoph

Körner, Karl Theodor; 1791–1813; dt. Dichter

Kostolany, André; 1906–1999; ungar. Börsenspekulant, Kolumnist

Kotzebue, August von; 1761–1819; dt. Dramatiker

Kraus, Karl; 1874–1936; öster. Kritiker, Satiriker, Essayist, Dramatiker, Aphoristiker

Kreisky, Bruno; 1911–1990; öster. Politiker, 1970–1983 Bundeskanzler

Kritzfeld, Ron; Pseudonym; 1921–; dt. Unternehmer

La Bruyère, Jean de; 1645–1696; frz. Moralphilosoph, Psychologe, Schriftsteller

La Follette, Robert Marion; 1855–1925; am. Politiker

La Harpe, Jean François de; 1739–1803; frz. Schriftsteller, Literaturhistoriker

La Rochefoucauld; eigentl. François VI. Duc de L.; 1613–1680; frz. Aphoristiker

Labiche, Eugène; 1815–1888; frz. Dramatiker

Lacordaire, Jean-Baptiste Henri; 1802–1861; frz. Geistlicher

Lamartine, Alphonse Marie Louis de; 1790–1869; frz. Dichter, Staatsmann

Landor, Walter Savage; 1775–1864; engl. Dichter

Langbehn, Julius; 1851–1907; dt. Schriftsteller, Kulturkritiker

Langbein, August Friedrich Ernst; 1757–1835; dt. Schriftsteller

Lanier, Sidney; 1842–1881; am. Dichter

Lassalle, Ferdinand; 1825–1864; dt. Schriftsteller, Politiker

Lasswell, Harold D.; 1902–1978; am. Politologe

Lautréamont, Comte de; eigentl. Isidore Ducasse; 1847–1870; frz. Dichter

Lavater, Johann Caspar; 1741–1801; schweiz. Philosoph

Lehmann, Christoph; 1570–1638; dt. Pädagoge, Stadtschreiber

Leibniz, Gottfried Wilhelm Freiherr von; 1646–1716; dt. Philosoph, Mathematiker, Jurist

Leixner, Otto von; 1847–1907; dt. Schriftsteller

Lemaitre, François Elie Jules; 1853–1914; frz. Kritiker, Dramatiker

Lenclos, Anne; 1620–1705; frz. Kurtisane, gen. Ninon de Lenclos

Lenin; eigentl. Wladimir Iljitsch Uljanow; 1870–1924; russ. Revolutionär, Staatsmann

Leonardo da Vinci; 1452–1519; ital. Maler, Baumeister, Bildhauer, Dichter, Naturforscher

Leroux, Pierre; 1797–1871; frz. Politiker

Lessing, Gotthold Ephraim; 1729–1781; dt. Dichter, Philosoph

Lévis, Gaston Duc de; 1764–1830; frz. Schriftsteller, Aphoristiker

Lichtenberg, Georg Christoph; 1742–1799; dt. Physiker, Philosoph, Aphoristiker

Lichtwer, Magnus Gottfried; 1719–1783; dt. Dichter

Liebig, Justus von; 1803–1873; dt. Chemiker

Liebknecht, Wilhelm; 1826–1900; dt. Journalist, Politiker

Liliencron, Detlev Freiherr von; 1844–1909; dt. Schriftsteller

Lincoln, Abraham; 1809–1865; am. Staatsmann, 16. Präsident der USA (1861–1865), ermordet

Liszt, Franz; 1811–1886; dt. Pianist, Komponist

Livius, Titus; 59–17 aD; röm. Historiker
Locke, John; 1632–1704; engl. Philosoph
Logau, Friedrich Freiherr von; 1604–1655; dt. Dichter des Barock
Lohberger, Hans; 1920–1979; öster. Aphoristiker, Lyriker, Erzähler, Romanautor
Longfellow, Henry Wadsworth; 1807–1882; am. Dichter
Lorrain, Jean; 1794–1821; frz. Schriftsteller
Louis XIV. von Frankreich; 1638–1715; frz. König
Lowell, James Russell; 1819–1891; am. Dichter, Kritiker
Luczak, Jeannine; 1938–; schweiz. Aphoristikerin, Literaturwissenschaftlerin
Ludwig, Otto; 1813–1865; dt. Dichter
Luther, Martin; 1483–1546; dt. Reformator
Luxemburg, Rosa; 1870–1919; dt. Politikerin

Macaulay, Thomas Babington Lord; 1800–1859; engl. Historiker, Staatsmann
Machiavelli, Niccolò; 1469–1527; ital. Politiker in Florenz, Geschichtsphilosoph, Historiker
Mackintosh, Sir James; 1765–1832; engl. Philosoph, Politiker
MacMillan, Harold; 1894–1986; engl. Politiker, Verleger, 1957–1963 Premierminister
Madame de Staël; eigentl. Baronin Germaine de Staël-Holstein; 1766–1817; frz. Schriftstellerin
Mahler, Gustav; 1860–1911; öster. Komponist, Dirigent
Maintenon, Françoise d'Aubigné; 1635–1719; frz. Gattin Ludwigs XIV
Maistre, Comte Joseph Marie de; 1753–1821; frz. Geschichtsphilosoph, Schriftsteller, Staatsmann
Mantegazza, Paolo; 1831–1910; ital. Physiologe, Anthropologe, Schriftsteller
Manzoni, Alessandro; 1785–1873; ital. Historiker, Dichter, Kritiker
Mao Tse-Tung; 1893–1976; chin. Staatsmann, Schriftsteller
Marc Aurel; 121–180; röm. Kaiser (161 – 180)
Margolius, Hans; 1902–1984; dt. Philosoph, Aphoristiker
Mark Twain; eigentl. Samuel Langhorne Clemens; 1835–1910; am. Schriftsteller, Humorist
Martial; eigentl. Marcus Valerius Martialis; 40–102; röm. Dichter, Epigrammatiker
Marx, Karl; 1818–1883; dt. Philosoph, Nationalökonom
Masaryk, Tomáš Garrique; 1850–1937; tschech. Philosoph, Staatspräsident 1918–1935
Massias, Nicolas; 1870–1909; frz. Schriftsteller
Massieu, Jean Baptiste; 1742–1848; frz. Geistlicher
Mazarin, Jules; 1602–1661; frz. Minister, Kardinal
Mazzini, Guiseppe; 1805–1872; ital. Schriftsteller, Freiheitskämpfer
Meister Eckehart; 1260–1328; dt. Dominikaner, Mystiker
Melville, Herman; 1819–1891; am. Dichter
Meredith, George; 1828–1909; engl. Dichter, Kritiker
Michel, Otto; 1892–1973; dt. Aphoristiker, Lyriker, Erzähler
Michelangelo Buonarroti; 1475–1564; ital. Bildhauer, Maler, Baumeister, Dichter
Mill, John Stuart; 1806–1873; engl. Philosoph, Nationalökonom
Milton, John; 1608–1674; engl. Dichter
Mirabeau, Honoré Gabriel de Riqueti, Graf von; 1749–1791; frz. Politiker

Mitsch, Werner; 1936–; dt. Schriftsetzer, Aphoristiker, Autor von Sprüchen
Moleschott, Jacob; 1822–1893; holl. Physiologe, Philosoph
Molière; eigentl. Jean Baptiste Poquelin; 1622–1673; frz. Komödiendichter, Schauspieler
Moller, Paul Martin; 1794–1838; dän. Schriftsteller
Moltke, Helmuth Graf von; 1800–1891; dt. preuß. Generalfeldmarschall
Mommsen, Theodor; 1817–1903; dt. Historiker
Monnet, Jean; 1888–1979; frz. Wirtschaftspolitiker
Montaigne, Michel de; 1533–1592; frz. Essayist, Schriftsteller, Philosoph
Montesquieu; eigentl. Charles Baron de la Brède et de Montesquieu; 1689–1755; frz. Philosoph
Morgenstern, Christian; 1871–1914; dt. Dichter
Möser, Justus; 1720–1794; dt. Essayist, Historiker
Mozart, Wolfgang Amadeus; 1756–1791; öster. Komponist
Müller, Hermann; 1924–1995; dt. Soziologe, Philosoph
Müller, Johannes von; 1752–1809; schweiz. Historiker
Multatuli; eigentl. Eduard Douwes Dekker; 1820–1887; holl. Dichter
Musil, Robert; 1880–1942; öster. Romanautor, Dramatiker, Essayist
Musset, Alfred de; 1810–1857; frz. Dramatiker, Lyriker
Mussorgski, Modest Petrowitsch; 1839–1881; russ. Komponist
Muthmann, Robert; 1922–; dt. Aphoristiker, Lyriker, Jurist
Mutter Teresa; 1910–2000; alban. Ordensgründerin in Indien, Friedensnobelpreis 1979

Nahr, Helmar; 1931–1990; dt. Mathematiker, Wirtschaftswissenschaftler, Aphoristiker
Naisbitt, John; 1929–; am. Trendforscher
Nansen, Fridtjof; 1861–1930; norweg. Polarforscher, Zoologe, Diplomat
Napoleon I.; 1769–1821; frz. Kaiser 1804–1815
Nepos, Cornelius; 100–25 aD; röm. Geschichtsschreiber
Nestroy, Johann Nepomuk; 1801–1862; öster. Dichter, Schauspieler
Newman, John Henry; 1801–1890; engl. religiöser Schriftsteller
Newton, Sir Isaac; 1643–1727; engl. Physiker, Mathematiker, Astronom
Nietzsche, Friedrich; eigentl. Friedrich Wilhelm Nietzsche; 1844–1900; dt. Philosoph
Novalis; eigentl. Friedrich Leopold Freiherr von Hardenberg; 1772–1801; dt. Dichter

Otis, James; 1725–1783; am. Politiker, Schriftsteller
Ouida, Louise; 1839–1908; engl. Schriftstellerin
Ovid; eigentl. Publius Ovidius Naso; 43–17 aD; röm. Dichter

Paine, Thomas; 1737–1809; am. Philosoph
Palme, Olof; 1927–1986; schwed. Politiker, 1969–1976 u. 1982–1986 Ministerpräsident, ermordet
Paracelsus; 1493–1541; dt. Arzt, Naturforscher
Parker, Theodore; 1810–1860; am. Theologe
Partridge, Eric; 1890–1925; am. Industrieller
Pascal, Blaise; 1623–1662; frz. Mathematiker, Philosoph, Schriftsteller

Autorenverzeichnis

Pasteur, Louis; 1822–1895; frz. Chemiker, Bakteriologe
Péguy, Charles Pierre; 1873–1914; frz. Schriftsteller, Essayist, Dramatiker
Pestalozzi, Johann Heinrich; 1746–1827; schweiz. Pädagoge
Petit-Senn, Jules; 1790–1870; frz. Schriftsteller
Petöfi, Sandor; eigentl. Sandor Petrovics; 1823–1849; ungar. Dichter
Petrarca, Francesco; 1304–1374; ital. Dichter
Peyrefitte, Roger; 1907–1991; frz. Schriftsteller
Phaedrus; 15–55 aD-pD; röm. Fabeldichter
Pindar; 518–438 aD; griech. Dichter
Pixérécourt, René Charles Guilbert de; 1773–1844; frz. Dramatiker
Platen, August Graf von; 1796–1835; dt. Dichter
Platon; 427–347 aD; griech. Philosoph
Plinius der Ältere; 23–79; röm. Offizier, Schriftsteller
Plinius der Jüngere; 62–113; röm. Redner, Schriftsteller
Plutarch; 46–120; griech. Philosoph, Historiker
Polgar, Alfred; 1873–1955; öster. Feuilletonist, Essayist, Theaterkritiker, Literaturkritiker
Polybios; 202–120 aD; griech. Historiker
Pope, Alexander; 1688–1744; engl. Schriftsteller, Dichter, Satiriker
Proudhon, Pierre Joseph; 1809–1865; frz. Sozialphilosoph, Frühsozialist
Proust, Marcel; 1871–1922; frz. Romancier, Essayist
Puschkin, Alexander Sergejewitsch; 1799–1837; russ. Dichter
Pythagoras; 582–497 aD; griech. Philosoph, Mathematiker

Quadbeck-Seeger, Hans-Jürgen; 1939–; dt. ehem. Forschungsvorstand der BASF AG
Quinet, Edgar; 1803–1875; frz. Schriftsteller, Historiker, Philosoph

Raabe, Wilhelm; 1831–1910; dt. Dichter
Rabelais, François; 1494–1553; frz. Schriftsteller, Arzt, Humanist
Racine, Jean-Baptiste; 1639–1699; frz. Dramatiker
Raiffeisen, Friedrich Wilhelm; 1818–1888; dt. Agrarpolitiker, Genossenschaftler
Raimund, Ferdinand; 1790–1836; öster. Schauspieler, Dramatiker
Ramler, Karl Wilhelm; 1725–1798; dt. Schriftsteller
Ranke, Leopold von; 1795–1886; dt. Historiker
Rathenau, Walther; 1867–1922; dt. Staatsmann, Industrieller (AEG), ermordet
Raupach, Ernst B.; eigentl. Ernst M. Leutner; 1784–1852; dt. Dramatiker, Historiker
Ray, John; 1627–1705; engl. Botaniker, Sammler von Sprichwörtern
Reade, Charles; 1814–1884; engl. Schriftsteller
Reed, Thomas Brackett; 1839–1902; am. Politiker
Renan, Joseph Ernest; 1823–1892; frz. Schriftsteller, Religionsphilosoph
Renard, Jules; 1864–1910; frz. Romanautor, Dramatiker, Essayist
Rey, Etienne; 1823–1909; frz. Komponist, Musikkritiker
Richelieu, Armand-Jean du Plessis; 1585–1642; frz. Kardinal, Minister Ludwigs XIII.

Rilke, Rainer Maria; 1875–1926; öster. Dichter
Rivarol, Antoine de; 1753–1801; frz. Schriftsteller, Kritiker, Aphoristiker
Rogers, Lindsay; 1871–1912; am. Schriftsteller
Roosevelt, Franklin Delano; 1882–1945; am. Staatsmann, 32. Präsident der USA (1933–1945)
Roosevelt, Theodore; 1858–1919; am. Staatsmann, 26. Präsident der USA (1901–1909)
Röpke, Wilhelm; 1899–1966; dt. Nationalökonom, Soziologe
Rosegger, Peter; 1843–1918; öster. Schriftsteller
Rothschild, James Mayer; 1792–1868; frz.-dt. Bankier
Rousseau, Jean-Jacques; 1712–1778; frz. Schriftsteller, Philosoph
Roux, Joseph; 1834–1886; frz. Epigrammatiker
Rückert, Friedrich; Pseudonym Freimund Raimar; 1788–1866; dt. Dichter
Rueff, Jacques; 1896–1976; frz. Finanzwissenschaftler
Ruskin, John; 1819–1900; engl. Schriftsteller, Kunstkritiker, Wirtschaftler, Soziologe

Sade, Marquis de; 1740–1814; frz. Schriftsteller
Saint-Just, Antoine Louis A. de; 1767–1794; frz. Revolutionär
Sand, George; eigentl. Aurore Lucie Dupin; 1804–1876; frz. Schriftstellerin
Saphir, Moritz Gottlieb; 1795–1858; öster. Journalist, Feuilletonist, Satiriker, Kritiker
Saurin, Bernard Joseph; 1706–1781; frz. Dichter
Schäffer, Fritz; 1888–1967; dt. Politiker, 1949–1957 Finanzminister, 1957–1961 Justizminister
Scheel, Walter; 1919–; dt. Politiker, 1974–1979 Bundespräsident
Scheffel, Joseph Viktor von; 1826–1886; dt. Schriftsteller
Scheler, Max; 1874–1928; dt. Philosoph
Schelling, Friedrich Wilhelm Joseph von; 1775–1854; dt. Philosoph
Schiller, Friedrich von; 1759–1805; dt. Dichter der Klassik
Schlegel, August Wilhelm von; 1767–1845; dt. Dichter, Sprach- u. Literaturwissenschaftler
Schlegel, Friedrich von; 1772–1829; dt. Dichter, Kritiker
Schleich, Carl Ludwig; 1859–1922; dt. Chirurg, Schriftsteller
Schleiermacher, Friedrich Ernst Daniel; 1768–1834; dt. Philosoph
Schmidt, Helmut; 1918–; dt. Politiker, Bundeskanzler 1974–1982
Schmidt, Lothar; 1922–; dt. Jurist, Politologe, Aphoristiker und Herausgeber dieses Buches
Schnitzler, Arthur; Pseudonym Anatol; 1862–1931; öster. Dramatiker, Erzähler, Schriftsteller
Scholl, Aurélien; 1833–1902; frz. Schriftsteller
Schopenhauer, Arthur; 1788–1860; dt. Philosoph
Schumann, Robert; 1810–1856; dt. Komponist
Schützbach, Rupert; 1933–; dt. Aphoristiker, Epigrammatiker, Zöllner
Schwöbel, Wilhelm; 1920–; dt. Zoologe, Aphoristiker
Scudéry, Madelaine de; 1607–1701; frz. Schriftstellerin
Seidel, Heinrich; 1842–1906; dt. Schriftsteller
Sénancour, Etienne Pivert de; 1770–1846; frz. Schriftsteller
Seneca; eigentl. Lucius Annaes Seneca; 4–65 aD-pD; röm. Philosoph, Dichter
Seume, Johann Gottfried; 1763–1810; dt. Schriftsteller, Dichter

Shadwell, Thomas; 1642–1692; engl. Dichter

Shakespeare, William; 1564–1616; engl. Dichter, Dramatiker

Shaw, George Bernard; 1856–1950; ir. Schriftsteller, Dramatiker

Shelley, Percy Bysshe; 1792–1822; engl. Dichter

Siemens, Georg von; 1839–1903; dt. Industrieller, Bankier, Gründer der Deutschen Bank

Simmel, Georg; 1858–1918; dt. Philosoph, Soziologe

Sirius, Peter; eigentl. Otto Kimig; 1858–1913; dt. Aphoristiker

Skupy, Hans-Horst; 1942–; dt. Reisepublizist, Aphoristiker

Smiles, Samuel; 1812–1904; engl. Biograph, Sozialreformer

Smith, Alexander; 1830–1867; schott. Schriftsteller

Smollett, Tobias George; 1721–1771; engl. Schriftsteller

Sokrates; 470–399 aD; griech. Philosoph

Sophokles; 495–406 aD; griech. Tragödiendichter

Spencer, Herbert; 1820–1903; engl. Philosoph, Sozialwissenschaftler

Spinoza, Baruch Benedikt de; 1632–1677; holl. Philosoph

Spitteler, Carl von; Pseudonym Carl Felix Tandem; 1845–1924; schweiz. Dichter

Spitzer, Daniel; 1835–1893; öster. Satiriker, Feuilletonist

Stendhal; eigentl. Marie–Henri Beyle; 1783–1842; frz. Dichter

Stevenson, Adlai Ewing; 1900–1965; am. Politiker

Stevenson, Robert Louis Balfour; 1850–1894; schott. Schriftsteller

Stifter, Adalbert; 1805–1868; öster. Dichter

Stirner, Max; eigentl. Johann Caspar Schmidt; 1806–1856; dt. Philosoph

Stoffel, Norbert; 1931–; dt. Unternehmer, Aphoristiker

Storm, Theodor; 1817–1888; dt. Schriftsteller

Strachey, Lionel; 1864–1927; engl. Schriftsteller

Strauß, Franz-Josef; 1915–1988; dt. Politiker, Ministerpräsident von Bayern seit 1978

Stresemann, Gustav; 1878–1926; dt. Politiker, 1923 Reichskanzler

Strindberg, Johan August; 1849–1912; schwed. Dichter

Sully Prudhomme; eigentl. René François Armand Prudhomme; 1839–1907; frz. Schriftsteller

Swedenborg, Emanuel von; eigentl. Swedberg; 1688–1772; schwed. Theosoph, Naturforscher

Swift, Jonathan; 1667–1745; ir. Schriftsteller der Aufklärung, Satiriker

Sylva, Carmen; 1843–1916; dt. Dichterin, Dichtername der rumän. Königin Elisabeth

Syrus, Publius; um 50 aD; röm. Lustspieldichter

Talleyrand, Charles Maurice Duc de; 1754–1838; frz. Diplomat, Staatsmann, Bischof

Taylor, Jeremy; 1613–1667; engl. Geistlicher

Tennyson, Alfred; 1809–1892; engl. Dichter, First Baron

Terentius; eigentl. Publius Terentius Afer; 190–159 aD; röm. Komödiendichter

Tertullian; 160–230; röm. Kirchenschriftsteller

Thackeray, William Makepeace; 1811–1863; engl. Karikaturist, Schriftsteller, Dichter

Thales von Milet; 624–546; griech. Philosoph

Thatcher, Margaret Hilda; 1925–; engl. Politikerin, 1979–1990 Premierministerin

Thiers, Adolphe; 1797–1877; frz. Politiker, Staatspräsident 1871–1873
Thomas von Aquin; 1225–1274; ital. Theologe, scholastischer Philosoph
Thomas von Kempen; 1380–1471; dt. Mystiker, Geistlicher
Thoreau, Henry David; 1817–1862; am. Schriftsteller, Philosoph
Tillich, Paul; 1886–1965; dt.-am. ev. Theologe, Religionsphilosoph
Tillier, Claude; 1801–1844; frz. Romanschriftsteller
Tolstoi, Leo N.; 1828–1910; russ. Schriftsteller, Dichter
Toulet, Paul-Jean; 1867–1920; frz. Lyriker, Essayist, Romanautor
Tschechow, Anton P.; 1860–1904; russ. Erzähler, Dramatiker
Tucholsky, Kurt; mehrere Pseudonyme; 1890–1935; dt. Schriftsteller, Satiriker, Romanautor

Uhlenbruck, Gerhard; 1929–; dt. Immunbiologe, Hochschullehrer, Aphoristiker
Ulpianus; eigentl. Domitius Ulpianus; 170–228; röm. Jurist
Unger, Joseph; 1828–1913; öster. Rechtsgelehrter, Politiker

Varnhagen von Ense, Rahel; 1771–1833; dt. Schriftstellerin
Vauvenargues; eigentl. Luc de Clapiers; 1715–1747; frz. Aphoristiker, Philosoph
Véron, Pierre; 1833–1900; frz. Schriftsteller
Vespasian; 9–79; röm. Kaiser
Vigny, Alfred de; 1797–1863; frz. Dichter
Vinet, Alexandre; 1797–1847; schweiz. Theologe, Kritiker
Virchow, Rudolf; 1821–1902; dt. Mediziner, Politiker
Vischer, Friedrich Theodor; 1807–1887; dt. Philosoph
Vivekânanda, Swâmi; eigentl. Narendranath; 1863–1902; ind. Mystiker
Voltaire; eigentl. François-Marie Arouet; 1694–1778; frz. Philosoph der Aufklärung, Dichter

Wagner, Richard; 1813–1883; dt. Komponist, Dichter
Walpole, Horace; 1717–1797; engl. Schriftsteller, Fourth Earl of Oxford
Walters, Hellmut; 1930–1985; dt. Schriftsteller, Pädagoge, Aphoristiker
Wanamaker, John; 1838–1922; am. Großkaufmann
Ward, Mary (Augusta Humphry); 1851–1920; engl. Schriftstellerin, Erzählerin
Warren, Josiah; 1798–1874; am. Sozialphilosoph
Washington, George; 1732–1799; am. Staatsmann, 1. Präsident der USA (1789–1797)
Weber, Karl Julius; 1767–1832; dt. Schriftsteller, Feuilletonist, Satiriker
Weber, Max; 1862–1920; dt. Soziologe
Webster, Daniel; 1782–1852; am. Politiker
Weirich, Hans-Armin; 1920–; dt. Jurist, Aphoristiker
Weizsäcker, Carl Friedrich von; 1912–; dt. Physiker, Philosoph
Weizsäcker, Richard von; 1920–; dt. Politiker, Bundespräsident 1984–1995
Wells, Amos R.; 1860–1920; am. Prediger
Wertheimer, Emanuel; 1846–1916; dt. Philosoph, Aphoristiker
Whichcote, Benjamin; 1609–1683; engl. Theologe, Pädagoge, Aphoristiker

Whipple, Edwin Percy; 1819–1886; engl. Kritiker, Essayist
Whitman, Walter; 1819–1892; am. Schriftsteller
Whittier, John Greenleaf; 1807–1892; am. Schriftsteller
Wichert, Ernst; 1831–1902; dt. Romanautor, Dramatiker
Wieland, Christoph Martin; 1733–1813; dt. Dichter
Wiener, Norbert; 1894–1964; am. Mathematiker, Physiker, Kybernetiker
Wilde, Oscar; 1856–1900; ir. Schriftsteller, Dramatiker
Wildenbruch, Ernst von; 1845–1909; dt. Schriftsteller
Wilson, Harold; 1916–1995; engl. Politiker, Premierminister 1974–1976
Wilson, Thomas Woodrow; 1856–1924; am. Staatsmann, 28. Präsident der USA (1913–1921)
Witkiewicz, Stanislaw; 1851–1915; poln. Schriftsteller
Wittgenstein, Ludwig; 1889–1951; öster. Philosoph
Wordsworth, William; 1770–1850; engl. Dichter

Young, Edward; 1683–1765; engl. Dichter, Hofkaplan

Zola, Émile; 1840–1902; frz. Romanautor, Dramatiker
Zschokke, Johann Heinrich; 1771–1848; schweiz. Schriftsteller

Schlagwortverzeichnis

Schlagwortverzeichnis

Professor Dr.jur. Lothar Schmidt
ist Herausgeber und Mitautor
mehrerer Anthologien:

Zitatenschatz für Führungskräfte

Wirtschaftsverlag Carl Ueberreuter, Frankfurt/Wien, 1999.
408 Seiten.
Hardcover ISBN 3-7064-0589-X
Lederausgabe 3-7064-0590-3

Ein Band eigener Aphorismen erschien unter dem Titel:

Worte sind Waffen – Aphorismen zur Gegenwart
Words are Weapons – Aphorisms of our Age.

4., überarbeitete und erweiterte Auflage, deutsch und englisch,
Frankfurt am Main: Frankfurter Allgemeine Zeitung,
Verlags-Bereich Buch, 1999, 144 Seiten.
ISBN 3-933180-29-5